中央银行抵押品框架改革效果研究

Research on the Effect of the Collateral Framework Reform of the Central Bank

耿广杰　著

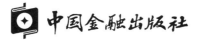

中国金融出版社

责任编辑：杨　敏
责任校对：李俊英
责任印制：陈晓川

图书在版编目（CIP）数据

中央银行抵押品框架改革效果研究／耿广杰著．-- 北京：中国金融出版社，2025.6. -- ISBN 978 - 7 - 5220 - 2795 - 1

　Ⅰ. F830.31

中国国家版本馆 CIP 数据核字第 20255H3A23 号

中央银行抵押品框架改革效果研究

ZHONGYANG YINHANG DIYAPIN KUANGJIA GAIGE XIAOGUO YANJIU

出版　**中国金融出版社**
发行

社址　北京市丰台区益泽路 2 号
市场开发部　（010）66024766，63805472，63439533（传真）
网上书店　www.cfph.cn
　　　　　（010）66024766，63372837（传真）
读者服务部　（010）66070833，62568380
邮编　100071
经销　新华书店
印刷　北京七彩京通数码快印有限公司
尺寸　169 毫米 ×239 毫米
印张　20.5
字数　303 千
版次　2025 年 6 月第 1 版
印次　2025 年 6 月第 1 次印刷
定价　48.00 元
ISBN 978 - 7 - 5220 - 2795 - 1
如出现印装错误本社负责调换　联系电话（010）63263947

前　言

在国际金融危机、欧债危机和新冠疫情期间，为有效疏通货币政策传导机制，缓解危机对金融市场和实体经济的冲击，美联储和欧洲中央银行等发达经济体中央银行在创新、实施非常规货币政策，进而实现货币政策框架转型的同时对其抵押品框架进行了史无前例的重大改革。与之类似，为缓解流动性结构性短缺，加强货币政策的精准性和结构性调控，中国人民银行在我国货币政策框架转型和基础货币投放渠道发生改变的背景下，亦对其抵押品框架进行了多次改革。

本书在欧美等发达经济体中央银行货币政策框架转型的背景下，从美联储、欧洲中央银行和中国人民银行抵押品框架改革的事实特征出发，通过理论机制梳理、理论模型构建和政策效果检验等研究中央银行抵押品框架改革在有效疏通货币政策传导机制方面发挥的重要作用。首先，在研究视角层面，通过详细梳理美联储、欧洲中央银行和中国人民银行抵押品框架改革实践和抵押品交易情况，并进行比较分析，本书发现：第一，美联储和欧洲中央银行通过扩大合格抵押品范围、降低合格抵押品信用评级要求、调整合格抵押品折扣率和丰富合格抵押品计价币种等方式将低质量、低流动性的金融资产纳入其抵押品框架，凸显了美联储和欧洲中央银行的最后做市商角色，并有效疏通了货币政策传导机制；第二，中央银行抵押品框架改革表面上通过抵押品"资格溢价"渠道和"结构性"渠道发挥疏通货币政策传导机制的重要作用，但本质上体现的是货币政策传导机制当中的利率渠道和银行信贷渠道；第三，相比美联储和欧洲中央银行的抵押品框架改革实践，中国人民银行抵押品框架改革的重点是缓解流动性结构性短缺和有效疏通货币政策传导机制，在抵押品框架改革背景、改革目标、改革举措和最后做市商角色等方面存在显著区别，并且改革力度和强度都远低于美联储和欧洲中央银行。其次，在理论研究层面，本书基于金融中介利润最大化模型构建内嵌中央银行政策利率、抵押品折扣率、抵押品约束、贷款监督程度和银行流动性创造的理论模型，有以下发现：第一，中央银行抵押品框架改革（降低合格抵押品折扣率、扩容合格抵押品范围和降低合格抵押品信用评级要求等）会显著降低证券资产收益率（或信用利差）和贷款利率，并显著增加银行信贷供给（或企业信贷可获得性），促进银行流动性创造，有效疏通货币政策传导机制；第二，将地方政府债务尤其是隐性债务（如城投债）纳入中央银行抵押品框架会显著降低地方政府债券的发行利差和信用利差，起到降低地方政府（或城投公司）偿债压力的作用，进而缓解地方债务风险；第三，中央银行抵押品折扣率政策疏通货币政策传导机制的效果在零利率下限约束下更优；第四，在中央银行政策利率处于正常、向上的收益率曲线情形下，利率政策和抵押品折扣率政策都显著有效，但利率政策和抵押品折扣率政策的效果取决于同业拆借市场风险溢价，而在零利率下限约束下，抵押品折扣率政策依然有效。最后，在实证研究层面，本书基于欧洲中央银行和中国人民银行抵押品框架改革事件，使用双重差分方法、倾向得分匹配、断点回归和事件研究法等对理论模型的推导结果进行验证，结果表明：第一，欧洲中央银行抵押品框架改革（降低合格抵押品信用评级要求）显著降低了主权债收益率；第二，中国人民银行中期借贷便利担保品范围扩容和信贷资产质押再贷款试点等抵押品框架改革显著降低了债券资产收益率和商业银行贷款利率，并激励银行有效增加贷款供给；第三，基于国内政策背景，本书发现中国人民银行将小微企业信贷资产纳入其抵押品框架显著提高了小微企业的信贷可得性，并降低了小微企业信贷融资成本，表明我国货币当局抵押品框架改革发挥了结构性调控功能，一定程度上缓解了流动性结构性短缺的局面；第四，中国人民银行信贷资产质押再贷款试点政策将银行企业贷款纳入抵押品框架，显著促进了银行流动性创造水平的提高，其中资产负债表渠道和银行风险承担渠道发挥了重要机制作用。

基于理论模型和实证研究结果，本书建议：第一，我国货币当局在借鉴欧洲中央银行和美联储抵押品框架改革经验的基础上要充分考虑国内的金融市场结构和经济发展现状，适时适度拓宽抵押品框架广度，择机择时强化抵押品框架深度。第二，灵活使用抵押品折扣率政策，并有效协调利率政策和抵押品折扣率政策的配合。在中央银行政策利率处于正常、向上的收益率曲线情形下，可充分发挥利率政策的主导作用，并以抵押品折扣率政策为辅；在面临货币政策传导机制不畅的情形下，可充分发挥抵押品折扣率政策在疏通货币政策传导机制方面的重要作用。第三，鉴于抵押品折扣率是中央银行抵押品框架风险防范的核心工具，中央银行在发挥抵押品折扣率疏通货币政策传导机制作用的同时，需要充分考虑抵押品折扣率政策可能带来的道德风险和中央银行资产负债表受损的可能性，以寻求抵押品折扣率政策实施效果与抵押品风险之间的平衡点。第四，有效协调中央银行抵押品框架和结构性货币政策的综合使用，以更好地缓解流动性结构性短缺部门的融资难、融资贵问题。第五，从理论上探索中央银行抵押品框架作为货币政策工具的可行性。国际实践表明中央银行抵押品框架是重要的货币政策工具，但缺乏理论上的探讨，需要从货币政策工具的传统理论出发，研究中央银行抵押品框架纳入货币政策工具箱的合理性和可行性，从而保持货币政策工具箱的动态调整，发挥促进银行流动性创造、缓解流动性结构性短缺，进而促进经济高质量发展的重要作用。第六，将中央银行抵押品框架纳入金融稳定工具箱，平衡好中央银行抵押品框架流动性创造效应和防范风险之间的关系。在国际金融危机和欧债危机期间，发达经济体中央银行普遍将低质量的金融资产纳入其抵押品框架，一方面体现了中央银行的最后做市商角色，另一方面体现了中央银行抵押品框架的金融稳定作用。如何平衡好抵押品框架的流动性创造效应和防范风险作用，也将是中央银行抵押品框架作为金融稳定工具的核心讨论内容。

防范化解地方债务风险尤其是隐性债务风险是我国实现高质量发展亟待解决的重要问题。在未来的研究中，需要从中央银行抵押品框架视角深入挖掘发达经济体中央银行抵押品框架改革在化解主权债风险方面的重要作用，为中央银行抵押品框架改革助力化解我国地方政府债务风险提供可行借鉴。

目　录

1　导论 ……………………………………………………………… 1

　1.1　研究背景与意义 …………………………………………… 4

　　1.1.1　研究背景 ……………………………………………… 4

　　1.1.2　研究意义 ……………………………………………… 9

　1.2　研究文献综述 ……………………………………………… 10

　　1.2.1　中央银行抵押品框架概述与资产负债表损失 ……… 10

　　1.2.2　中央银行抵押品框架改革的经济效应 ……………… 14

　　1.2.3　中央银行抵押品框架改革与安全资产稀缺 ………… 17

　　1.2.4　中央银行抵押品框架改革结构性效果与创新型货币
　　　　　政策工具 ……………………………………………… 18

　1.3　研究方法与创新 …………………………………………… 20

　　1.3.1　研究方法 ……………………………………………… 20

　　1.3.2　研究创新 ……………………………………………… 21

　1.4　研究思路与框架 …………………………………………… 22

2　中央银行抵押品框架改革理论基础 …………………………… 27

　2.1　中央银行抵押品框架的相关概念 ………………………… 29

　　2.1.1　抵押品框架类型 ……………………………………… 29

　　2.1.2　合格抵押品资格 ……………………………………… 30

　　2.1.3　合格抵押品的评级、折扣率和估值 ………………… 32

　2.2　中央银行抵押品框架改革理论基础 ……………………… 35

　　2.2.1　中央银行抵押品框架改革理论阐释 ………………… 35

　　2.2.2　中央银行抵押品框架改革机制剖析 ………………… 37

2.3 中央银行抵押品框架风险管理与资产负债表受损 …………… 41

　　2.3.1 中央银行抵押品框架的风险管理手段 ……………… 41

　　2.3.2 中央银行抵押品框架、准财政与资产负债表受损 ……… 45

3 主要国家中央银行抵押品框架改革实践与国际比较 ……… 47

3.1 美联储货币政策抵押品框架及改革实践 …………………… 49

　　3.1.1 美联储抵押品框架基本内容 ……………………… 49

　　3.1.2 国际金融危机后美联储抵押品框架改革实践 ………… 50

　　3.1.3 美联储抵押品框架改革总结 ……………………… 91

3.2 欧洲中央银行货币政策抵押品框架及改革实践 …………… 94

　　3.2.1 欧洲中央银行抵押品框架的基本内容 …………… 94

　　3.2.2 国际金融危机后欧洲中央银行抵押品框架改革实践 … 97

　　3.2.3 欧洲中央银行合格抵押品的种类和使用情况 ……… 103

　　3.2.4 欧洲中央银行抵押品折扣率的决定因素和分类现状 …… 105

3.3 中国人民银行抵押品框架基本内容和改革实践 ………… 108

　　3.3.1 中国人民银行创新型货币政策 ………………… 108

　　3.3.2 中国人民银行抵押品框架基本内容 …………… 109

　　3.3.3 中国人民银行抵押品框架风险缓释工具 ………… 114

3.4 主要国家中央银行抵押品框架的国际比较 ……………… 115

4 中央银行抵押品框架改革效果理论模型 ……………… 119

4.1 中央银行抵押品框架改革影响资产价格和信贷供给 …… 121

　　4.1.1 基本假设 ………………………………… 121

　　4.1.2 理论模型 ………………………………… 123

4.2 中央银行抵押品框架改革影响商业银行流动性创造 …… 130

　　4.2.1 理论逻辑 ………………………………… 130

　　4.2.2 模型构建 ………………………………… 131

4.3 零利率下限约束下中央银行抵押品折扣率政策与利率政策
效果比较 ································· 136

4.4 小结 ································· 140

5 中央银行抵押品框架改革效果：债券市场 ············· 141

5.1 中央银行抵押品框架改革与主权债收益率 ········· 143

5.1.1 "最低信用评级资格"豁免与主权债收益率 ······· 143

5.1.2 数据来源与研究设计 ··············· 144

5.1.3 实证分析 ····················· 146

5.2 中央银行抵押品框架改革与债券信用利差 ········· 150

5.2.1 中期借贷便利担保品范围扩容与研究假设 ······· 150

5.2.2 数据来源、变量选择与研究设计 ··········· 151

5.2.3 实证分析 ····················· 154

5.3 小结 ································· 164

6 中央银行抵押品框架改革效果：信贷市场 ············· 165

6.1 中央银行抵押品框架改革与银行信贷供给 ········· 167

6.1.1 信贷资产质押再贷款试点与研究假设 ········· 167

6.1.2 数据来源、变量选择与研究设计 ··········· 169

6.1.3 实证分析 ····················· 175

6.2 中央银行抵押品框架改革与结构性效果 ··········· 193

6.2.1 机制分析与研究假设 ··············· 193

6.2.2 数据来源、变量选择和研究设计 ··········· 194

6.2.3 实证分析 ····················· 199

6.2.4 异质性分析与稳健性检验 ············· 204

6.3 小结 ································· 216

7 中央银行抵押品框架改革效果：流动性创造 ⋯⋯⋯⋯⋯⋯ 219

  7.1 研究设计 ⋯⋯⋯⋯⋯⋯⋯⋯⋯⋯⋯⋯⋯⋯⋯⋯⋯ 221

    7.1.1 样本选择 ⋯⋯⋯⋯⋯⋯⋯⋯⋯⋯⋯⋯⋯⋯⋯ 221

    7.1.2 变量释义 ⋯⋯⋯⋯⋯⋯⋯⋯⋯⋯⋯⋯⋯⋯⋯ 222

    7.1.3 模型设定 ⋯⋯⋯⋯⋯⋯⋯⋯⋯⋯⋯⋯⋯⋯⋯ 225

  7.2 实证分析 ⋯⋯⋯⋯⋯⋯⋯⋯⋯⋯⋯⋯⋯⋯⋯⋯⋯ 225

    7.2.1 基准回归与异质性分析 ⋯⋯⋯⋯⋯⋯⋯⋯ 225

    7.2.2 稳健性检验 ⋯⋯⋯⋯⋯⋯⋯⋯⋯⋯⋯⋯⋯ 227

  7.3 基于中期借贷便利担保品范围扩容的实证检验 ⋯⋯ 230

    7.3.1 变量选择 ⋯⋯⋯⋯⋯⋯⋯⋯⋯⋯⋯⋯⋯⋯⋯ 230

    7.3.2 实证分析 ⋯⋯⋯⋯⋯⋯⋯⋯⋯⋯⋯⋯⋯⋯⋯ 234

  7.4 小结 ⋯⋯⋯⋯⋯⋯⋯⋯⋯⋯⋯⋯⋯⋯⋯⋯⋯⋯⋯ 242

8 结论与建议 ⋯⋯⋯⋯⋯⋯⋯⋯⋯⋯⋯⋯⋯⋯⋯⋯⋯⋯⋯ 245

  8.1 主要结论 ⋯⋯⋯⋯⋯⋯⋯⋯⋯⋯⋯⋯⋯⋯⋯⋯⋯ 247

  8.2 政策建议 ⋯⋯⋯⋯⋯⋯⋯⋯⋯⋯⋯⋯⋯⋯⋯⋯⋯ 248

  8.3 研究展望 ⋯⋯⋯⋯⋯⋯⋯⋯⋯⋯⋯⋯⋯⋯⋯⋯⋯ 251

附录 A 欧洲中央银行抵押品框架改革实践 ⋯⋯⋯⋯⋯⋯⋯ 253

附录 B 结构性货币政策的产生背景、政策工具、传导机制与效果 ⋯⋯ 268

参考文献 ⋯⋯⋯⋯⋯⋯⋯⋯⋯⋯⋯⋯⋯⋯⋯⋯⋯⋯⋯⋯⋯ 288

后记 ⋯⋯⋯⋯⋯⋯⋯⋯⋯⋯⋯⋯⋯⋯⋯⋯⋯⋯⋯⋯⋯⋯⋯ 305

图目录

图 1 – 1　本书研究框架 ………………………………………………… 25

图 2 – 1　中央银行抵押品框架合格抵押品评级、折扣率和估值

关系 ………………………………………………………… 35

图 2 – 2　中央银行抵押品框架改革的影响机制 ………………… 40

图 2 – 3　中国人民银行政策利率体系与抵押品折扣率 ……… 41

图 3 – 1　美联储 PDCF 贷款余额与合格抵押品

市场价值走势 …………………………………………… 52

图 3 – 2　2008 年 3 月至 2009 年 5 月美联储 PDCF 贷款的合格

抵押品结构 ……………………………………………… 53

图 3 – 3　2008 年 3 月至 2009 年 5 月 PDCF 合格抵押品结构和

信用评级 ………………………………………………… 55

图 3 – 4　新冠疫情期间美联储 MMLF 贷款余额、抵押品价值和

收益情况 ………………………………………………… 57

图 3 – 5　新冠疫情期间美联储新设货币政策工具、抵押品价值和

收益情况 ………………………………………………… 59

图 3 – 6　新冠疫情期间美联储 PPPLF 贷款余额、抵押品价值和

收益情况 ………………………………………………… 60

图 3 – 7　新冠疫情期间美联储 MLF 贷款余额、抵押品和收益情况 ……… 62

图 3 – 8　2007 年 12 月至 2010 年 3 月 TAF 贷款和交易对手方持有的

贴现窗口抵押品净值 …………………………………… 63

图 3 – 9　美联储 TSLF 工具贷出美国国债面值、市场价值和抵押品

市场价值月度数据 ……………………………………… 67

图 3 - 10　2008 年 3 月至 2009 年 7 月美联储 TSLF 合格抵押品评级
　　　　　月度数据 ·· 67

图 3 - 11　2008 年 9 月至 2009 年 5 月美联储 AMLF 贷款和抵押品
　　　　　ABCP 面值 ·· 70

图 3 - 12　2009 年 3 月至 2010 年 3 月美联储 TALF 贷款和抵押品
　　　　　市场价值 ·· 72

图 3 - 13　2020 年 7 月至 2023 年 12 月美联储 TALF 贷款余额、抵押品
　　　　　价值，SPV 贷款余额、SPV 贷款抵押品价值，SPV 总
　　　　　收益和 FED 总收益 ······································ 73

图 3 - 14　美联储 2008 年 10 月至 2010 年 1 月 CPFF 贷款余额、CPFF 市场
　　　　　价值和 CPFF LLC 证券投资组合净值 ····················· 74

图 3 - 15　2020 年 7 月至 2025 年 1 月 MSLP 贷款余额、抵押品价值、
　　　　　SPV 收益和 FED 收益 ···································· 77

图 3 - 16　2007 年 12 月 26 日至 2022 年 9 月 21 日美联储持有的
　　　　　中央银行流动性互换情况 ································· 78

图 3 - 17　美联储与主要国家中央银行的流动性互换 ················· 80

图 3 - 18　2008 年第三季度至 2010 年第三季度美联储向 Maiden Lane LLC
　　　　　发放的贷款余额、摩根大通向 Maiden Lane LLC 发放的
　　　　　贷款余额、总贷款的抵押品价值和贷款利息情况 ········· 83

图 3 - 19　2008 年 9 月 23 日至 2010 年 11 月 23 日美国国际集团循环
　　　　　信贷便利执行情况 ·· 86

图 3 - 20　2008 年第四季度至 2010 年第三季度美联储基于美国国际集团
　　　　　证券借贷便利工具向 Maiden Lane II LLC 发放的贷款余额、AIG
　　　　　注资情况和美联储贷款余额对应的抵押品总值 ··········· 88

图 3 - 21　2008 年第四季度至 2010 年第三季度美联储基于美国国际集团
　　　　　证券借贷便利工具向 Maiden Lane III LLC 发放的贷款余额、
　　　　　AIG 注资和美联储贷款对应的抵押品总值·················· 88

图 3 - 22 欧洲中央银行在用合格抵押品市场价值年或季度月末均值：
市场化和非市场化资产 ·················· 104

图 3 - 23 2002 年 1 月至 2022 年 8 月中国人民银行资产负债表资产
结构月度数据 ····················· 109

图 3 - 24 截至 2024 年 6 月底国有银行国债及地方政府债券占比········ 112

图 3 - 25 截至 2024 年 6 月底股份制商业银行国债及地方政府债券
占比 ························· 112

图 3 - 26 截至 2024 年 6 月底城市商业银行国债及地方政府债券
占比 ························· 113

图 3 - 27 截至 2024 年 6 月底农村商业银行国债及地方政府债券
占比 ························· 113

图 6 - 1 银行企业贷款规模均值变化趋势 ············· 176

图 6 - 2 银行企业贷款占比均值变化趋势 ············· 176

图 6 - 3 中央银行抵押品框架扩容影响银行企业贷款规模的
共同趋势 ······················ 183

图 6 - 4 中央银行抵押品框架扩容影响银行企业贷款占比的
共同趋势 ······················ 183

图 6 - 5 中国人民银行中期借贷便利担保品扩容与小微企业信贷
可获得性 ······················ 211

图 6 - 6 中国人民银行中期借贷便利担保品扩容与小微企业信贷
融资成本 ······················ 214

图 7 - 1 中央银行抵押品框架改革流动性创造效应的平行趋势 ········ 228

图 7 - 2 中央银行抵押品框架改革流动性创造效应的安慰剂检验 ····· 229

图 7 - 3 中央银行抵押品框架改革影响银行流动性创造的
平行趋势 ······················ 238

图 7 - 4 中央银行抵押品框架改革影响银行流动性创造的安慰剂检验：
构建虚拟实验组 ···················· 239

表目录

表 2 - 1　中国人民银行合格抵押品种类与折扣率 …………………………… 42

表 3 - 1　2008 年 3 月至 2009 年 5 月美联储 PDCF 贷款的合格抵押品

　　　　占比情况 ……………………………………………………………… 54

表 3 - 2　2008 年 3 月至 2009 年 5 月美联储 PDCF 贷款的合格抵押品

　　　　评级占比的分布情况 ………………………………………………… 55

表 3 - 3　2008 年 7 月至 2010 年 3 月 TAF 贷款合格抵押品结构 ………… 64

表 3 - 4　2007 年 12 月至 2010 年 3 月 TAF 贷款合格抵押品的评级分布

　　　　情况 ……………………………………………………………………… 65

表 3 - 5　2008 年 3 月至 2009 年 7 月美联储 TSLF 合格抵押品评级占比

　　　　情况 ……………………………………………………………………… 68

表 3 - 6　美联储 CPFF 贷款余额、CPFF LCC 购买的 CPFF 市场

　　　　价值和 CPFF LLC 证券投资组合净值以及美联储、CPFF LLC 的

　　　　收益 ……………………………………………………………………… 75

表 3 - 7　摩根大通向贝尔斯登发放的过桥贷款情况 ……………………… 81

表 3 - 8　救助贝尔斯登抵押品信息：Maiden Lane LLC 持有的

　　　　资产类别 ………………………………………………………………… 83

表 3 - 9　美联储救助贝尔斯登债券抵押品的评级分布情况 ……………… 84

表 3 - 10　2008 年第四季度至 2010 年第三季度 Maiden Lane II LLC 和

　　　　Maiden Lane III LLC 持有的资产组合情况 ……………………… 89

表 3 - 11　2008 年第四季度至 2010 年第三季度 Maiden Lane II LLC 和

　　　　Maiden Lane III LLC 持有的美联储贷款证券抵押品评级的

　　　　占比情况 …………………………………………………………… 90

表 3 - 12　中国人民银行抵押品框架概况和重要的改革事件 …………… 110

表 3 – 13　2009—2017 年商业银行市场化资产（债券）投资的分类

统计信息 ………………………………………………………… 114

表 4 – 1　代表性商业银行资产负债表与合格抵押品运用分析 ………… 125

表 5 – 1　"最低信用评级资格"豁免与希腊主权债收益率 …………… 147

表 5 – 2　"最低信用评级资格"豁免与希腊主权债收益率：

稳健性检验 ……………………………………………………… 148

表 5 – 3　"最低信用评级资格"豁免与希腊主权债信用利差：

稳健性检验 ……………………………………………………… 149

表 5 – 4　变量释义 ……………………………………………………… 152

表 5 – 5　描述性统计 …………………………………………………… 153

表 5 – 6　中期借贷便利担保品范围扩容的平均处理效应 ……………… 154

表 5 – 7　中期借贷便利担保品范围扩容的平均处理效应：

异质性分析 ……………………………………………………… 156

表 5 – 8　稳健性检验：共同趋势检验 ………………………………… 158

表 5 – 9　稳健性检验：删除普通商业银行债券、政策性金融债和

非银行金融债 …………………………………………………… 160

表 5 – 10　稳健性检验：其他 ………………………………………… 162

表 6 – 1　变量释义 ……………………………………………………… 170

表 6 – 2　描述性统计分析 ……………………………………………… 172

表 6 – 3　倾向得分匹配平衡性检验 …………………………………… 173

表 6 – 4　中央银行抵押品框架扩容的平均处理效应 ………………… 177

表 6 – 5　中央银行抵押品框架扩容影响银行信贷供给的机制检验：

中介效应 ………………………………………………………… 178

表 6 – 6　中央银行抵押品框架扩容影响银行信贷供给的边际

动态效应 ………………………………………………………… 180

表 6 - 7　中央银行抵押品框架扩容影响银行信贷供给的异质性
　　　　　分析 ……………………………………………………… 181

表 6 - 8　安慰剂检验和变更被解释变量 ……………………………… 184

表 6 - 9　删除跨省经营银行样本和控制区域时变差异 ……………… 186

表 6 - 10　更改中国人民银行抵押品扩容事件和增广样本 ………… 187

表 6 - 11　中央银行抵押品框架改革影响银行信贷成本的
　　　　　平均处理效应 …………………………………………… 190

表 6 - 12　中央银行抵押品框架改革影响银行信贷成本的
　　　　　平均处理效应 …………………………………………… 191

表 6 - 13　变量说明 ………………………………………………… 195

表 6 - 14　处理组与对照组匹配平衡性检验结果 ………………… 199

表 6 - 15　描述性统计 ……………………………………………… 200

表 6 - 16　中国人民银行抵押品框架改革与小微企业信贷可获得性 …… 201

表 6 - 17　中国人民银行抵押品框架改革与小微企业信贷融资成本的
　　　　　关系 ……………………………………………………… 203

表 6 - 18　中国人民银行抵押品框架改革与小微企业融资：
　　　　　数字金融发展 …………………………………………… 205

表 6 - 19　中国人民银行抵押品框架改革与小微企业融资：东部、中部、
　　　　　西部信贷可获得性差异 ………………………………… 206

表 6 - 20　中国人民银行抵押品框架改革对小微企业融资的影响：
　　　　　东部、中部、西部信贷融资成本差异 ………………… 207

表 6 - 21　共同趋势检验 …………………………………………… 208

表 6 - 22　安慰剂检验、变更被解释变量与小微企业划型
　　　　　依据调整 ………………………………………………… 210

表 6 - 23　协变量分布在断点连续性的检验 ……………………… 215

表 7 - 1　处理组与对照组匹配平衡性检验结果 …………………… 222

表 7 - 2　变量说明 ………………………………………………… 224

表 7 - 3　描述性统计 ……………………………………………… 224

表 7 – 4　中央银行抵押品框架与银行流动性创造：
　　　　　　主回归、机制分析与异质性分析 ……………………………… 226

表 7 – 5　其他稳健性检验 …………………………………………………… 230

表 7 – 6　变量定义 …………………………………………………………… 232

表 7 – 7　描述性统计：全样本 …………………………………………… 233

表 7 – 8　描述性统计：子样本 …………………………………………… 233

表 7 – 9　中央银行抵押品框架改革与银行流动性创造：基准回归 …… 235

表 7 – 10　中央银行抵押品框架改革与银行流动性创造：
　　　　　　异质性与机制分析 ……………………………………………… 237

表 7 – 11　中央银行抵押品框架改革与银行流动性创造：
　　　　　　安慰剂检验——构建虚拟时间变量 ………………………… 240

表 7 – 12　中央银行抵押品框架改革与银行流动性创造：
　　　　　　其他稳健性检验方法 ………………………………………… 241

1

导　论

　　"白芝浩原则"最早强调了危机期间优质抵押品对商业银行获得流动性和中央银行提供贷款的重要作用（Bagehot，1873；Du，2022）。1913 年，美联储成立并承担最后贷款人角色决定了美国中央银行抵押品框架在货币政策执行和保护中央银行资产负债表安全中的重要作用。自 1999 年欧元问世以来，欧元体系抵押品框架在欧洲中央银行货币政策实施过程中同样发挥了关键性作用。《欧洲中央银行体系法案》第 18.1 条和《欧元体系货币政策工具和程序一般指引》明确规定欧洲中央银行和欧洲国家中央银行的货币政策信贷操作必须基于充足的抵押品（Adequate Collateral）。日本银行在 2000 年底和 2001 年初对其抵押品框架进行了改革，彻底修订其合格抵押品框架，调整管理抵押品的系统基础设施，并于 2002 年 6 月开始在官网公布合格抵押品的相关数据。2008 年国际金融危机、2011 年主权债务危机和 2020 年新冠疫情发生之后，美联储和欧洲中央银行等发达经济体中央银行的货币政策框架开始转型。就美联储货币政策框架转型而言，第一，美联储实施量化宽松等非常规货币政策，大规模购买国债和抵押支持债券（MBS）等金融市场抵押品，导致金融市场安全资产稀缺；美联储货币政策操作目标由短期利率（联邦基金利率）转变为中长期利率（国债利率、抵押贷款支持证券利率等），利率政策和资产负债表政策实现分离（Borio，2009）。第二，美联储实施的借贷便利类货币政策工具（如一级交易商借贷便利 PDCF）通过扩大借贷便利类货币政策工具的合格抵押品范围、降低抵押品信用评级要求、调整抵押品折扣率和买断抵押品对其抵押品框架进行了重大改革。第三，非常规货币政策的实施导致银行体系准备金过剩，美联储准备金框架由稀缺型准备金框架（Scare Reserve）转为盈余型准备金框架（Ample/Abundant Reserve），这导致美联储短期利率调控机制由国际金融危机前的"非对称"利率走廊系统转为国际金融危机后的"双重下限"利率走廊系统。作为"双重下限"利率走廊系统下限的隔夜逆回购利率（ON RPP）是美联储逆回购操作价格，而合格抵押品成为美联储逆回购操作的基础。因此，抵押品框架改革成为美联储货币政策框架转型的重要内容。就欧洲中央银行货币政策框架转型而言，量化宽松政策的实施、长期再融资操作工具的应用以及扩大合格抵押品范围、降低合格抵押品质量（评级）、调整合格抵押品折扣率等抵押品框架改革成为欧洲中央银行货币政策框架转型的主要内容。

事实特征显示，美欧等发达经济体中央银行对其抵押品框架改革的幅度和力度前所未有，尤以欧洲中央银行和美联储最为典型。各发达经济体中央银行基于更广泛的抵押品向存款类金融机构甚至是投资银行和实体企业提供流动性，凸显了美欧等发达经济体中央银行的最后做市商角色。这一方面改变了中央银行货币政策操作的基础资产，增加了中央银行承担的信用风险，可能影响货币政策操作成本，另一方面更加突出了中央银行抵押品框架在货币政策执行、防范中央银行资产负债表受损和维护金融稳定等方面的重要性。因此，中央银行抵押品框架一直是货币政策框架和货币政策传导机制的重要内容，而中央银行抵押品框架改革效果也成为国际金融危机后大量学者和国际机构的研究重点。鉴于此，本书对研究中央银行抵押品框架改革疏通货币政策传导机制的效果，尤其是中国人民银行抵押品框架改革的效果，具有一定的现实意义。

1.1 研究背景与意义

1.1.1 研究背景

2008 年爆发的国际金融危机重创了美国和欧元体系金融市场，众多大型金融机构严重亏损、被收购甚至倒闭。回购协议市场、同业拆借市场、资产支持票据市场、商业票据市场等融资市场流动性出现严重短缺，金融市场优质抵押品稀缺引发的货币政策传导机制不畅导致金融市场恐慌，经济衰退逐渐加剧。在同业拆借市场，各大银行开始囤积现金导致银行间隔夜拆借成本上升。例如，2008 年 10 月 10 日，伦敦同业拆借利率（Libor）减去隔夜指数掉期利率直逼 3.5%，而正常情况下，银行间隔夜拆借利率远低于 1%；在美国回购协议融资市场，放贷者要求借款者提供更多抵押品；在德国，资产支持商业票据市场急剧萎缩，资产支持商业票据市场规模从 2007 年 7 月底的 1.2 万亿美元收缩至 2007 年底的 8000 万美元。随着雷曼兄弟破产、美林证券被美国银行收购、美联储提供紧急流动性援助 AIG、德国工业银行被德国多家银行联合救助，以及主权债务危机期间希腊、意大利等四国主权债信用评级下调等，美国和欧洲金融市场压力进一步上升。2020 年，蔓延全球的新冠疫情更是从供给端冲击了全球金融市场和实体经济，导致美联储和欧洲中央银行等发达经济体中央银行重启 2008 年创设的非常规货币政策，并创新了直接支持实体经济的货币政策工具。

为应对国际金融危机、欧债危机和新冠疫情对金融市场、实体经济产生的负面冲击以及金融市场安全资产稀缺（Safe Asset Scarce），美欧等发达经济体中央银行除了创新实施量化宽松（QE、QQE）、前瞻性指引（Forward Gudiline）和负利率（Negative Interest Rate）政策，对其抵押品框架进行了史无前例的重大改革。中央银行抵押品框架改革协同量化宽松、前瞻性指引和借贷便利类货币政策等新型货币政策工具，共同发挥疏通货币政策传导机制、有效支持实体经济发展的重要作用。例如，美联储在 2008—2021 年对其抵押品框架的折扣率（Haircuts）标准调整了 12 次。美联储根据《联邦储备法案》第 13（3）条创设的一级交易商借贷便利（PDCF）、定期拍卖便利（TAF）、短期证券借贷便利（TSLF）、主街贷款计划（MSLP）和薪酬保护计划流动性便利（PPPLF）等非常规货币政策工具都涉及中央银行抵押品框架改革。在各类借贷便利类货币政策工具操作下，美联储通过允许交易对手方使用低流动性、低质量的抵押品向美联储申请流动性，承担了最后做市商的角色。和美联储相比，欧洲中央银行抵押品框架改革同样将低质量、低流动性金融资产纳入其抵押品框架，凸显了欧洲中央银行的最后做市商角色。然而，欧洲中央银行抵押品框架在国际金融危机后发生了频率更高、力度更强、范围更广的调整和改革，改革内容主要涉及合格抵押品类别、合格抵押品质量（评级）、合格抵押品折扣率、合格抵押品币种和合格抵押品交易对手方五个方面。据统计，从 2008 年至 2020 年，欧洲中央银行对其一般抵押品框架（General Collateral Framework）标准调整了 7 次，对在非监管市场上交易的合格抵押品标准调整了 3 次。若区分合格抵押品类别，欧洲中央银行对欧元区政府发行或担保的债务工具抵押品（主权债抵押品）资格标准调整了 15 次，对银行债券作为合格抵押品的标准调整了 18 次，对资产支持证券（ABS）作为合格抵押品的标准调整了13次。其中，重要的几次调整事件有：2008年10月25日，欧洲中央银行将合格抵押品的信用评级从A降低至BBB（ABSs除外）；2008年11月14日，欧洲中央银行将英镑、日元和美元计价的市场化资产纳入抵押品框架；2009年2月1日，欧洲中央银行将政府担保的债务工具和具有紧密联系特征的居民住房抵押贷款支持证券（RMBDs）纳入欧洲中央银行抵押品框架，同时将合格抵押品的外部评级机构从之前的3个扩大为4个；2010年之后，欧洲中央银行抵押品框架豁免了希腊（2010年5月6日）、爱尔兰（2011年4月1日至2014年8月）、葡萄牙（2011年7月7日至2014年8月）和塞浦路斯（2013年5月）四国政府发行或担保债务工具的评级要求；2012年，欧洲中央银行引入了ACC框架（Additional Credit Claims，ACCs）；2020年4月7日，欧洲中央银行管理委员会通过了史无前例的一揽子临时抵押品宽松措施，以促进欧元体系交易对手方获得合格抵押品，参与货币政策信贷操作。

因此，2008年国际金融危机之后，以美联储和欧洲中央银行为代表的发达经济体中央银行的货币政策框架和角色发生了显著变化：货币政策框架由基于国债等优质抵押品调控短期政策利率目标，转向中央银行直接购买相关金融资产，调整中长期利率和调整抵押品框架，维护金融稳定；而中央银行角色从最后贷款人转向直接购买特定金融资产和接受低流动性、低质量金融资产作为抵押品以维护金融稳定的最后做市商（Buiter和Sibert，2008）。一方面，受零利率下限约束，依靠国债等优质抵押品调控短期政策利率难以实现预定的通货膨胀目标，发达经济体中央银行普遍采取直接购买金融资产的量化宽松政策（QE），利率政策与资产负债表政策"脱钩"（Borio，2009）。另一方面，金融市场受到抵押品约束，基于国债等优质抵押品执行公开市场操作和常备借贷便利的"狭义"抵押品框架难以实现金融稳定目标，发达经济体中央银行采取扩大合格抵押品范围的"广义"抵押品框架（BIS，2013），中央银行抵押品框架实现扩容。

在发达经济体中央银行货币政策框架调整（量化宽松、前瞻性指引和抵押品框架调整）的背景下，中国人民银行的货币政策框架也发生了新的变化，货币政策框架从数量型货币政策向价格型货币政策过渡的同时，更加注重货币政策的结构性调控。但与发达经济体中央银行不同，中国人民银行货币政策框架发生变化的背景为货币政策传导机制不畅导致的流动性结构性短缺。为应对基础货币投放渠道转变带来的流动性结构性缺口，中国人民银行于 2013 年和 2014 年分别创设了常备借贷便利、中期借贷便利和抵押补充贷款等各类创新型货币政策工具，并于 2018 年 12 月 19 日设立定向中期借贷便利，目的在于疏通货币政策传导机制，引导资金流向国民经济薄弱环节和重点支持领域。值得关注的是，这些创新型货币政策工具实施的必要前提是中央银行交易对手方（合格金融机构）需要以合格抵押品作为获取中央银行流动性的担保，目的在于降低中央银行交易对手违约风险带来的中央银行资产负债表受损（Rule，2012；Bindseil，2014）。2012 年，中国人民银行初步确立中央银行抵押品框架，合格抵押品主要包含国债、中央银行票据、金融债券等高质量资产。根据中国人民银行抵押品基础抵押率计算，中央银行票据的折扣率为 0，记账式国债的折扣率为 1%～5%，地方政府债券折扣率为 10%～60%，AAA 主体评级、AAA 债券评级的企业债券折扣率为 10%～30%，AAA 主体评级、AAA 债券评级的中期票据折扣率为 10%～25%，信贷资产折扣率为 30%～50%（以信贷资产折扣率为例，合格信贷资产的平均折扣率为 40%，意味着如果商业银行将市场价值 100 万元的信贷资产向中国人民银行进行抵押或质押，按照 40% 的折扣率扣除 40 万元之后，商业银行获得的流动性最终为 60 万元）。2014 年，中国人民银行首先在广东和山东两省推行信贷资产质押再贷款试点，将符合中央银行内部评级的地方金融机构合格信贷资产纳入中国人民银行抵押品框架。2015 年，为引导地方金融机构扩大对"三农"、小微企业信贷投放，降低社会融资成本，中国人民银行决定在上海、天津等九省（市）继续推广信贷资产质押再贷款试点。2018 年 6 月 1 日，中国人民银行抵押品框架得到了进一步扩容，此次扩容的合格担保品包括不低于 AA 级的小微企业、绿色和"三农"金融债券，AA＋级、AA 级公司信用类债券，优质的小微企业贷款和绿色贷款。同年 6 月 28 日，中国人民银行继续调整抵押品框架，决定将不低于 AA 级的小微企业、绿色和"三农"金融债券，AA + 级、AA 级公司信用类债券、正常类普惠口径小微贷款和绿色贷款等资产纳入信贷政策支持再贷款和常备借贷便利担保品范围。2024 年 10 月 18 日，中国人民银行创设了证券、基金、保险公司互换便利（SFISF）。中国人民银行委托特定的公开市场业务一级交易商（中债信用增进公司），与符合行业监管部门条件的证券、基金、保险公司开展互换交易。互换期限为 1 年，可视情展期。互换费率由参与机构招投标确定。可用质押品包括债券、股票 ETF、沪深 300 成分股和公募 REITs 等，折扣率根据质押品风险特征分档设置。通过这项工具获取的资金只能投向资本市场，用于股票、股票 ETF 的投资和做市。从近年来我国货币当局抵押品框架扩容的合格资产标的来看，中国人民银行更加注重抵押品框架的定向调控作用，引导货币资金流向小微企业、绿色企业等国民经济薄弱环节和重点支持领域，试图缓解相关企业的融资难、融资贵问题。

综上所述，中央银行抵押品框架改革成为国际金融危机以来美欧等发达经济体中央银行货币政策框架调整的重要内容之一，而发达经济体中央银行在危机期间货币政策传导机制不畅的情形下，通过替代金融中介从最后贷款人转变为最后做市商也是历史首次，史无前例。与之类似，中国人民银行抵押品改革的背景同样是货币政策传导机制不畅。然而，尽管中央银行抵押品框架在现代货币和金融系统中占据核心地位（Belke 和 Ansgar，2015；Nyborg，2017），但更多学者关注量化宽松和前瞻性指引政策对疏通货币政策传导机制的作用，忽略了中央银行抵押品框架对货币政策传导机制和货币市场运作的影响（Fegatelli，2010）。

因此，在这样的背景下，本书以美联储、欧洲中央银行和中国人民银行的抵押品框架为研究对象，通过详细梳理美联储、欧洲中央银行和中国人民银行抵押品框架改革的事实特征和作用机制，构建理论模型，并运用双重差分方法、事件研究法和断点回归法等对中央银行抵押品框架改革疏通货币政策传导机制的效果进行研究，以期为我国货币当局丰富货币政策工具箱、有效疏通货币政策传导机制提供新的思路。

1.1.2 研究意义

中央银行抵押品框架改革一方面可以配合传统货币政策工具和非常规货币政策工具的有效执行，间接疏通货币政策传导机制，另一方面可以直接降低金融资产收益率，有效增加商业银行信贷供给和实体企业的信贷可获得性，从而直接疏通货币政策传导机制。本书重点研究中央银行抵押品框架改革对疏通货币政策传导机制的直接作用，为中央银行利用传统货币政策工具和非常规货币政策工具疏通货币政策传导机制提供新的思路，理论意义和现实意义更加明显。

1.1.2.1 中央银行抵押品框架改革的事实特征与国际比较

第一，本书基于各国中央银行官网详细整理了美联储、欧洲中央银行抵押品框架改革的事实特征，并和中国人民银行的抵押品框架改革进行比较，总结美联储和欧洲中央银行抵押品框架与中国人民银行抵押品框架在改革背景、改革目标、中央银行职能转变、服务货币政策目标等方面的异同。第二，基于现有文献的研究，凝练出中央银行抵押品框架改革效果的作用机制，并将抵押品折扣率引入中国人民银行货币政策传导机制，探讨中央银行抵押品折扣率在中国人民银行货币政策利率体系中可能发挥的重要作用。

1.1.2.2 中央银行抵押品框架改革效果的理论研究

第一，本书将中央银行政策利率、抵押品折扣率、银行抵押品约束、银行贷款监督程度及银行流动性创造引入代表性商业银行利润最大化函数，并构建一个包含逆回购市场、银行间债券市场、同业拆借市场和信贷市场的理论模型。理论推导结果表明将合格金融资产纳入中央银行抵押品框架会降低金融资产收益率、企业信贷融资成本，并增加商业银行信贷供给，促进银行流动性创造。第二，基于上述理论模型，本书进一步探讨中央银行抵押品折扣率政策在正常货币政策空间和零利率下限约束两种情形下对疏通货币政策传导机制的重要作用，以及在中央银行政策利率处于正常、向上的收益率曲线和零利率下限约束两种情形下比较传统利率政策和抵押品折扣率政策的效果差异。

1.1.2.3 中央银行抵押品框架改革效果的实证研究

第一，本书基于欧洲中央银行和中国人民银行抵押品框架改革事件，使用双重差分法、事件研究法和断点回归设计对理论模型的推导结果进行验证；第二，基于国内政策和现实背景，本书进一步探讨了中国人民银行中期借贷便利担保品范围扩容对小微企业信贷可获得性和信贷融资成本的影响。

1.2 研究文献综述

中央银行抵押品框架的理论渊源最早可追溯至最后贷款人思想。国际金融危机和欧债危机之后，以美联储和欧洲中央银行为代表的发达经济体中央银行抵押品框架不断改革（Tabakis 和 Tamura，2013；Eberl 和 Weber，2014），中央银行角色从最后贷款人（Lender of Last Resort，LLR）演变为最后做市商（Market Maker of Last Resort，MMLR）。基于此，众多学者从多个方面对中央银行抵押品框架和改革效果进行了较为丰富的研究。

1.2.1 中央银行抵押品框架概述与资产负债表损失

1.2.1.1 中央银行抵押品框架概述

文献综述主要包含三个方面：第一，中央银行抵押品框架的理论演绎；第二，中央银行抵押品框架的设计原则、理论逻辑和国际比较；第三，发达经济体中央银行抵押品框架的国际经验。

中央银行抵押品框架理论基础最早可追溯至最后贷款人理论（Bagehot，1873）。"白芝浩原则"（Bernanke，2015）强调了中央银行最后贷款人职能的四项基本原则，即在金融危机期间，中央银行只向具备优质抵押品、流动性差但有偿付能力的银行发放带有"惩罚"性质的高利率信贷资金，主要目标是确保货币政策顺利执行、金融稳定和保护中央银行避免交易对手违约带来的损失。2008 年国际金融危机之后，由于欧美等发达经济体金融市场优质抵押品稀缺，非稳健性商业银行以及非银行金融机构陷入流动性危机，传统的货币政策工具和中央银行最后贷款人金融安全网职能难以发挥有效作用，欧美等发达经济体中央银行角色由最后贷款人转变为最后做市商（Oganesyan，2013；Abuk Duygulu 等，2017；Gabilondo，2012；Koeppl 和 Chiu，2010），中央银行最后贷款人理论延伸至最后做市商理论（孙天琦等，

2021；Buiter 和 Sibert，2008；Weber，2017）。实际上，中央银行最后做市商角色最早由 Buiter 和 Sibert（2008）正式提出。在战争时期，美联储和英格兰银行最后做市商职能的影子已经出现（Hauser，2021）。例如，1914 年 7 月，第一次世界大战爆发造成的不确定性导致市场陷入停顿并有可能广泛蔓延，英格兰银行大规模购买汇票；美联储在 1939 年（第二次世界大战开始时）、1958 年（在政府资金安排发生政权更迭之后）和 1970 年（越南战争）在美国国债市场采取了类似的行动。Baker 等（2012）指出美国《多德—弗兰克华尔街改革与消费者保护法案》（简称"多德法案"）改变和扩大了美联储最后贷款人的法律权限，授予了美联储新的、永久的"最后贷款人"角色：最后做市商。

区别于研究抵押品框架防范货币政策操作风险（郭晔和房芳，2021；Chapman 等，2011；Breeden 和 Sarah，2010；Cossin 等，2003）和维护中央银行资产负债表安全的早期文献（Zorn 和 García，2011；Ishiga 等，2003；ECB，2006），国际金融危机的发生引起学者对中央银行抵押品框架设计原则、理论逻辑和国际比较的研究。Chailloux 等（2008）概述了 2007 年至 2008 年国际金融危机背景下中央银行抵押品框架的设计原理、金融市场主体面临的抵押品约束、与抵押品框架相关的逆向选择风险和不同类型抵押品框架的最新实践。Cheun 等（2009）阐述了欧元体系、美联储和英格兰银行不同货币政策操作和抵押品框架特征。BIS（2013）对 13 个经济体中央银行的抵押品框架进行对比，发现欧洲中央银行和日本中央银行等 5 家中央银行合格抵押品的类型最广泛，公开市场操作和贴现窗口适用统一的抵押品范围以及合格交易对手方数量较多，其中欧洲中央银行抵押品框架体现得最明显。Wolff Guntram B.（2015）重点介绍了欧洲中央银行抵押品框架及其在国际金融危机中的演变，阐述了合格抵押品的定义、合格抵押品使用情况、合格抵押品评级和合格抵押品折扣率等重要内容。Eberl（2016）阐述了欧洲中央银行抵押品框架的主要内容及其财政影响、抵押品标准的财政含义，并进一步解释这一含义如何从抵押品标准、中央银行财务和政府预算之间的密切联系演变而来。

鉴于欧美等发达经济体中央银行抵押品框架的频繁调整，国内学者也逐渐研究国外发达经济体中央银行的抵押品框架，并就中国人民银行的抵押品框架设计和应用提出了相应的对策建议。方莉（2018）认为发达经济体中央银行抵押品框架设计原则涉及国内金融市场发展程度、道德风险、逆选择行为、市场中性、动态不一致和抵押品管理框架形式等，并建议我国中央银行扩容抵押品范围，将合格抵押品管理纳入宏观审慎管理框架。蓝虹和穆争社（2014）通过定性描述和构建模型分析了发达经济体中央银行抵押品框架在非常规货币政策执行期间发挥的重要作用，并建议可借鉴发达经济体中央银行的抵押品管理框架和应用实践，完善我国中央银行抵押品框架，提高货币政策的执行效果。纪敏等（2015）从合格抵押品种类、抵押品适用范围、抵押品定价和风险规避机制三个角度研究了发达经济体中央银行的抵押品框架，并指出我国中央银行的抵押品制度存在抵押品制度法律框架不健全、抵押品框架范围较窄以及抵押品风险评价体系和风险规避机制不完善等不足。还有部分学者从不同角度进行了类似分析（胡彦宇和张帆，2013；彭兴韵，2015；何曾，2014；洪昊和王立平，2016；胡东，2014；李文森等，2015；宋军，2013；吴豪声，2014；肖曼君和代雨杭，2017）。

1.2.1.2　中央银行抵押品框架、最后做市商与中央银行资产负债表受损

国际金融危机期间，中央银行替代金融中介从最后贷款人转变为最后做市商主要涉及两个方面（Buiter 和 Sibert，2008）：一是中央银行拓宽最后贷款人功能的边界，接受低质量金融资产作为中央银行抵押品框架的合格抵押品；二是中央银行直接购买低质量金融资产和私人资产。现有研究表明，2008 年国际金融危机期间、2011 年欧债危机期间和 2020 年新冠疫情期间，以美联储为代表的发达经济体中央银行为有效缓解金融市场恐慌和金融危机对实体经济的冲击，代替金融中介成为金融市场的最后做市商（Simon，2020；Buiter，2014；Davis，2009；Koeppl 和 Chiu，2010）。Buiter 和 Sibert（2008）认为，为应对国际金融危机期间的货币政策传导机制紊乱，欧美等发达经济体中央银行一方面实行非常规货币政策，直接购买私人部门的非流动性资产，另一方面将私人部门的非流动性资产纳入公开市场操作和贴现窗

口的合格抵押品框架，中央银行最后做市商职能发挥了有效作用。

Choi 和 Yorulmazer（2021）、Bartel（2021）指出，新冠疫情期间，美联储通过重启 2008 年国际金融危机期间的紧急贷款授权，实行无限量化宽松政策和直接购买公司债券等措施支持公司信用债市场发展，承担了最后做市商角色。同样，基于新冠疫情冲击的背景，O'Hara 和 Zhou（2021）认为美联储通过执行一级交易商借贷便利（PDCF）、二级市场公司信贷便利（SMCCF）等货币政策承担了最后做市商角色。

总而言之，无论是直接购买低质量的金融资产，还是将低质量的金融资产纳入中央银行抵押品框架，都体现了中央银行的最后做市商角色，根本特征是中央银行货币政策财政化，具体表现为将金融中介承担的风险转移至中央银行资产负债表，从而可能损害中央银行资产负债表安全。因此，有必要进一步阐述中央银行资产负债表亏损的相关研究内容。现有研究表明，中央银行参与准财政活动（Quasi – fisal Operation，类似于货币政策财政化）是造成中央银行资产负债损失的主要原因，并且多数研究集中于发展中国家和经济转型国家中央银行的资产负债表受损。正常情况下，中央银行是一个严格执行规定职能的财务健全机构，在稳定的宏观经济条件下执行传统的货币政策会通过铸币税等获得利润（Stella，2005；Dalton 等，2005；Leone，1993；Teijeiro，1989；Vaez – Zadeh，1991）。因此，中央银行盈亏的决定因素在早期的文献中并不是一个重要的研究主题（Muñoz，2007）。然而，发展中国家和经济转型国家由于国债市场、金融市场深度不够，货币政策操作机构和财政政策的执行机构在行政上归属于同一部门，货币政策操作和政府财政操作的界限并不清晰（Sweidan，2011）。同时，该类国家宏观经济不稳定，中央银行从事基本职能以外并对自身资产配置和实体经济产生影响的准财政活动（Muñoz，2007），可能损害中央银行资产负债表安全。因此，早期文献更多研究津巴布韦、牙买加、菲律宾、乌拉圭、巴西、智利、泰国、苏联、捷克共和国、爱沙尼亚、斯洛文尼亚、匈牙利和韩国等发展中国家和转型国家中央银行的资产负债表损失情况（Sweidan，2011；Mackenzie 和 Stella，1996；Dalton 等，2005；Fry，1993；Hawkins，2003；Markiewicz，

2001；Vaez－Zadeh，1991）。尽管参与准财政活动是中央银行资产负债表亏损的主要原因已经得到了上述大量文献研究的论证，但还有一部分文献将汇率损失视为中央银行资产负债表亏损的又一原因（Holub，2001；Higgins 和 Klitgaard，2004；Lönnberg 和 Stella，2008；Stella，2008）。

1.2.2 中央银行抵押品框架改革的经济效应

1.2.2.1 中央银行抵押品框架对资产价格和金融稳定的影响

诸如主权债、公司债券、资产支持证券（ABS）等市场化资产构成了发达经济体中央银行抵押品框架的重要资产类别。因此，将债券等市场化资产纳入中央银行抵押品框架是否会显著影响抵押资产的价格或收益率得到了学者的重点关注。Ashcraft 等（2010）指出定期资产抵押证券贷款工具（TALF）的实施影响了纳入 TALF 合格抵押品范围的资产价格。Campbell 等（2011）研究发现 TALF 的实施显著降低了某些资产支持证券的利差，但对单个证券的定价影响较小。相对于不具备中央银行抵押品资格的美元债券，欧洲中央银行抵押品框架显著降低了具备中央银行抵押品资格的美元债券到期收益率（Corradin 和 Rodriguez－Moreno，2016）。Pelizzon 等（2020）认为，欧洲中央银行抵押品框架改革通过缓解交易对手方抵押品约束和增强金融市场流动性，降低抵押资产（债券等）收益率。实际上，中央银行抵押品框架扩容也被归类为非常规货币政策（Cahn 等，2017）。Camille 和 Alain（2021）基于中国人民银行 2018 年 6 月将绿色金融债券纳入中期借贷便利质押资产池这一背景，研究发现改革后绿色金融债券与非绿色金融债券的收益率差较改革前降低了 46 个基点，并且这项政策在几个月内产生了显著而持久的影响。因此，中央银行抵押品框架对债券等市场化资产价格的影响与非常规货币政策降低债券等资产风险溢价（Pelizzon 等，2018；Arrata 等，2020；Bauer 和 Rudebusch，2014；Krishnamurthy 和 Vissing－Jorgensen，2011；Wu，2011）和资产价格杠杆理论（Chen 等，2019；Mkinen 等，2020）的相关研究类似，在某种程度上都导致了安全资产（Safe Assets）的稀缺（Tischer，2021；Han 和 Seneviratne，2018）。Nguyen（2020）实证研究发现，投资者对抵押品折扣率较高的债券会要求更高的收益率。Buiter 和

Sibert（2005）、Nyborg（2017）研究发现折扣率越低的债券对投资者的吸引力越大，因为该种债券可以直接转换为通过高利率才可获得的中央银行流动性。Ashcraft 等（2010）同样发现资产的预期收益率与中央银行抵押品折扣率呈正相关。基于中国人民银行抵押品框架扩容事件，王永钦和吴娴（2019）在借鉴 Ashcraft 等（2010）世代交叠模型的基础上，采用三重差分方法发现中央银行抵押品框架扩容显著降低了小微企业债、公司信用债和金融债券的一二级市场利差，降低了相关企业的融资成本。黄振和郭晔（2021）以中国人民银行 2012 年初步确立抵押品框架作为政策冲击，从抵押品稀缺性角度研究了中国人民银行将高质量债券纳入抵押品框架对高质量债券资产价格（收益率）的影响，结论与现有研究基本一致。陈国进等（2021）、李欣越和徐涛（2021）通过理论模型和实证检验发现中国人民银行中期借贷便利担保品扩容会显著降低标的债券的信用利差。

现有学者关于中央银行抵押品框架对金融稳定的影响持有不同的观点。Nyborg（2016）指出欧洲中央银行抵押品框架会对金融市场和实体经济产生扭曲，损害市场纪律，并带来更大的金融不稳定性。Nyborg（2017）以欧洲中央银行抵押品框架为例进行案例分析，认为欧洲中央银行抵押品框架可能对金融市场和更广泛的经济产生扭曲影响。Bindseil 等（2017）对此进行了反驳，肯定了中央银行抵押品框架对维护金融稳定的重要性。也有学者持中立态度，如 Corradin 等（2017）认为使用抵押品既不是金融稳定的充分条件，也不是必要条件；为确保抵押品市场的稳定性，需要微观和宏观审慎监管相结合以及可用作抵押品的安全公共资产的充足供应。

1.2.2.2　中央银行抵押品框架对信贷供给和实体经济的影响

信贷资产等非市场化资产是发达经济体中央银行（尤其是欧洲中央银行）抵押品框架资产类别的重要组成部分，这在 2008 年国际金融危机、2010 年欧债危机和 2020 年新冠疫情中体现得更为明显。在理论和实证层面，现有文献就中央银行抵押品框架对商业银行信贷供给和实体经济的积极影响基本达成一致意见。Koulischer 和 Struyven（2014）通过模型推导发现宽松的中央银行抵押品政策可以降低利差、缓解信贷紧缩并增加产出。基于最优贷款和中央银行抵押品政策的最后贷款人模型，Choi 等（2017）认为虽然针对低质量抵押品的准备金贷款使中央银行面临交易对手违约风险，但改善了融资市场的抵押品池，并可以缓解冻结的金融市场。随着研究的不断深入和数据的可获得性增加，关于中央银行抵押品框架促进信贷供给和实体经济的实证研究开始涌现。Delatte 等（2019）基于欧洲中央银行 2012 年引入额外信贷权益框架（ Additional Credit Claims Framework），发现欧洲中央银行将法国商业银行发放给更低信用评级借款人的信贷资产纳入其抵押品框架整体上显著增加了商业银行信贷供给。Bignon 和 Jobst（2017）使用双重差分方法发现当中央银行将贴现窗口的合格抵押品范围扩大到任何安全资产或有偿付能力的市场主体时，可以降低违约率，有效缓解经济危机。Van Bekkum 等（2017）基于欧洲中央银行抵押品框架显著降低合格住房抵押贷款支持证券（RMBS）评级要求这一抵押品框架改革实践，发现受该抵押品框架调整政策影响最大的银行增加了贷款供应，并降低了新发放抵押贷款的利率。Glu 等（2016）研究表明，当资金压力突然上升导致政策利率内生性触及零利率下限（ZLB）时，货币当局积极使用抵押品框架扩容政策有助于缓解资产价格、信贷、投资和产出的急剧下降，并能帮助中央银行避免触达 ZLB。Cassola 和 Koulischer（2019）将理论模型与实证分析相结合，发现欧洲中央银行抵押品折扣率下降会提高银行对该类抵押资产的配置，并降低银行的融资成本。Barthélémy 等（2017）认为欧元区范围广泛的合格抵押品有助于缓解欧债危机期间的信贷紧缩。Barthélémy 等（2018）指出灵活的欧元体系货币政策操作框架在吸收 2011—2012 年欧债危机期间出现的冲击方面发挥了重要作用，并且中央银行合格交易对手方使用更多非流动性抵押品以及中央银行扩大合格抵押品范围可以抵消信贷风险的增加。基于额外信贷权益框架（Additional Credit Claims Framework），Mésonnier 等（2017）研究结果表明将低质量的公司贷款纳入欧洲中央银行抵押品框架能有效增加对达到 ACC 评级企业的贷款，降低企业贷款利率，并且银行向欧洲中央银行抵押的信贷资产越多，该效应越明显。同样基于 2012 年欧洲中央银行抵押品框架扩容事件，Cahn 等（2017）发现欧洲中央银行将低评级信贷资产纳入长期再融资操作抵押品池能有效增加法国小微企业的信贷可获得性。

随着我国中央银行抵押品框架的不断扩容，国内部分学者也开始了相关的研究。彭兴韵（2015）认为中央银行扩大抵押品范围在增加金融机构可贷资金的同时降低了合格抵押品的流动性溢价。与前述不同，郭晔和房芳（2021）研究了中国人民银行抵押品框架对绿色信贷的影响，发现抵押品框架能有效缓解绿色企业融资难、融资贵问题。

1.2.3 中央银行抵押品框架改革与安全资产稀缺

此部分的文献梳理主要涉及安全资产稀缺（Safe Asset Scarce）、抵押品转换（Collateral Transformation）和中央银行抵押品框架改革。中央银行抵押品框架改革的主要背景是国际金融危机引发的安全资产稀缺。国际金融危机后，全球经济可能面临安全资产短缺，甚至抵押品危机已成为政策辩论的一个重要主题（IMF，2012；Aggarwal 等，2015；Gorton 和 Ordoñez，2014）。Heider 和 Hoerova（2009）通过构建信用风险模型发现在信贷风险受到不利冲击后，有担保市场和无担保市场的利率脱钩，银行间市场潜在抵押品的稀缺可能会放大有担保市场利率的波动性。Caballero 等（2017）指出 2007 年至 2008 年国际金融危机爆发时，安全资产的严重短缺造成了类似流动性陷阱的局面，即"安全陷阱"。鉴于国际金融危机引发市场对高质量抵押品的更高需求，一些市场参与者预计金融市场抵押品将很快变得稀缺（Singh 和 Stella，2012；Levels 和 Capel，2012）。此外，雷曼兄弟破产后以及欧债危机期间，各国中央银行推行的非常规货币政策正在显著改变抵押品空间（安全资产稀缺），限制了金融市场上抵押品的可获得性，而来自巴塞尔协议Ⅲ、美国多德法案和欧盟埃米尔规则等的监管要求以及新的净债务发行等都将影响金融市场抵押品的移动（Singh，2011）。

实际上，安全资产和安全资产在货币市场（如回购市场等）当中的重要性一直得到研究者的重视（Singh，2016；Singh，2013a；Gorton，2017；Gorton 等，2012）。尽管政策制定者开始承认传统货币和贷款理论的不足，但抵押品流动正日益被视为与货币本身一样重要的信贷创造驱动力（Singh 和 Goel，2019；Singh，2017），并且安全资产是一种价值储存手段，在金融交易中充当抵押品并构成货币政策操作和银行监管的基础（Gorton 等，2022）。关于抵押品转换背后的原因，更多的是政策干预——中央银行抵押品框架改革，改革内容包含中央银行合格抵押品范围扩大，合格抵押品本身、发行人（债券）、债权人评级下调，合格抵押品折扣率降低和合格抵押品计价货币调整等（Chailloux 等，2008；Chapman 等，2011；Cheun 等，2009；Eberl，2016；Tabakis 和 Tamura，2013）。

1.2.4　中央银行抵押品框架改革结构性效果与创新型货币政策工具

一方面，本书的实证分析专注于中国人民银行抵押品框架改革的政策效果，而中央银行抵押品框架的落脚点在于中国人民银行抵押品框架改革的"结构性效果"，这与结构性货币政策工具的初衷类似；另一方面，无论是国际金融危机期间美联储等发达经济体中央银行的结构性货币政策工具，还是 2013 年之后中国人民银行创设的创新型货币政策工具和结构性货币政策工具，都需要基于合格抵押品向市场提供流动性。因此，有必要梳理创新型货币政策工具和结构性货币政策的研究进展，并为后文中央银行抵押品框架改革"结构性"效果的理论模型和实证检验做铺垫。

结构性货币政策工具同样在 2008 年国际金融危机之后引起学者的关注，并于 2020 年新冠疫情期间得到进一步应用和创新。国际金融危机之后，面对私人部门资产负债表受损、金融市场紊乱和随后的实体经济衰退，欧美英等发达经济体中央银行的货币政策空间不断收窄，注重总量型调节的传统货币政策效力受到零利率下限约束，货币政策传导机制出现阻塞。基于此，欧美英等发达经济体推出量化宽松政策和前瞻性指引（Bernanke，2020；Damico 和 King，2012；Galema 和 Lugo，2021；Jones 等，2018；Glick 和 Leduc，2012；Filardo 和 Hofmann，2014；Campbell 等，2016），并创新各种结构性货币政策工具以促进金融市场和实体经济稳定，如英国的融资换贷款计划（FLS）、商业票据融资便利（CPFF）和欧洲中央银行的定向再融资操作（TLTRO），其中，美联储于 2008 年国际金融危机期间创设的各种借贷便利类结构性货币政策工具应用最为广泛（张晓慧等，2020），具体包含定期拍卖工具（TAF）、定期证券借贷工具（TSLF）和一级交易商借贷便利（PD-

CF）（Mishkin，2019）等约 20 种结构性货币政策工具。总体而言，国外学者关于结构性货币政策能够显著降低债券信用利差和企业融资成本、增加信贷供给，尤其是小微企业信贷供给和有效支持实体经济结构性部门的政策效果基本达成一致意见。Churm 等（2012）分析了融资换贷款计划如何增加银行信贷供给、降低贷款成本和有效支持实体经济发展。Balfoussia 和 Gibson（2016）发现定向长期再融资操作（TLTROs）大幅降低了意大利的贷款利率。与之类似，Benetton 和 Fantino（2021）同样发现定向长期再融资操作降低了贷款利率，并增加了银行信贷供给，也避免了一些非定向措施的意外后果。Gilchrist 等（2020）的断点回归分析结果表明，美联储二级市场公司债券信用便利（Second Market Corporate Credit Facility，SMCCF）公告使符合购买条件的债券信用利差降低了 70 个基点，Xu（2020）、Hempel 等（2020）、Li 和 Momin（2020）得出了类似的结论。Volker（2021）、Anbil 等（2021）、Lopez 和 Spiegel（2021）研究了工资保障计划流动性工具（PPPLF）的政策效果，结果表明，PPPLF 在扩大对小型银行和非存款金融机构的信贷供应方面发挥了重要作用，这些机构更有可能向规模较小的企业发放 PPP 贷款。还有部分学者探讨了市政流动性工具（MLF）和主街贷款计划（MSLF）在满足美国地方政府流动性（Haughwout 等，2021；Johnson 等，2021）和有效增加信贷供给（Minoiu 等，2021；Vardoulakis，2020）方面发挥的作用。

与国际金融危机期间美联储实施的各类结构性货币政策和欧洲中央银行定向再融资操作的功能类似，2013 年之后，中国人民银行创立了常备借贷便利、中期借贷便利、抵押补充贷款和定向中期借贷便利等借贷便利类创新型货币政策工具（中国人民银行，2013；中国人民银行，2014）。2014 年 4 月和 6 月，中国人民银行实施了两次定向降准，以发挥定向降准的信号和结构引导作用，通过定向降准的信号传导机制和正向激励机制引导金融机构提高对"三农"和小微企业等需要资金支持领域的贷款比例，从而疏通货币政策传导机制，缓解流动性在实体经济部门的结构性短缺问题（中国人民银行，2014）。因此，国内学者关于创新型货币政策工具和结构性货币政策的研究较为丰富，主要集中在两个方面：一是借贷便利类工具（卢岚和邓雄，

2015；段志明，2017；余振等，2016），具体包含借贷便利类工具的国际比较（邓雄，2015；卢岚和邓雄，2015；余振等，2016；封北麟，2016）和政策效果；二是定向降准（钱水土和吴卫华，2020b；王曦等，2017；李建强和高宏，2019；孔东民等，2021；彭俞超和方意，2016；马理等，2017；冯明和伍戈，2018；孔丹凤和陈志成，2021）。总体而言，大多数学者认为创新型货币政策工具和结构性货币政策工具发挥了较好的效果，有效缓解了小微企业和"三农"等领域的流动性缺口现状。

基于以上文献综述可以发现：第一，国外学者总结了发达国家中央银行在国际金融危机之后、疫情之前的抵押品框架发展现状，但缺少对疫情期间各个国家中央银行抵押品框架改革实施特征的阐述，并且未与中国人民银行的抵押品框架改革事实进行比较，更未将中央银行抵押品框架与货币政策框架相联系；第二，较少有文献通过理论建模研究中央银行抵押品框架改革的政策效果，更多的是基于实证研究；第三，国外学者更多的是关注国际金融危机期间中央银行抵押品框架改革的国际经验和对金融稳定与宏观经济的影响，缺乏对中央银行抵押品框架改革结构性作用的探讨；第四，国内学者虽然开始关注中央银行抵押品框架改革的结构性作用，但研究对象主要涉及债券市场和绿色信贷市场，并未涉及小微企业信贷市场，更未从货币政策框架转型的角度探讨中央银行抵押品框架改革支持实体经济的重要作用。

1.3 研究方法与创新

1.3.1 研究方法

本书的研究方法主要包括文献研究法、理论建模法和实证研究法等。

1.3.1.1 文献研究法

关于中央银行抵押品框架改革效果的研究在国外较为成熟，国内的研究相对缺乏。除了公开发表的外文文献，大量文献来自美联储和欧洲中央银行官网的工作论文，并且现有研究并未对中央银行抵押品框架及其改革效果的文献进行详细梳理。因此，本书使用文献研究法对现有文献进行梳理，阐述中央银行抵押品框架及其改革效果的研究现状，突出创新点，为后文理论建模和实证研究做铺垫。

1.3.1.2 理论建模法

目前关于中央银行抵押品框架改革效果的理论模型主要有两种：第一种是基于世代交叠模型（OLG 模型），从企业债券融资的角度研究中央银行抵押品框架改革对企业债信用利差的影响（Ashcraft 等，2010；王永钦和吴娴，2019）；第二种是基于商业银行资产负债表，使用特殊的成本函数构建理论模型，研究中央银行抵押品框架改革对主权债利差的影响（Cassola 和 Koulischer，2019），不具有普遍性。此外，上述两类模型未涵盖货币政策传导机制的利率期限结构理论，并且只关注中央银行抵押品框架改革对市场化资产（或流动性资产）收益率或信用利差的影响，缺乏对中央银行抵押品框架改革对非市场化资产（如信贷资产）影响的细致研究。因此，本书基于利率期限结构理论和商业银行利润最大化思想构建理论模型，将逆回购市场、银行间债券市场、同业拆借市场和信贷市场同时纳入理论模型，并重点分析中央银行抵押品框架改革对商业银行信贷供给或企业信贷可获得性和银行流动性创造的影响。

1.3.1.3 实证研究法

本书基于欧洲中央银行和中国人民银行抵押品框架的改革事件，使用双重差分方法、断点回归和事件研究法等对理论模型的推导结果进行验证，并进一步探讨中国人民银行中期借贷便利担保品范围扩容对小微企业信贷可获得性和信贷融资成本的影响。

中央银行合格抵押品类别、合格抵押品（Eligible Collateral）市场价值、在用抵押品（Used Collateral）市场价值、抵押品折扣率（Haircuts）等数据来自美联储、欧洲中央银行和中国人民银行官网，实证分析的数据来源为Wind 数据库。

1.3.2 研究创新

本书的创新点主要集中于三个方面。

1.3.2.1 国际比较

基于 2008 年国际金融危机、2011 年欧债危机和 2020 年新冠疫情，本书细致梳理了美联储、欧洲中央银行和中国人民银行抵押品框架改革的事实特征，并将美联储和欧洲中央银行抵押品框架改革与中国人民银行抵押品框架改革进行对比，总结美联储、欧洲中央银行与中国人民银行抵押品框架在改革背景、改革目标、中央银行角色和服务货币政策目标方面的异同，并为完善中国人民银行抵押品框架提供可借鉴的建议。

1.3.2.2　理论模型

本书基于货币政策传导机制的利率期限结构理论，将中央银行政策利率、抵押品折扣率、银行抵押品约束、银行贷款监督程度和银行流动性创造引入代表性商业银行利润最大化函数，构建一个包含逆回购市场、银行间债券市场、同业拆借市场和信贷市场的理论模型，探讨中央银行抵押品框架改革在疏通货币政策传导机制方面发挥的作用，并比较中央银行抵押品折扣率政策与利率政策在正常货币政策空间和零利率下限约束两种情形下的效果差异。

1.3.2.3　实证研究

本书基于欧洲中央银行抵押品框架豁免希腊主权债信用评级要求、中国人民银行2015年推行信贷资产质押再贷款试点和2018年6月中期借贷便利担保品范围扩容等货币政策抵押品框架改革实践，使用双重差分方法、断点回归和事件研究法研究欧洲中央银行和中国人民银行抵押品框架改革在疏通货币政策传导机制方面的重要作用，尤其关注中国人民银行抵押品框架改革的结构性调控作用。

1.4　研究思路与框架

本书包含八个章节，各章节安排如下：

第1章，导论。导论部分主要介绍美联储、欧洲中央银行和中国人民银行抵押品框架改革的背景，本书的研究意义、文献综述、创新点以及研究框架。具体而言，国际金融危机、欧洲债务危机和新冠疫情引发的货币政策传导机制不畅是美联储和欧洲中央银行抵押品框架改革的本质原因，而基础货币投放渠道改变和流动性结构性短缺是中国人民银行抵押品框架改革的重要背景。本书基于美联储和欧洲中央银行货币政策框架转型的现实背景，从中央银行抵押品框架改革事实特征、理论模型构建和实证研究三个层面阐述了本书的创新点和研究贡献，并指出了理论模型和实证分析的不足之处。文献综述部分主要阐述和中央银行抵押品框架相关的文献，并对现有文献进行评述，指出现有研究的不足和本书的创新之处。文献综述部分具体包含以下方面：第一，中央银行抵押品框架概述；第二，中央银行抵押品框架改革、最后做市商与中央银行资产负债表受损；第三，中央银行抵押品框架改革对资产价格和金融稳定的影响；第四，中央银行抵押品框架改革对信贷供给和实体经济的影响；第五，中央银行抵押品框架改革与金融市场安全资产稀缺；第六，中央银行抵押品框架改革的结构性效果与结构性货币政策。

第2章，中央银行抵押品框架改革理论基础。本章重点介绍了中央银行合格抵押品资格、合格抵押品信用评级、合格抵押品折扣率等概念，并梳理了最后贷款人理论、杠杆周期理论等中央银行抵押品框架改革效果的理论基础。此外，本章进一步阐述了中央银行抵押品框架改革效果的作用机制，并将抵押品折扣率政策纳入中国人民银行的政策利率体系，以探讨中央银行抵押品折扣率政策在疏通货币政策传导机制中可能发挥的重要作用。最后，本章阐述了中央银行抵押品框架的风险缓释工具。

第3章，主要国家中央银行抵押品框架改革实践与国际比较。本章重点介绍美联储、欧洲中央银行和中国人民银行抵押品框架的主要内容，具体包含以下内容：第一，美联储在2008年国际金融危机期间的抵押品框架改革实践；第二，欧洲中央银行在2007年"单一清单制度"（Single List）过渡期间、2008年国际金融危机期间、2010年欧债危机期间和2020年新冠疫情期间对抵押品框架进行的重大改革实践；第三，中国人民银行2012年确立抵押品框架、2014年之后调整抵押品框架（信贷资产质押再贷款试点）和2018年中期借贷便利担保品范围扩容事件。最后，本章对比美联储、欧洲中央银行和中国人民银行抵押品框架的异同，为建设现代中央银行制度、完善我国中央银行抵押品框架提供可借鉴的政策建议。

第4章，中央银行抵押品框架改革效果理论模型。本章重点在于构建理论模型，为后面章节的实证研究做铺垫。具体而言，本章基于货币政策传导机制的利率期限结构理论和商业银行资产负债表，将中央银行政策利率、抵押品折扣率、银行抵押品约束和银行贷款监督程度引入代表性商业银行利润最大化函数，并构建一个包含逆回购市场、银行间债券市场、同业拆借市场和信贷市场的理论模型，证明将合格金融资产纳入中央银行抵押品框架会降低企业信用利差，增加商业银行信贷供给并降低相关企业的信贷融资成本。此外，理论模型比较了中央银行抵押品折扣率政策与利率政策在正常货币政策空间和零利率下限两种情形下的效果差异。

第 5 章，中央银行抵押品框架改革效果：债券市场。本章的实证分析基于欧债危机期间欧洲中央银行抵押品框架豁免希腊主权债的信用评级资格要求和中国人民银行抵押品框架改革实践，研究中央银行抵押品框架改革对货币政策传导机制的影响。鉴于主权债务危机对希腊主权债的冲击，欧洲中央银行决定豁免希腊主权债作为货币政策信贷操作合格抵押品的信用评级要求，即希腊主权债不管信用评级如何都可以纳入欧洲中央银行的抵押品框架。中国人民银行于 2018 年 6 月 1 日扩容中期借贷便利合格担保品范围，本次扩容的合格担保品包括不低于 AA 级的小微企业、绿色和"三农"金融债券，AA + 级、AA级公司信用类债券。因此，本章使用双重差分法和事件研究法研究欧洲中央银行豁免主权债信用评级要求对主权债到期收益率的影响，以及 2018 年 6 月中国人民银行把不低于 AA 级的小微企业、绿色和"三农"金融债券，AA + 级、AA 级公司信用类债券纳入抵押品框架对小微企业债、绿色债、"三农"金融债以及信用债信用利差的结构性影响，即货币政策抵押品框架改革能否降低主权债收益率和债券信用利差，进而有效疏通货币政策传导机制。

第 6 章，中央银行抵押品框架改革效果：信贷市场。本章的实证分析基于中国人民银行 2015 年信贷资产质押再贷款试点和 2018 年 6 月将优质的小微企业贷款与绿色贷款纳入抵押品框架，研究中国人民银行抵押品框架改革对商业银行信贷供给、小微企业信贷可获得性和信贷融资成本的影响。

第 7 章，中央银行抵押品框架改革效果：流动性创造。在构建银行流动性创造指标的基础上，本章基于中国人民银行 2015 年信贷资产质押再贷款试点政策，研究中国人民银行抵押品框架改革对银行流动性创造的影响，并探究背后潜在的资产负债表渠道和风险承担渠道。

第8章，结论与建议。本章基于前文的理论研究和实证研究部分，分别从中央银行抵押品框架改革对主权债收益率、信用债收益率、贷款利率、贷款供给和银行流动性创造积极影响的角度出发总结结论，并提出可行的政策建议。

有关本书的研究框架见图1-1。

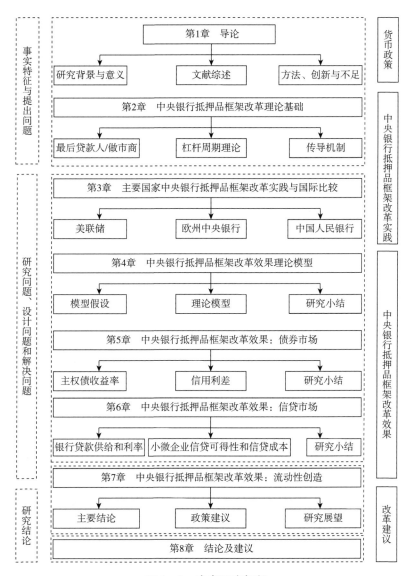

图1-1 本书研究框架

2

中央银行抵押品框架改革理论基础

2.1 中央银行抵押品框架的相关概念

中央银行抵押品框架及改革的相关概念主要包含抵押品框架类型、抵押品资格（Collateral Eligibility）、抵押品评级（Collateral Credit Rating）、抵押品折扣率（Collateral Haircuts）和合格交易对手方，其中抵押品折扣率是各国中央银行管理抵押品风险、防范交易对手方道德风险、维护中央银行资产负债表安全的主要工具。因此，中央银行抵押品框架改革主要涉及抵押品资格、抵押品评级、抵押品折扣率和合格交易对手方的相关变化。

2.1.1 抵押品框架类型

中央银行抵押品框架主要分为两种，一种是单一层次抵押品框架，另一种是多层次抵押品框架。单一层次抵押品框架是指一国中央银行通过设立单一抵押品池（Collateral Pool）并基于抵押品池中的所有合格抵押品支持公开市场操作工具和常备借贷便利操作（Standing Facility：贴现窗口）政策工具的执行，即各种货币政策工具接受抵押品池中的所有抵押品。在各类发达经济体中央银行中，欧洲中央银行和日本中央银行货币政策操作执行的是单一层次抵押品框架。多层次抵押品框架指的是一国中央银行公开市场操作和贴现窗口适用不完全相同的抵押品，其中公开市场操作适用的合格抵押品范围较窄，主要为国债、政府支持企业债券和高评级企业债券资产等高质量抵押品，而贴现窗口适用的抵押品范围更为广泛。除了适用公开市场操作的合格抵押品范围，贴现窗口适用的抵押品范围还包括资产支持证券、银行债券、信贷资产等流动性和质量较低的金融资产。另外，美联储和欧洲中央银行的贴现窗口合格抵押品范围也纳入了外币资产。在主要经济体的中央银行中，美联储和英格兰央行执行的是多层次抵押品框架。单一层次抵押品框架会促使金融机构向中央银行优先抵押低质量、低流动性的金融资产，可能带来道德风险问题。因此，中国人民银行在借鉴主要经济体中央银行抵押品框架的基础上，于 2012 年初步建立了多层次抵押品框架。

2.1.2 合格抵押品资格

合格抵押品资格是指具备中央银行抵押品框架抵押品资格的金融资产，即在货币政策公开市场操作和贴现窗口操作中，中央银行交易对手方可用于向中央银行抵押（质押）以申请准备金的金融资产，按照金融资产的流动性和市场化交易可分为市场化资产和非市场化资产。市场化资产又称有价资产或可出售资产，是指存在活跃市场且可以在短时间内变现的资产，如银行债券、公司债券和资产支持证券等。这些资产具有公开的市场价格信息，市场价值较容易评估，如欧洲中央银行每天公布一份合格的市场化资产清单。相比之下，非市场化资产不在正规市场上交易，而是在私人市场中交易或者由所有者持有至到期。因此，非市场化资产通常缺乏市场价值。

金融资产的抵押品资格往往取决于中央银行的货币政策目标，由中央银行决定。Bindseil（2014）指出，一般而言中央银行的合格抵押品应具备一些理想特征（Desired Properties），主要包含法律确定性（Legal Certainty）、最低信用评级（Credit Quality）、简洁性（Simplicity）、市场透明性（Market Transparency）、市场流动性（Market Liquidity）、处理和结算成本（Cost of Handling and Settlement）以及计价货币（Currency Denomination of Collateral）。

具体而言，法律确定性指的是合格抵押品的所有权界定，即当商业银行等金融机构使用合格抵押品向中央银行抵押获取流动性之后，如果金融机构发生违约，中央银行享有占有和清算被抵押资产的法定权利，该种权利在法律上是确定的。

最低信用评级是指中央银行需要对纳入抵押品框架的抵押资产设定最低信用评级。由于交易对手方在向中央银行抵押资产获取流动性时往往存在道德风险，为避免由此带来的中央银行资产负债表受损，中央银行需要对新纳入抵押品框架的抵押品以及已具备抵押品资格的金融资产进行动态评级，随时观察各类合格抵押品的评级动态，避免交易对手方出现高风险产生违约，增加中央银行的风险承担甚至实际损失。值得关注的是，在合格抵押品质量方面，中央银行可能会遇到两个难题：首先，低质量的抵押资产往往具有较高的违约概率，如果中央银行将低质量的金融资产纳入抵押品框架，无疑会降低中央银行声誉和独立性，增加中央银行风险承担甚至实际损失，比如国际金融危机期间，美联储和欧洲中央银行抵押品池中的合格抵押品评级下调，资产质量显著下降。因此，处理好低质量抵押品带来的中央银行资产负债表风险增加甚至受损成为关键，但如何通过抵押品折扣率管理合格抵押品违约风险并不清晰。一般而言，合格抵押品评级越低，资产质量越差，中央银行出于风险考虑会设定更高的折扣率，从而激励交易对手方在向中央银行申请流动性时提供高质量抵押品。然而，在国际金融危机期间，美联储和欧洲中央银行并未对低质量合格抵押品设定公允的折扣率，反而保持整体抵押品折扣率基本不变。其次，一些低评级市场化资产（如债券）往往对信息较为敏感，在遇到金融危机等外生冲击时会急速贬值，成为极度缺乏流动性的资产。因此，中央银行会花费很多时间并以较低的价格进行清算，这会增加中央银行资产负债表的损失。

简洁性强调具备抵押品资格的金融资产需保持简单，比如基础资产相比衍生品更加简单。合格抵押品的简洁性，一方面便于市场理解，促进市场的公允交易，为合格抵押品的估值和定价奠定基础，避免在中央银行清算过程中由于复杂性难以迅速变现，产生亏损；另一方面，复杂的抵押品会增加中央银行货币政策操作成本，比如复杂抵押品的定价成本、促进市场理解复杂抵押品的沟通成本等。

市场透明性又称价格可获得性，强调合格抵押品在规范、成熟、透明的市场上进行交易对中央银行合理设定抵押品价格更为有利。在中央银行抵押品框架的国际实践中有两类抵押品交易市场：一类是场内交易市场，该类市场标准化程度高，接受监管，具备完善的交易规则，市场流动性较好，具备充分合理的市场参与者；另一类是场外交易市场（OTC）。对于在场内交易市场进行交易的合格抵押品，中央银行可以依据市场交易量和市场价格确立公允的合格抵押品价格（或价值），而对于在场外交易市场进行交易的合格抵押品，中央银行难以获得抵押品定价的合理数据，为合格抵押品的估值准确性带来一定难度。

市场流动性和市场透明性紧密相关。合格抵押资产的流动性强调资产的变现能力，是中央银行合格抵押资产最为重要的理想特征之一。国债、高等级企业债、住房抵押贷款证券（MBS）、资产支持商业票据等资产往往具备较高的流动性，而缺乏透明交易市场的信贷资产往往流动性较差。高流动性金融资产往往具有交易价格的可获得性和交易对手违约情形下的高变现能力两个理想特征。高流动性的合格抵押资产可以便利地从市场获得公允价格，进而对类似资产进行估值。在金融冲击（如金融危机）下，高质量的抵押资产并不会出现贬值，如国债。

银行间、银行与中央银行之间的处理和结算成本因抵押品类型而异。例如，一些结算和证券托管系统因能够为用户提供更加自动化的服务，其收费可能低于其他系统。然而，跨境结算可能会更为昂贵且工作量更大。

中央银行合格抵押资产的计价币种分为本国货币计价和外国货币计价两种。合格抵押资产的外国货币计价往往和中央银行的国际最后贷款人相关联。比如，国际金融危机期间美联储作为国际最后贷款人，其创立的美元流动性互换安排本质上是将外币资产纳入其抵押品框架，作为向其他国家中央银行提供美元流动性的合格抵押品。再者，欧洲中央银行作为欧元区国家的最后贷款人，在 2008 年国际金融危机之后对欧洲中央银行的合格抵押品框架范围进行了计价货币的扩容，将以美元、英镑和日元计价的部分资产纳入了欧洲中央银行抵押品框架。

2.1.3 合格抵押品的评级、折扣率和估值

2.1.3.1 合格抵押品评级

合格抵押品的特征之一是中央银行需要设定合格抵押品的最低评级。如何准确评级合格抵押品对中央银行设定抵押品资格、评估合格抵押品价值和合理确定抵押品折扣率至关重要。与合格抵押品评级最为相关也最重要的是评级机构，不同国家的评级机构有所不同，其中欧洲中央银行针对抵押品的评级更为规范和复杂，包含欧洲中央银行内部评级、成员国中央银行内部评级和第三方评级。在国际金融危机之后，欧洲中央银行在其抵押品框架当中引入了第四类评级机构 DBRS（Dominion Bond Rating Services）。中国人民银行抵押品框架评级相对简单，市场化资产以第三方评级为主，非市场化资产

以中国人民银行内部评级为主。如 2014 年，中国人民银行首先在广东和山东两省推行信贷资产质押再贷款试点，将符合中央银行内部评级的地方金融机构合格信贷资产纳入中国人民银行抵押品框架。

2.1.3.2　合格抵押品折扣率

中央银行将商业银行等交易对手方持有的某类金融资产纳入抵押品框架，本质上是将商业银行承担的风险转移至中央银行资产负债表。由于道德风险的存在，商业银行倾向于将低质量的合格抵押品向中央银行抵押。因此，为防范道德风险引致的中央银行资产负债表质量下降甚至产生损失，需要通过设定每类合格抵押品的折扣率以维护中央银行的稳健性、透明性和独立性。一般情况下，商业银行等金融机构提供的合格抵押品质量越差，中央银行设定的抵押品折扣率就越高。因此，折扣率是中央银行对其交易对手方违约概率施加的一种风险补偿，用小写字母 h 表示，数值范围为 0 ~ 100%。"$h = 100\%$" 表明该类金融资产不具备中央银行抵押品资格，不是合格的抵押品，商业银行等金融机构无法使用该类资产向中央银行抵押，申请流动性。

关于合格抵押品折扣率的具体内容还需要强调两点：第一，折扣率与商业银行获取中央银行流动性的关系式。表达该种关系的等式为

$$CBL_{i,t} = (1 - h_{i,t})\, V(h, g, r)_{i,t} \tag{2.1}$$

其中，$V_{i,t}$ 表示第 i 类金融资产在 t 时期的市场价值（Value），如合格的国债、中央银行票据、企业债和信贷资产等。$CBL_{i,t}$ 表示商业银行在 t 时期向中央银行抵押价值为 $V_{i,t}$ 的金融资产后获取的准备金（Cenral Bank Liquidity），该准备金是在 $V_{i,t}$ 的基础上扣除一定的比率 $h_{i,t}$ 计算得出的。$g_{i,t}$ 表示担保（Guarantee），是指对合格抵押品进行的担保，比较典型的例子是欧元区担保银行债券。在欧债危机期间，西班牙、葡萄牙、意大利和爱尔兰等国家主权债券信用评级急剧下滑，导致这些国家的银行脆弱性增强。为帮助高主权债务危机国银行业渡过难关，上述国家的政府对该国银行发行的债券进行担保。担保一方面可以直接增加银行债券的市场价值，另一方面会提高银行担保债券的信用评级以达到欧洲中央银行抵押品框架的最低信用评级标准，便于受欧

债危机影响严重的银行能够以合格的银行担保债券向欧元区国家中央银行抵押以获取流动性。$r_{i,t}$ 表示合格抵押品的信用评级，资产评级越高，越受市场欢迎，抵押品的市场价值越高。第二，中央银行设定合格抵押品的折扣率需要考虑抵押品的质量（流动性或评级）。如果某类合格抵押品的流动性较好，有较为完善的交易市场或者市场评级相对较高，则该类资产的折扣率偏低，反之则偏高。因此，抵押品折扣率的表达式为（Bindseil，2014）

$$h_{i,t} = h(x_{i,t}), x_{i,t} \in [0,1]; h_{i,t} \in [0,1] \qquad (2.2)$$

其中，$x_{i,t}$ 表示 t 时期资产的质量或流动性，$h(x_{i,t})$ 是 $x_{i,t}$ 的连续函数。

2.1.3.3 合格抵押品估值

关于中央银行合格抵押品的估值涉及多个层面。首先是合格抵押品分类。针对市场化资产和非市场化资产，中央银行采取不同的估值方法。国债、金融债、抵押贷款支持证券（MBS）、资产支持证券和高质量企业债等市场化资产[①]具备较高的市场流动性，交易量较大，该类资产的市场价格容易获得并且价格较为公允。因此，中央银行往往采用市场价格对市场化的抵押品进行估值。由于信贷资产等非市场化资产的市场价格无法获得，中央银行往往采用理论价格（Theoretical Prices）对该类合格抵押资产进行估值。理论价格主要来自中央银行内部的理论模型测算，对模型参数和数据的要求较高。其次是中央银行合格抵押品价值的影响因素。合格抵押品估值本质上为金融资产定价，适用于资产价格的杠杆周期理论。上文阐述的合格抵押品的流动性、评级、市场价格、折扣率以及金融资产担保都会影响到合格抵押品的估值。

关于中央银行合格抵押品评级、合格抵押品折扣率与合格抵押品估值的关系详见图 2－1。

---

　　① 不同国家的同一种资产可能属于市场化资产，也可能是非市场化资产。比如，MBS 在美国具有较高的流动性，因此 MBS 被归类为市场化资产，而在我国，由于缺乏透明标准的交易市场，MBS 属于非市场化资产。

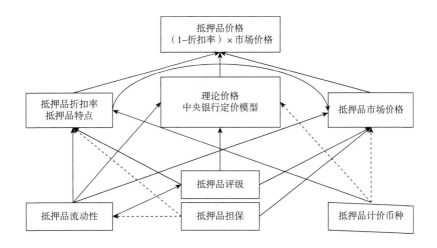

图 2 - 1　中央银行抵押品框架合格抵押品评级、折扣率和估值关系

（注：资料来源为 Nyborg（2016b）和作者理论推导；图中实线箭头表示直接影响，
虚线箭头表示间接影响）

2.2　中央银行抵押品框架改革理论基础

2.2.1　中央银行抵押品框架改革理论阐释

2.2.1.1　最后贷款人理论和最后做市商理论

中央银行抵押品框架的理论基础最早可追溯至最后贷款人理论（Bage-hot，1873），"白芝浩原则"（Bernanke，2015）强调了中央银行最后贷款人职能的四项基本原则，即在金融危机期间，中央银行只向具备优质抵押品、流动性差但有偿付能力的银行发放带有"惩罚"性质的高利率信贷资金，主要目标是确保货币政策顺利执行、维护金融稳定和保护中央银行避免交易对手违约带来的损失。中央银行替代金融中介从最后贷款人转变为最后做市商主要涉及两个方面：一是中央银行拓宽最后贷款人功能的边界，接受低质量的金融资产作为中央银行抵押品框架的合格抵押品；二是中央银行直接购买低质量金融资产和其他私人资产（Buiter 和 Sibert，2008）。然而，2008 年国际金融危机之后，以美联储为代表的发达经济体中央银行通过直接购买金融资产或者将低流动性、低质量的抵押品纳入其抵押品框架直接参与金融市场，导致中央银行的角色从最后贷款人变为最后做市商，最后贷款人理论也延伸至最后做市商理论（孙天琦等，2021；Buiter 和 Sibert，2008；Weber，2017）。最后贷款人理论和最后做市商理论都强调中央银行运用货币政策工具疏通货币政策传导机制，缓解金融市场压力，及时供给流动性和维持金融稳定。中央银行通过扩大合格抵押品范围、降低抵押品信用评级、调整抵押品折扣率等向财务稳健的商业银行等金融机构提供流动性，是中央银行充分发挥最后贷款人角色的前提条件，而中央银行将低质量、低流动性金融资产纳入抵押品框架或者直接从商业银行、非银行金融机构和实体企业购买抵押品成为中央银行发挥最后做市商角色的重要前提条件之一。

2.2.1.2 杠杆周期理论

杠杆周期理论主要和中央银行抵押品框架中市场化资产的价格密切相关。在现有文献研究中，抵押品折扣率往往有四种等价的表达方式：折扣率（Haircuts）、保证金比率（Margins）、杠杆率（Leverage Ratio）和抵押率（Collateral Ratio）。这四个数值之间存在着较为紧密的关系，具体表达式为：杠杆率 = 1/折扣率 = 1/保证金比率 = 1/（1 - 抵押率），即抵押品折扣率与保证金比率表示同一概念，折扣率与抵押率之和为 1，而杠杆率与折扣率互为倒数关系。通过下面的例子，我们可以更清晰地理解杠杆率与折扣率之间的关系。假设在一国中央银行抵押品框架中，中央银行设定的合格抵押品折扣率或保证金比率为 20%，某一金融机构向中央银行申请贷款 80 万元，那么该金融机构需要抵押市场价值为 100 万元的金融资产。在这一过程中，抵押率 = 80/100 = 80%，杠杆率 = 1/20% = 5。

考虑到中央银行抵押品折扣率与杠杆率之间的关系（同一个硬币的两面），一系列探讨融资约束和资产定价的文献为中央银行抵押品框架改革效果（抵押品折扣率或杠杆率影响资产价格）提供了一定的理论基础（Chen 等，2019；Brunnermeier 和 Pedersen，2009；Gârleanu 和 Pedersen，2011；Geanakoplos，2010；王永钦和吴娴，2019），比较有代表性的是杠杆周期理论（Geanakoplos，2010）。鉴于金融市场中存在对某类金融资产的偏好投资者，杠杆周期理论指出，借贷约束决定了金融合约的有效执行需要基于抵押品获取融资，而抵押率（杠杆率）的变化会对资产价格产生巨大影响。相比其他投资者，部分投资者更乐观，或更能承受风险，或更喜欢某些资产，导致其对这部分金融资产的价格或市场价值预期更高。因此，这部分投资者会通过高杠杆率的借贷（获得抵押品需求更少的贷款）获得更多资金投资该部分资产，从而推高资产价格，而资产价格上升对于该资产的发行方而言，融资成本更低。

2.2.2 中央银行抵押品框架改革机制剖析

中央银行抵押品框架及其改革的最初目标是在正常时期配合货币政策的有效执行，在危机时期防止金融机构道德风险，进而维护中央银行资产负债表安全。除此之外，本书认为中央银行抵押品框架改革或抵押品政策有可能作为单独、有效的货币政策工具，直接影响货币政策的操作目标和中介目标，促进最终目标的实现。截至目前，各发达经济体中央银行抵押品框架改革的内容主要涉及扩大合格抵押品范围、调整合格抵押品信用评级、扩大合格抵押品计价币种和直接调整合格抵押品折扣率。无论哪一种抵押品框架改革形式，合格抵押品折扣率都发挥着重要作用。因此，中央银行抵押品框架中的折扣率政策除了具备防范抵押品风险的作用，也可能发挥有效引导货币政策操作目标和中介目标、疏通货币政策传导机制的作用，并在零利率下限约束下优于传统的利率政策工具（Ashcraft 等，2010）。综上所述，本章尝试阐述中央银行抵押品框架改革的作用机制，并将抵押品折扣率政策与传统的利率政策做简单的定性分析。

对于公司债券等市场化资产，中央银行抵押品框架改革会强化标的资产的稀缺性，进而通过"稀缺性"渠道降低标的证券资产收益率（Williamson，2016；D'Amico 等，2018；De Roure，2016），降低企业融资成本（黄振和郭晔，2021；BIS，2015；李欣越和徐涛，2021）。对于银行贷款等非市场化资产，中央银行抵押品框架改革会通过"结构性"渠道和资产负债表渠道影响商业银行信贷供给。郭晔和房芳（2021）认为，将绿色信贷资产纳入中央银行担保品框架一方面会通过资产端作用于商业银行资产负债表，另一方面会通过为企业资产质量增信而作用于企业资产负债表，最终导致绿色企业信贷可获得性增加和信贷融资成本下降。

综上所述，现有研究认为中央银行抵押品框架改革影响金融市场和实体经济的作用机制主要为稀缺性渠道（Williamson，2016；D'Amico 等，2013；De Roure，2016），即将某类金融资产纳入中央银行抵押品框架会导致该类金融资产在市场上的相对稀缺性，资产价格上升，收益率下降，从而降低相关企业的融资成本。本章创新性地阐述了中央银行抵押品框架改革主要通过抵押品"资格溢价"渠道和"结构性"渠道分别影响信贷融资成本和信贷可获得性，通过抵押品"资格溢价"渠道影响市场化资产收益率。

2.2.2.1　合格抵押品结构性渠道、信贷供给和证券发行

结构性渠道通常反映中央银行将哪些资产纳入其抵押品框架（BIS，2015），进而决定中央银行交易对手方的资产配置结构。中央银行将某类金融资产纳入其抵押品框架，一方面会提高该类资产的可抵押（质押）性，直接增加交易对手方创造该类资产并将其保留在其资产负债表上的意愿；另一方面会增加该资产在总资产中的结构占比。中央银行交易对手方在抵押品使用顺序上会优先使用低质量的合格抵押品向中央银行抵押申请贷款（Cassola 和 Koulischer，2019）。因此，将某类金融资产纳入中央银行抵押品框架会使标的资产的可抵押性提高，直接增强商业银行调整资产配置结构，增加证券资产发行和信贷供给的意愿与动机。

2.2.2.2　合格抵押品资格溢价渠道、证券融资成本和信贷融资成本

合格抵押品的资格溢价（Eligibility Premium）是指中央银行接受某类金融资产作为抵押品使该资产具备合格抵押品资格，导致合格抵押资产与其他资产的收益率之间存在差异，这个差异即为"资格溢价"（Bindseil 和 Papadia，2006）。简单来讲，当某一类金融资产具备合格抵押品资格时，该资产的吸引力增强，相对价格上升，相对收益率下降。中央银行将证券资产和信贷资产纳入其抵押品框架同样会带来抵押品资格溢价，具体可分为合格抵押品信用溢价和流动性溢价两个部分。一方面，将证券资产和信贷资产纳入中央银行抵押品框架本质上是中央银行为商业银行持有的证券资产和信贷资产

进行信用背书和增信，会降低商业银行贷款利率和商业银行持有证券资产信用利差中的信用溢价，而商业银行持有证券资产的二级市场信用利差会进一步促进同类型证券资产一级市场发行利差中的信用溢价。另一方面，中央银行将证券资产和信贷资产纳入其抵押品框架提高了证券资产和信贷资产的流动性，会降低证券资产信用利差和贷款资产利率中的流动性溢价，而证券资产信用利差中流动性溢价的下降也会促使类似证券资产发行利差中的信用溢价下降。因此，证券资产信用利差和贷款利率中信用溢价、流动性溢价补偿会降低证券资产发行利差、信用利差和信贷融资成本。

2.2.2.3　银行信贷传导渠道和利率传导渠道

由于中央银行抵押品框架改革并未脱离货币政策框架，因此货币政策传导机制中的作用机制同样适用于中央银行抵押品框架改革的作用机制。货币经济学经典教材和众多经典文献都阐述了常规货币政策工具主要通过利率渠道、银行信贷渠道、信号渠道、资产价格渠道疏通货币政策传导机制，量化宽松和前瞻性指引等非常规货币政策工具通过资产组合再平衡渠道、信号渠道影响中长期利率。鉴于此，中央银行抵押品框架改革的作用机制可能适用于上述货币政策传导机制中的某些机制。

鉴于中央银行抵押品框架扩容、抵押品信用评级和抵押品流动性都和折扣率密切相关，中央银行抵押品框架改革的核心要素是抵押品折扣率。中央银行抵押品扩容意味着标的资产的折扣率从100%变为小于100%，抵押品信用评级越高、流动性越高，折扣率越低。基于抵押品"资格溢价"渠道和抵押品"结构化"渠道，本书认为中央银行抵押品框架改革的传导机制为利率渠道和银行信贷渠道，即抵押品折扣率是兼具"价格型"和"数量型"特征的货币政策工具。抵押品折扣率的"价格型"特征体现在抵押品"资格溢价"渠道上。首先，降低基准国债等优质抵押品的折扣率会基于利率期限结构理论降低长期国债收益率、逆回购利率、企业债收益率和贷款利率等。对于货币政策传导机制不畅的金融市场，中央银行可以通过直接降低长期国债、企业债和贷款等资产的折扣率影响货币政策的操作目标和中介目标。考虑到抵押品折扣率的市场化程度更高，抵押品折扣率比利率工具更加简单、直接、有效。其次,降低抵押品折扣率会降低标的资产当中的流动性溢价,体现了利率渠道的流动性偏好理论。抵押品折扣率的"数量型"特征体现在"结构化"渠道上,即降低抵押品折扣率意味着银行等金融机构通过公开市场操作和贴现窗口从中央银行获得更多的流动性,激励银行发放信贷,中央银行抵押品政策的银行信贷渠道存在。图 2 – 2 详细描述了中央银行抵押品折扣率政策(包含抵押品框架扩容、信用评级和抵押品流动性)影响债券收益率、信贷融资成本和信贷供给的路径和传导机制。

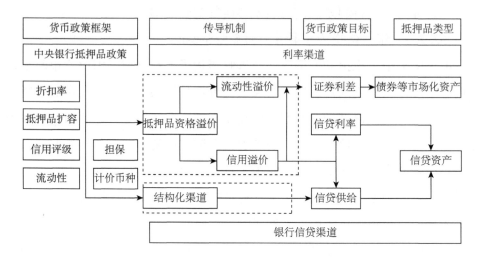

图 2 – 2　中央银行抵押品框架改革的影响机制

此外,图 2 – 3 将各类金融资产的抵押品折扣率纳入中国人民银行的政策利率体系,从而更加形象地描述抵押品折扣率在中国人民银行货币政策利率体系当中可能发挥的重要作用。从图 2 – 3 可以看出,中国人民银行基于抵押品"资格溢价"机制,一方面可设定公开市场操作中的回购抵押品折扣率,并依次作用于货币政策操作目标 DR007 和货币市场利率,或者设定国债折扣率影响国债收益率,并依据利率期限结构理论作用于债券市场收益率;另一方面可设定债券和信贷资产等抵押品的折扣率,直接作用于债券市场利率和信贷市场利率。中央银行抵押品政策的资产负债表配置机制与上述分析类似,但主要作用于数量型操作目标和中介目标。因此,中央银行抵押品政策可能成为中国人民银行货币政策利率体系的有效补充,能够发挥定向调控的作用。在后文的理论模型推导中，本书发现无论是在零利率下限约束下还是在政策利率处于正的、向上的收益率曲线情形下，抵押品折扣率政策在某些情形下会优于传统利率政策效果，抵押品折扣率可能成为充实我国货币政策工具箱的有力工具之一。

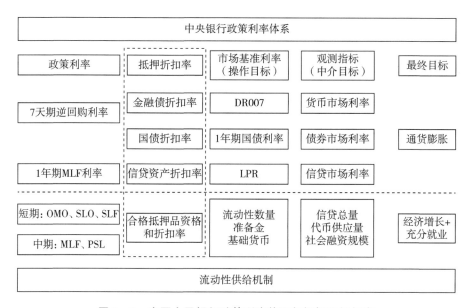

图 2 - 3　中国人民银行政策利率体系与抵押品折扣率

（注：图中的 LPR 虽然是市场基准利率，但不是货币政策操作目标，因此图中使用虚线框住）

2.3　中央银行抵押品框架风险管理与资产负债表受损

2.3.1　中央银行抵押品框架的风险管理手段

鉴于中央银行接受低质量、低流动性抵押品会增加交易对手方的道德风险，损害中央银行资产负债表安全，各国中央银行主要采取以下措施降低交易对手方道德风险带来的中央银行资产负债表受损：集中风险限制（Limits）、估值和追加抵押品机制（Valuation 和 Margin Calls）以及折扣率（Haircuts），其中折扣率是各国中央银行管理抵押品风险最为重要的手段。本节简单介绍各经济体中央银行的抵押品折扣率和其他几种管理抵押品风险的手段。

2.3.1.1 抵押品折扣率

抵押品折扣率是中央银行抵押品框架的核心要素，准确设定抵押品折扣率更为重要。对于国债、金融债、MBS 和企业债等市场化资产，抵押品折扣率的设定与抵押资产的市场价格、流动性和信用评级等信息密切相关。因此，市场化资产折扣率的设定较为透明、公允，市场化程度高。鉴于中央银行无法从市场直接获得信贷资产等非市场化资产的市场价格、交易量和信用评级信息，该类抵押品折扣率的设定需要花费中央银行一定的成本。表 2 - 1 给出了中国人民银行抵押品框架中不同抵押品的折扣率分布情况。总体而言，抵押品的信用评级越低，流动性越差，剩余期限越长，折扣率越高。在各类抵押品当中，信贷资产等非市场化资产的折扣率设定较为复杂，如美联储一般会根据合格交易对手方提供有关信贷资产的各类信息，通过内部评级和模型推演确定信贷资产等非市场化抵押品的折扣率。

表 2 - 1　　　　　　　　中国人民银行合格抵押品种类与折扣率　　　　单位：%

抵押品种类	剩余年限					
	0 ~ 5	5 ~ 10	> 10	0 ~ 5	5 ~ 10	> 10
	基础抵押率			折扣率		
中央银行票据	100			0		
记账式国债	99	97	95	1	3	5
中央政府代发的地方政府债	60 ~ 90	50 ~ 85	40 ~ 80	10 ~ 40	15 ~ 50	60 ~ 90
主动归还专项借款或无专项借款的省份	90	85	80	10	15	20
财政部代扣归还专项借款的省份	85	80	75	15	20	25
欠还专项借款的省份	60	50	40	40	50	60
国家开发银行及政策性金融债	94	92	90	6	8	10
国家开发银行	94	92	90	6	8	10
进出口银行	94	92	90	6	8	10
农业发展银行	94	92	90	6	8	10
同业存单	90			10		
AAA 级主体评级、AAA 级债券评级的企业债券	80 ~ 90	75 ~ 85	70 ~ 80	10 ~ 20	15 ~ 25	20 ~ 30

续表

抵押品种类	剩余年限					
	0~5	5~10	>10	0~5	5~10	>10
	基础抵押率			折扣率		
十家中央企业	90	85	80	10	15	20
其余中央企业	85	80	75	15	20	25
一般企业	80	75	70	20	25	30
AAA 级主体评级、AAA 级债券评级的中期票据	80~90	75~85		10~20	10~20	
十家中央企业	90	85		10	15	
其余中央企业	85	80		15	20	
一般企业	80	75		20	25	
AAA 级主体评级、A-1 债项级别的短期融资券、超短期融资券	80~90			10~20		
十家中央企业	90			10		
其余中央企业	85			15		
一般企业	80			20		
信贷资产	70	60	50	30	40	50

注：①财政部代扣归还专项借款的省份包括黑龙江省、贵州省、山西省、陕西省、天津市五省（市），欠还专项借款的省份包括河北省、湖北省、湖南省和辽宁省，其余为主动归还专项借款或无专项借款的省份。②十家中央企业是指中石油、中石化、中海油、国家电网、南方电网、铁道部、中国移动、中国联通、中国电信、神华集团。

资料来源：中国人民银行。

2.3.1.2　抵押品集中风险限制

抵押品集中风险限制直接避免了抵押品风险的过度集中。抵押品集中风险限制措施包含两个内容（Bindseil，2014）：第一，限制中央银行单个交易对手的信贷敞口；第二，限制中央银行单一交易对手方可使用的特定抵押品。欧洲中央银行关于抵押品集中风险限制的现实案例包括"交易对手方向中央银行申请流动性而抵押的 ABS 资产占抵押品池总资产的比例不超过 20%""交易对手方向中央银行申请流动性而抵押的任一发行人发行证券的比例在其抵押品池中不得超过 5%""交易对手方向中央银行申请流动性而抵押的任何单一发行人（主权债券除外）发行证券的总额在其抵押品池中的规模不得超过 1 亿欧元"等。英格兰银行和欧洲中央银行采取了这一抵押品风险管理手段。

2.3.1.3　抵押品估值和追加抵押品机制

如果抵押品的市场价值低于某个临界水平，中央银行将向交易对手方发出追加保证金的通知，要求交易对手提供额外的资产或现金补足差额。同样，如果抵押品在重估后价值超过某个临界水平，中央银行的交易对手可以收回多余的资产或现金。抵押品需要准确估价以确保中央银行提供给交易对手方的信贷金额不超过抵押品的价值，不超过的部分是由于抵押品折扣率的存在。由于资产价格随着时间的推移而波动，中央银行需要定期重新估值。每当达到一定的触发水平时，就需要调用新的抵押品。在一个没有监管和处理成本的世界里，抵押品估值可以实时完成，追加保证金的触发水平上限将为零。在实践中，成本创造了一种权衡。例如，根据市场惯例，欧元体系每天对抵押品进行估值，并具有 0.5% 的对称触发水平。当抵押品价值在扣除折扣率后低于中央银行提供信贷资金的 99.5% 时，将触发追加保证金通知。如果超过中央银行提供信贷资金的 100.5%，则超过 0.5% 部分的抵押品将退还给交易对手方。美联储和中国人民银行抵押品框架目前也采取了这一抵押品风险管理手段。

2.3.1.4　初始保证金、额外担保和解除抵押品资格

第一，初始保证金。实际上，初始保证金和估值折扣率的本质是一样的。欧元体系可能在提供流动性的反向交易中使用初始保证金，这将意味着交易对手方提供抵押品的价值至少要等于欧元体系提供的流动性加上初始保证金的价值。欧洲中央银行于 2010 年 10 月 10 日恢复使用该风险控制措施。第二，额外担保。中央银行在接受某些资产作为合格抵押品时可能需要财务健全的实体提供额外担保。欧洲中央银行于 2010 年 10 月 10 日恢复使用该风险控制措施。除了应用到无担保银行债券的限制条件外，欧元体系还可以对发行人/债务人或担保人的风险敞口施加限制。这种限制也适用于特定的中央银行交易对手方，特别是如果交易对手方的信用质量似乎与交易对手方

提交的抵押品信用质量有高度的相关性。第三，解除抵押品资格。中央银行可能会将某些资产排除在其货币政策操作之外。这种排除也适用于欧洲中央银行特定的交易对手方，特别是如果交易对手方的信用质量似乎与对手方提交的抵押品信用质量表现出高度的相关性。欧洲中央银行于2010年10月10日恢复使用该风险控制措施。

2.3.2　中央银行抵押品框架、准财政与资产负债表受损

在国际金融危机和疫情期间，美联储和欧洲中央银行的货币政策操作接受低质量、低流动性的金融资产在某种意义上是一种准财政行为。作为国际货币基金组织诸多成员国的财政政策代理人，中央银行和其他公共金融机构（Public Financial Institution）发挥着重要作用。它们在这种"伪装"下的活动可以影响整体公共部门的资产负债表（非金融和金融公共部门的资产负债表），而不会影响常规衡量的预算赤字，这些活动通常被称为准财政业务或活动。Mackenzie 和 Stella（1996）给出了准财政活动的狭义定义，即"一种由中央银行或其他公共金融机构进行的操作或措施，其效果原则上可以通过明确的税收、补贴或直接支出等形式的预算措施加以复制，并且已经或可能对中央银行、其他公共金融机构或政府的金融操作产生影响"。准财政活动的具体类型包含中央银行补贴贷款①、信贷规模②、中央银行纾困行动③、多重汇率制度④、汇率担保⑤和汇率风险承担。中央银行以低于市场的利率向中央政府放贷也是一种相对常见的类型。中央银行参与的广义准财政活动还包括中央银行使用公开市场操作冲销资本流入操作⑥，公开市场操作和准备

---

①　如以低于市场利率的行政利率贷款向高信用风险和缺少充足抵押品的银行进行贷款。实施国家如土耳其、阿根廷、孟加拉国、中国和印度。

②　实施国家如印度和希腊。

③　中央银行纾困行动是指中央银行对陷入困境的金融机构的纾困行动，有时是QFAs中最引人注目也是最昂贵的。采取的形式从简单的资本注入，到承担不良贷款，再到事后汇率担保。实施国家如也门、乌拉圭、巴西和希腊。

④　多重汇率制度的实施国家如哥斯达黎加、埃及和委内瑞拉。

⑤　汇率担保相当于对高通胀国家创造补贴。实施国家如也门、前南斯拉夫。

⑥　这种政策选择的直接财政成本来自中央银行或财政部支付的利息成本与购买外国资产所获得的利息之间的差额。

金要求①。鉴于中央银行并未根据低质量的抵押品设定符合市场原则的折扣率，美联储和欧洲中央银行等发达经济体中央银行在国际金融危机、欧债危机和疫情期间将低质量、低流动性的金融资产纳入其抵押品框架属于准财政活动中的补贴贷款和纾困计划，这无疑会增加中央银行的风险承担，甚至产生损失。

---

① 准备金不以市场利率付息相当于一种隐含税收，高准备金要求可以通过将所有商业银行的资产输送到中央银行，再借给政府来排挤私营部门。另一种不那么极端的措施可能是要求银行以政府债券的形式持有至少一部分流动资产，就像肯尼亚的情况一样，这种政策还会人为地降低政府借贷成本。实施国家如埃及和肯尼亚。

3

主要国家中央银行抵押品
框架改革实践与国际比较

3.1　美联储货币政策抵押品框架及改革实践

美国货币政策包括联邦储备委员会为促进最大就业、稳定物价和适度的长期利率而采取的行动和沟通。尽管美国《联邦储备法》（*Federal Reserve Act*，FRA）指定了上述三个目标，但联邦储备法案对货币政策的授权通常被称为"双重指令"（Dual Mandate），即最大化就业和价格水平稳定的双重目标。这是因为当价格预期稳定时，适度的长期利率目标也会实现。为实现最大化就业和价格水平稳定的双重目标，美联储在不同阶段创立并实施了多个货币政策工具。公开市场操作（OMO）和贴现窗口（DW）[①] 等常规货币政策工具一直是美国货币政策工具箱中的主要货币政策工具。2008 年国际金融危机之后，为摆脱零利率下限约束、缓解金融市场恐慌和疏通货币政策传导机制，美联储创立并实施了量化宽松（QE）、前瞻性指引和各类借贷便利类等新型货币政策工具，资产负债表政策与利率政策脱钩，美联储抵押品框架也进行了重大改革。2020 年新冠疫情期间，美联储重启并创新了新的非常规货币政策工具，将通胀目标制调整为平均通胀目标制。无论是公开市场操作和贴现窗口等传统货币政策工具，还是大规模资产购买计划和各类借贷便利工具，美联储抵押品框架都发挥着基础核心作用[②]。

3.1.1　美联储抵押品框架基本内容

美联储抵押品框架属于多层次抵押品框架，即公开市场操作和贴现窗口的合格抵押品分开使用。公开市场操作的合格抵押品范围相对狭窄，而贴现窗口的合格抵押品范围更加广泛，不仅包含公开市场操作的优质抵押品，还

---

① 公开市场操作、贴现窗口和存款准备金制度是传统的货币政策工具，但 2020 年 3 月 15 日，美联储宣布自 2020 年 3 月 26 日起将存款准备金率降至零，降低了存款准备金制度在美国货币政策工具箱中的重要地位。这一行动取消了对所有存款机构的准备金要求。

② 2020 年 4 月 9 日，美联储于周四推出新一轮举措，将通过贷款渠道提供高达 2.3 万亿美元的资金支持经济运行。该资金计划将为各类规模的家庭及雇主提供援助，并着力提升州政府和地方政府在新冠疫情期间提供关键公共服务的能力。2.3 万亿美元的资金支持计划主要包含薪资保护计划流动性工具（PPPLF）、主街贷款计划（MSLP）、一级和二级市场公司信贷工具（PMCCF 与 SMCCF）、定期资产抵押证券贷款工具（TALF）和市政流动性工具（MLF）。

包括其他股权、资产支持票据（ABS）等次优或较高风险抵押品。

自 1960 年以来，美联储公开市场操作的一级交易商数量一直在 17～46 家波动，而在 2008 年国际金融危机期间，常规参与美联储公开市场操作的合格交易对手为 17 家，达到了历史低点。美联储公开市场操作常用的工具主要有三种，分别是直接购买交易（Outright Purchase）、隔夜逆回购协议便利（Overnight Reverse Repurchase Operations，ON RRP）和常备回购协议便利［Standing Repurchase Agreement（repo）Facility，SRF］。根据美联储官网，目前具备美联储公开市场操作合格抵押品资格的资产主要包括国债、机构证券（Agency Securities）和机构抵押贷款支持证券（Agency Mortgage－Backed Securities，MBS）。因此，美联储公开市场操作适用的抵押品纯粹是政府或与政府相关的资产，如联邦土地银行（Federal Land Banks）、美国邮政服务（US Postal Service）、吉利美（Ginnie Mae）、房地美（Freddie Mac）或房利美（Fannie Mae）发行的资产。2008 年国际金融危机之后，量化宽松政策和各类借贷便利工具的实施使美联储货币政策框架从稀缺性准备金框架转向充足准备金框架。为有效将联邦基金利率调控在联邦基金目标利率的范围之内，隔夜逆回购协议便利利率成为美联储利率走廊的下限，隔夜逆回购协议便利也成为调控联邦基金利率稳定在目标范围之内的常态化货币政策工具。隔夜逆回购协议便利需要充足的优质抵押品做抵押，从而更加突出了美联储抵押品框架在货币政策工具有效执行中的重要作用。

3.1.2 国际金融危机后美联储抵押品框架改革实践

国际金融危机后美联储抵押品框架改革和非常规货币政策工具密切相关。量化宽松政策会直接造成存款类金融市场主体安全资产（抵押品）稀缺，借贷便利类货币政策工具的创新推动美联储抵押品框架作出相应调整。因此，本章将统一介绍 2008 年国际金融危机期间和新冠疫情期间美联储新创设的借贷便利类货币政策工具以及与之相关联的抵押品框架改革。美联储在国际金融危机期间创立的借贷便利类货币政策工具主要包括商业票据融资便利（Commercial Paper Funding Facility，CPFF）、一级交易商借贷便利（Primary Dealer Credit Facility，PDCF）、货币市场共同基金流动性便利

（Money Market Mutual Fund Liquidity Facility，MMLF）、定期资产支持证券信贷便利（Term Asset – Backed Securities Loan Facility，TALF）、定期证券借贷便利（Term Securities Lending Facility，TSLF）、定期拍卖工具（Term Auction Facility，TAF）和资产支持商业票据货币市场共同基金流动性便利（Asset – Backed Commercial paper Money Market Mutual Fund Liquidity Facility，AMMLF），在新冠疫情期间创立的借贷便利类货币政策工具主要有公司信贷便利（Corporate Credit Facility，CCFs，如 SMCCF 和 PMCCF）、薪资保障计划流动性便利（Paycheck Protection Program Liquidity Facility，PPPLF）、市政流动性便利（Municipal Liquidity Facility）和主街贷款计划工具（Main Street Lending Program，MSLF）等。上述借贷便利类货币政策工具都涉及抵押品框架改革。考虑到美联储抵押品框架改革的丰富性和重要性，本节重点介绍美联储在 2008 年国际金融危机期间和新冠疫情期间执行的一级交易商借贷便利（PDCF）、公司信贷便利（CCFs）和薪资保障计划流动性便利（PPPLF）等货币政策工具背后的抵押品框架改革实践。

3.1.2.1　一级交易商信贷便利

为缓解国际金融危机对美国三方回购协议市场①的冲击和由此产生的一级交易商流动性压力，美联储于 2008 年 3 月创立了一级交易商借贷便利（PDCF）。PDCF 是由美联储根据《联邦储备法》第 13（3）条的授权创建的货币政策工具，该法案允许美联储在不寻常和紧急的情况下授权储备银行向个人、合伙企业和公司提供信贷。最初，PDCF 合格抵押品仅限于投资级证券。2008 年 9 月，美联储将 PDCF 的合格抵押品范围扩大至在两家主要清算银行三方回购协议系统中抵押的所有资产类别，即所有有资格与主要清算银行进行三方回购安排的资产都是美联储货币政策信贷操作的合格抵押品。此外，相比之前的公开市场操作，美联储 PDCF 操作扩大了交易对手方的范围。鉴于新冠疫情对实体经济的冲击，美联储于 2020 年 3 月 17 日重启了

---

①　三方回购协议市场是一个关键的短期融资市场。一级交易商是美联储公开市场操作交易对手方的经纪交易商，在为美国国债市场提供流动性方面发挥着关键作用。

PDCF，以支持美国家庭和企业的信贷需求。PDCF 于 2021 年 3 月 31 日停止发放信贷。

图 3 - 1 描述了 2008 年 3 月至 2009 年 5 月美联储 PDCF 贷款和交易对手方合格抵押品市场价值的月度数据 [（a）图] 以及 2020 年 12 月至 2021 年 4 月美联储 PDCF 贷款余额和交易对手方合格抵押品市场价值的月度数据 [（b）图]。由图 3 - 1 可以看出：第一，无论是国际金融危机期间还是新冠疫情期间，美联储 PDCF 交易对手方提供的合格抵押品市场价值都大于美联

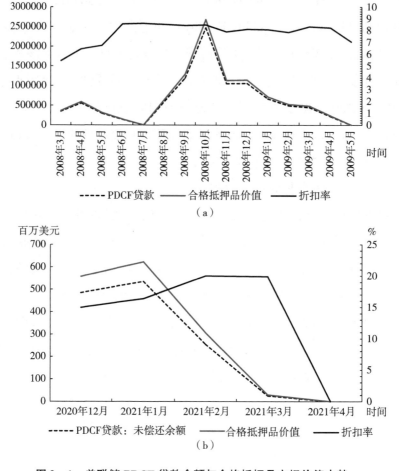

图 3 - 1　美联储 PDCF 贷款余额与合格抵押品市场价值走势

（注：折扣率 = 合格抵押品价值/PDCF 贷款 - 1）

（资料来源：美联储官网）

储提供的贷款额,即美联储会依据各类抵押品的风险、流动性、评级等特征对抵押品设定不同的折扣率;第二,国际金融危机期间美联储 PDCF 的合格抵押品折扣率总体来讲要小于新冠疫情期间 PDCF 贷款的抵押品折扣率。

　　本节基于美联储官网数据,进一步分析国际金融危机期间美联储执行 PD-CF 这一货币政策工具背后合格抵押品的类型和评级。如图 3-2 所示,PDCF 货币政策工具的合格抵押品结构随时间的推移发生了较为显著的变化,总体表现为美国政府债券等高流动性资产占比显著下降,而公司债券等资产的占比显著提高。在 2008 年 7 月之前,PDCF 的合格抵押品主要是美国国债/机构证券、市政证券、政府支持企业抵押贷款支持证券和抵押贷款义务等与美国政府相关的证券,私人企业抵押贷款支持证券和资产支持证券。随着 2008 年下半年国际金融危机的加剧,上述证券在 PDCF 合格抵押品池中的占比显著下降,而公司债券、股权和贷款等相对低流动性、高风险的资产占比显著增加,体现了美联储的金融市场做市商角色。各类抵押品的具体比例详见表 3-1。

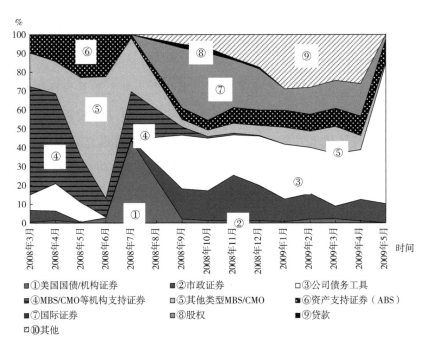

图 3-2 2008 年 3 月至 2009 年 5 月美联储 PDCF 贷款的合格抵押品结构

(资料来源:美联储官网)

表 3 - 1 2008 年 3 月至 2009 年 5 月美联储 PDCF 贷款的
合格抵押品占比情况 单位：%

时间	①美国国债/机构证券	②市政证券	③公司债务工具	④MBS/CMO 等机构支持证券	⑤其他类型 MBS/CMO	⑥资产支持证券（ABS）	⑦国际证券	⑧股权	⑨贷款	⑩其他
2008 年 3 月	0.51	6.20	8.37	57.28	18.00	9.65	0	0	0	0
2008 年 4 月	1.26	5.07	14.66	47.62	17.22	14.17	0	0	0	0
2008 年 5 月	0.44	0.02	10.47	24.25	41.99	22.83	0	0	0	0
2008 年 6 月	2.66	0.02	0.39	9.99	64.51	22.42	0	0	0	0
2008 年 7 月	43.72	0.42	0.15	25.39	28.47	1.86	0	0	0	0
2008 年 9 月	2.05	16.11	28.39	4.43	4.08	5.86	0.11	31.78	2.00	5.20
2008 年 10 月	1.27	15.82	27.83	0.84	3.56	4.90	0.22	35.69	2.84	7.04
2008 年 11 月	1.08	24.28	21.32	0.85	5.42	8.15	0.17	25.29	0.98	12.47
2008 年 12 月	1.20	18.73	26.18	0.25	5.42	7.89	0.19	21.87	0.87	17.40
2009 年 1 月	0.67	12.02	29.01	0.03	9.06	8.84	0.15	11.33	0	28.89
2009 年 2 月	1.97	13.70	24.37	0.02	8.55	9.01	0.02	14.28	0	28.09
2009 年 3 月	2.16	6.67	27.91	0.01	14.43	9.61	0	14.77	0	24.44
2009 年 4 月	0.97	11.44	26.42	0	7.43	10.38	0	17.26	0	26.11
2009 年 5 月	0.13	9.98	74.58	0	1.14	11.48	0	2.68	0	0

资料来源：美联储官网。

关于 PDCF 合格抵押品的相关内容，本节更为关心的是合格抵押品的风险评级或信用评级。如果 PDCF 合格抵押品信用评级降至投资级以下，可能增加美联储资产负债表亏损的概率。从图 3 - 3 可以看出，2008 年 8 月之前，PDCF 的合格抵押品主要为美国国债/机构支持证券、机构支持抵押贷款支持证券（MBS/CMO）和其他 AAA 级等高质量、高流动性抵押品。2008 年 8 月之后，PDCF 合格抵押品范围接受了信用评级在 BBB 级以下的证券资产，其中 BB 级、B 级和 CCC 级以下的抵押品合计约占 PDCF 所有合格抵押品市场价值的 18.3%，最高达到 30.5%，而 CCC 级及以下的证券资产在 PDCF 抵押品中的占比约为 BB 级和 B 级证券资产占比之和，具体数值比例如表 3 - 2 所示。PDCF 低评级抵押品可能对美联储资产负债表安全构成威胁。此外，由于美联储无法从交易对手方获得关于抵押品的相关信息，因此无法对缺失信息的抵押品进行有效评级。然而，没有相关评级的证券资产被纳入

PDCF 合格抵押品范围也可能有损美联储资产负债表安全。

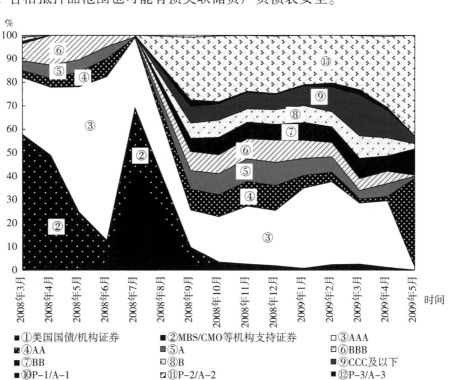

图 3 – 3　2008 年 3 月至 2009 年 5 月 PDCF 合格抵押品结构和信用评级

(注：PDCF 合格抵押品评级只披露了长期证券评级和短期证券评级，而美联储对美国国债/机构债券、
MBS/CMO、股权以及信贷资产的评级并未披露，考虑到美联储和 MBS/CMO 的评级较高，本书将其归类
为 AAA 评级。图中第⑩⑪⑫⑭⑮⑯ 6 种抵押品占比很低，不作标识)

(资料来源：美联储官网)

表 3 – 2　　　　　　**2008 年 3 月至 2009 年 5 月美联储 PDCF 贷款的**

合格抵押品评级占比的分布情况　　　　　单位：%

时间	①美国国债等	②MBS/CMO 等	③AAA	④AA	⑤A	⑥BBB	⑦BB	⑧B
2008 年 3 月	0.51	57.28	24.24	2.93	4.13	7.28	0	0
2008 年 4 月	1.26	47.62	28.98	3.69	5.71	12.70	0	0
2008 年 5 月	0.44	24.25	53.30	6.23	5.30	10.48	0	0
2008 年 6 月	2.66	9.99	69.74	7.66	5.12	4.75	0	0
2008 年 7 月	43.72	25.39	29.92	0.05	0.26	0.67	0	0

续表

时间	①美国国债等	②MBS/CMO 等	③AAA	④AA	⑤A	⑥BBB	⑦BB	⑧B
2008 年 9 月	2.05	4.43	10.61	5.88	5.31	5.44	3.69	4.34
2008 年 10 月	1.27	0.84	11.92	5.69	5.62	4.95	4.54	4.52
2008 年 11 月	1.08	0.85	18.19	7.75	7.06	6.33	5.15	4.26
2008 年 12 月	1.20	0.25	18.26	8.10	7.77	7.32	5.15	4.93
2009 年 1 月	0.67	0.03	30.22	4.80	6.45	6.87	6.65	6.43
2009 年 2 月	1.97	0.02	30.25	3.45	5.62	5.30	5.61	5.52
2009 年 3 月	2.16	0.01	22.18	1.48	3.08	4.41	7.32	8.13
2009 年 4 月	0.97	0	23.53	1.45	4.57	4.48	5.35	6.42
2009 年 5 月	0.13	0	1.24	36.48	1.08	0.52	10.73	2.22

时间	⑨CCC 以下	⑩P-1/A-1	⑪P-2/A-2	⑫P-3/A-3	⑬无法获得评级的证券	⑭未分类投资级证券	⑮股权	⑯贷款
2008 年 3 月	0	1.22	0	0	1.54	0.87	0	0
2008 年 4 月	0	0.05	0	0	0	0	0	0
2008 年 5 月	0	0	0	0	0	0	0	0
2008 年 6 月	0	0.09	0	0	0	0	0	0
2008 年 7 月	0	0	0	0	0	0	0	0
2008 年 9 月	4.80	1.51	0.29	0	17.86	0	0.57	0
2008 年 10 月	4.31	0.50	0.06	0	17.27	0	0.18	0
2008 年 11 月	5.20	0.26	0.03	0	17.57	0	0.06	0
2008 年 12 月	4.97	0.28	0.03	0	18.99	0	0.29	0
2009 年 1 月	7.43	0.33	0.04	0	18.76	0	0	0
2009 年 2 月	9.04	1.29	0.20	0	17.44	0	0	0
2009 年 3 月	15.04	1.48	0.26	0	19.69	0	0.18	0
2009 年 4 月	9.81	0.95	0.08	0	25.12	0	0.39	0
2009 年 5 月	3.23	0	0	0	41.70	0	0	0

资料来源：美联储官网。

3.1.2.2　货币市场共同基金流动性便利（MMLF）[①]

MMLF 最早在 2008 年底由美联储创立并实施。2020 年 3 月 18 日，为向

[①]　货币市场基金是家庭、企业和一系列公司的常见投资工具。MMLF 将协助货币市场基金满足家庭和其他投资者的赎回需求。MMLF 与 2008 年底至 2010 年初实施的资产支持商业票据货币市场共同基金流动性工具（AMLF）非常相似，都是为了支持商业票据等短期融资市场的正常运转。

货币市场共同基金提供流动性、满足投资者的赎回要求，联邦储备委员会授权波士顿联邦储备银行（FRBB）建立和操作 MMLF。该货币政策工具向美国存款机构、银行控股公司和外国银行在美国的分行、代理机构提供无追索（Non - Recourse）的贷款资金，并以其从货币市场共同基金购买的相关资产作为抵押品。MMLF 的合格抵押品主要包括美国国债和完全担保机构证券、美国政府支持企业发行的证券、资产支持商业票据和无担保商业票据。被购买的资产支持商业票据和无担保商业票据需要满足一定的评级，如果有至少两家主要评级机构，则上述资产评级不低于 A1、F1 或 P1。如果只有一家主要评级机构，资产支持商业票据和无担保商业票据的评级必须达到最高评级分类。图 3 - 4 表明 MMLF 贷款余额要大于抵押品价值，敞口部分可能影响美联储资产负债表的安全。针对这一风险敞口，美联储在声明中强调 MMLF 是由美联储根据《联邦储备法》第 13（3）条的授权，经财政部部长批准而设立的，财政部将从财政部的外汇稳定调节基金向美联储提供 10 亿美元的信贷保护，从而弥补敞口部分带来的潜在损失。正如图 3 - 4 所示，尽管美联储通过 MMLF 供给流动性采取无追索权方式，但截至 2021 年 4 月，美联储并未出现亏损，反而获得约 1.87 亿美元的收益。

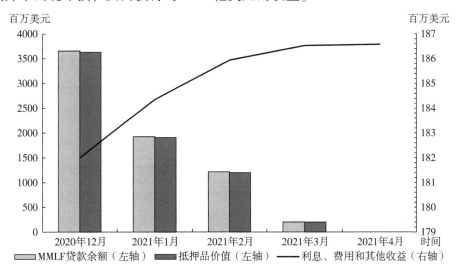

图 3 - 4　新冠疫情期间美联储 MMLF 贷款余额、抵押品价值和收益情况

（资料来源：美联储官网）

3.1.2.3 公司信贷便利（Corporate Credit Facilities，CCFs）

美联储在新冠疫情期间创立的公司信贷便利主要包含一级市场公司信贷便利（Primary Market Corporate Credit Facility，PMCCF）和二级市场公司信贷便利（Secondary Market Corporate Credit Facility，SMCCF）。为使企业能够在新冠疫情期间更好地维持正常运转，美联储于 2020 年 3 月 23 日建立了一级市场公司信贷便利和二级市场公司信贷便利，并通过分别购买一级市场新发行的债券和贷款、二级市场债券向合格企业（评级为 BBB－/Baa3 的投资级企业）提供信贷流动性。公司信贷便利工具于 2020 年 12 月 31 日停止购买资产。关于 PMCCF 和 SMCCF 的具体操作过程如下：首先，美联储建立一个特殊目的载体（SPV）；其次，纽约联邦储备银行向该 SPV 提供无追索权贷款，贷款利率为超额准备金利率（IOER）；最后，美联储通过 SPV 购买合格的公司债券和（辛加迪）贷款。因此，本章需要对 CCFs 的合格抵押品进行细致阐述。首先，美联储 PMCCF 和 SMCCF 两个货币政策工具的直接抵押品为 SPV 持有的所有资产（包括 SPV 获得的美国财政部 375 亿美元和美联储 100 亿美元的股权资金），而间接抵押品为美联储通过 PMCCF 和 SMCCF 购买的资产，因为 SPV 资产的安全和盈利性由其购买的资产担保。在实践过程中，美联储公司信贷便利政策工具不仅未有损美联储资产负债表，反而增加了美联储的收益。图 3－5 显示美联储发放给 SPV 这一特殊目的载体的 CCFs 贷款未偿还余额约为其抵押品价值的 1/2，表明 CCFs 贷款的风险较小，不会显著增加美联储资产负债表的风险。图 3－5 描述的美联储收益（右轴、黑色虚线；截至 2021 年 9 月总收益约为 1600 万美元）和 SPV 正收益（右轴、黑色实线）也从侧面印证了美联储 CCFs 贷款并未损害美联储资产负债表。其次，PMCCF 和 SMCCF 操作下，美联储通过向 SPV 提供流动性所购买的资产（买断抵押品）存在一定区别。美联储货币政策工具 PMCCF 通过向 SPV 提供贷款购买的资产主要有两类：一是合格的公司债券，且 PM-CCF 作为债券发行的唯一投资者购买符合条件的公司债券；二是合格的辛加迪贷款和债券。

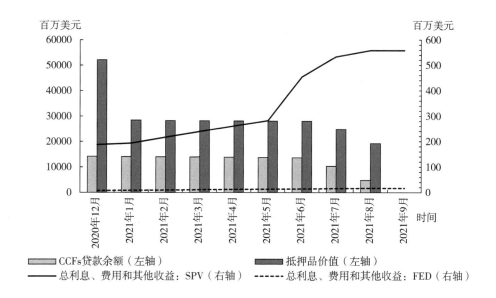

图 3 - 5　新冠疫情期间美联储新设货币政策工具、抵押品价值和收益情况

(资料来源：美联储官网)

3.1.2.4　工资保障计划流动性工具（PPPLF）

新冠疫情期间的社交距离措施使很多小企业遭受了重大损失。因此，美国联邦政府建立了"工资保障计划流动性工具"（Paycheck Protection Program，PPP），激励银行和其他贷款机构向小企业提供低成本的、可能免除偿还的贷款。美国小企业管理局（Small Business Administration，SBA）对银行和贷款机构发放的 PPP 贷款进行担保。同时，为提升银行等贷款机构发放 PPP 贷款的能力，美国联邦储备委员会根据《联邦储备法》第 13（3）条的规定于 2020 年 4 月 8 日授权 12 家联邦储备银行设立和运营工资保障计划流动性工具（Paycheck Protection Program Liquidity Facility，PPPLF），并于 2021 年 7 月 30 日停止发放信贷。根据该货币政策工具的安排，美联储向合格存款类银行和其他 PPP 贷款机构提供低成本、无追索权的贷款资金，而银行等贷款机构从美联储获得的贷款数量和期限与其发放的 PPP 贷款数量和期限完全匹配。根据该工具，联邦储备银行提供贷款资金的合格抵押品为美国小企业管理局担保的 PPP 贷款。由于 PPPLF 的合格抵押品价值为 PPP 贷款面值，所以图 3-6 中美联储提供的贷款资金未偿还余额柱状图与抵押品价值柱状图高度相同。合格贷款机构包含发放 PPP 贷款的存款类金融机构、信用合作社、社区发展金融机构和小型企业贷款公司等。美联储 PPPLF 要求合格抵押品为小企业管理局担保的贷款，降低了美联储资产负债表风险。图 3-6 中的美联储收益曲线（右轴）表明，截至 2025 年 1 月底，PPPLF 为美联储带来了大约 4.67 亿美元的收益。现有学者也发现 PPPLF 显著增加了银行的中小企业信贷供给（Anbil 等，2021；Autor 等，2022；Bartik 等，2020）。

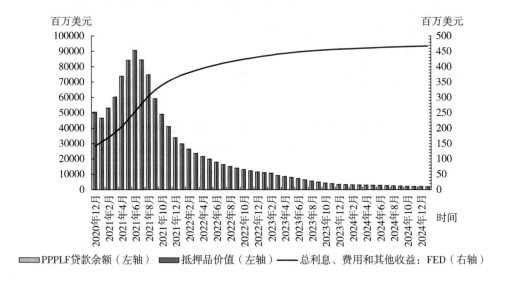

图 3-6　新冠疫情期间美联储 PPPLF 贷款余额、抵押品价值和收益情况

(资料来源：美联储官网)

　　美联储针对多个借贷便利类货币政策工具设立的 SPV 是一家有限责任公司（如 CPFF LLC 等），美联储的合格交易对手方直接由传统的存款类金融机构变为 SPV，间接合格交易对手方为与 SPV 进行交易的实体企业或投资银行。由于美联储作为 SPV 的管理成员享有排他性的经营权，并与财政部一起出资设立 SPV，如果 SPV 破产，美联储的投资也会受损。此外，PDCF 也将美联储的合格交易对手方延伸到投资银行，使美联储直接向具备合格抵押品的贝尔斯登、雷曼兄弟等投资银行提供贷款。美联储救助美国国际集团（AIG）以及通过 PPPLF 政策工具向小型企业贷款公司提供流动性也是合格交易对手方扩容的典型例子。伴随美联储合格交易对手方范围的扩大，美联储合格抵押品范围的边界也得到了拓宽。比较典型的是美联储将 SPV 资产纳入其合格抵押品框架。这一举措将 SPV 资产作为美联储提供流动性的直接抵押品，而 SPV 公司购买的范围更广的资产成为美联储提供流动性的间接抵押品，并且这些资产超出了 2008 年国际金融危机以前美联储公开市场操作和贴现窗口合格抵押品的范围。

3.1.2.5 市政流动性便利（MLF）

为帮助各州和地方政府更好地管理疫情期间由政府支出增加和税收减少导致的现金流压力以便继续为家庭和企业服务，美联储根据《联邦储备法》第 13（3）条于 2020 年 4 月 8 日建立市政流动性工具（Municipal Liquidity Facility，MLF）。该工具旨在直接从美国各州（包括哥伦比亚特区）、人口至少 50 万人的县以及人口至少 25 万人的城市购买最多 5000 亿美元的短期票据（市政债券）。符合条件的州可以使用美联储贷款资金支持额外的县和市。除了上述行动外，美联储将继续密切监测市政债券一级和二级市场情况，并评估是否需要采取额外措施来支持州和地方政府的信贷和流动性。根据该工具，纽约联邦储备银行承诺在有追索权的基础上向 SPV 提供贷款，SPV 将在债券发行时直接向合格发行人购买最多 5000 亿美元的合格市政债券。纽约储备银行贷款的合格抵押品为 SPV 的所有资产，即 SPV 持有的所有资产为美联储贷款提供担保。财政部根据《冠状病毒援助、救济和经济安全法》第 4027 条以股权投资的形式将 350 亿美元投资于 SPV。市政流动性工具（MLF）于 2020 年 12 月 31 日停止购买符合条件的票据。图 3 - 7 显示，美联储提供给 SPV 的贷款与 SPV 持有的资产（市政债券）价值基本保持一致，而美联储持续增长的正收益从侧面反映了 MLF 并未给美联储资产负债表造成损失。

3.1.2.6 定期拍卖便利（TAF）

2007 年，为解决银行短期融资市场的巨大压力，美联储首先通过贴现窗口向金融机构提供流动性。然而，由于担心贴现窗口的"污名效应"，许多银行不愿通过贴现窗口向美联储申请贷款。因此，美联储于 2007 年 12 月

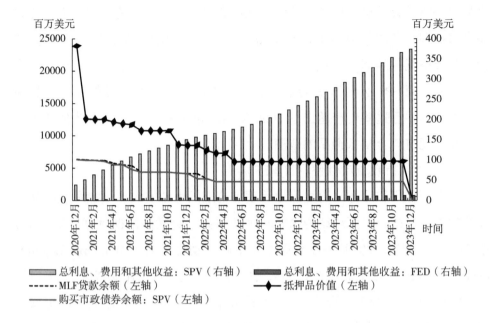

图 3 – 7 新冠疫情期间美联储 MLF 贷款余额、抵押品和收益情况

（资料来源：美联储官网）

建立定期拍卖便利（Term Auction Facility，TAF），并于 2010 年 3 月停止使用。根据该工具，美联储开始拍卖 28 天期贷款，并从 2008 年 8 月开始拍卖 84 天期贷款，后续操作中还拍卖 42 天和 70 天贷款。美联储贴现窗口的合格抵押品全部适用于 TAF，这一抵押品框架改革使美联储能够基于更广泛的抵押品向更多的交易对手方提供短期资金。

图 3 – 8 列示了美联储于 2007 年 12 月至 2010 年 3 月执行 TAF 的操作情况以及交易对手方合格抵押品净值的动态变化。图中的抵押品净值等于金融机构持有的适用于贴现窗口合格抵押品扣除折扣率之后的市场价值，月度数据根据日度数据进行加总求和。从图 3 – 8 可以看出，稳健的存款类金融机构通过 TAF 向美联储申请流动性时，其自身持有的贴现窗口合格抵押品市场价值可以完全覆盖美联储的贷款部分，因此不会显著增加美联储资产负债表风险和财产损失。进一步分析发现，美联储在样本区间内通过 TAF 向花旗银行、蒙特利尔银行芝加哥分行和劳埃德银行等 416 家金融机构（含分支

机构）提供流动性。当上述金融机构通过 TAF 向美联储申请每一笔贷款时，每一家金融机构持有的合格抵押品市场价值都远大于申请的贷款金额。因此，美联储通过 TAF 向金融机构提供流动性因交易对手方违约风险带来的潜在损失较小。

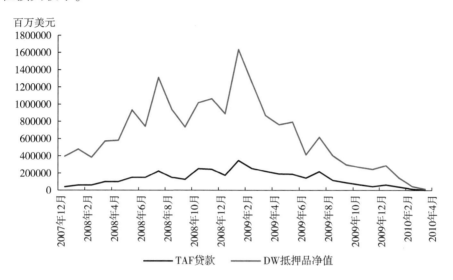

图 3－8　2007 年 12 月至 2010 年 3 月 TAF 贷款和交易对手方持有的贴现窗口抵押品净值

（资料来源：美联储官网）

表 3－3 和表 3－4 进一步分析了 TAF 贷款抵押品的结构和市场化抵押品（债券）评级的具体情况。表 3－3 表明，第一，从时间趋势来看，2008 年 7 月至 2010 年 3 月，TAF 贷款的所有合格抵押品余额与 TAF 贷款余额的变化趋势基本一致，呈现先上升后下降的时间变化趋势。第二，从抵押品结构来看，交易对手方合格抵押品当中商业贷款、RMBS、商业不动产贷款、消费贷款、私人企业 MBS/CMO 和资产支持证券的占比始终较高，在 2008 年 7 月的余额分别为 373691.2 百万美元、116661.5 百万美元、159483.8 百万美元、108318.5 百万美元、137563.9 百万美元和 218415.5 百万美元。商业贷款余额最高值为 511647.1 百万美元，RMBS 余额最高值为 273062.6 百万美元。表 3－4 表明 TAF 交易对手方的债券抵押品都在投资级以上，安全性高，有效保障了 TAF 贷款的安全性。

表 3－3　2008 年 7 月至 2010 年 3 月 TAF 贷款合格抵押品结构

单位：百万美元

时间	商业贷款	RMBS	商业不动产贷款	消费贷款	美国国债等	市政债券	公司债券	政府支持企业 MBS/CMO	私人企业 MBS/CMO	资产支持证券	国际证券	其他	抵押品总值
2008 年 7 月	373691.2	116661.5	159483.8	108318.5	27071.4	38276.1	89251.9	11887	137563.9	218415.5	29741.7	0	1310362
2008 年 8 月	319555.4	44915.8	133556.3	72754.9	12098.3	30644.3	65588.2	18056.8	69315.8	151800.9	15618.4	0	933925.2
2008 年 9 月	281381.5	41691.4	82423.8	20921.9	4358.1	33822.9	56835.6	14543	45680.3	135793.8	16601.8	0	734053.7
2008 年 10 月	312301.2	91113.6	134275.7	96510.7	13984.6	15532.2	61843.5	48467.8	78923.1	122959.3	41206.9	0	1017119
2008 年 11 月	305571.2	179196	119818.5	159630.4	10717.3	12885.7	52833.2	31206.7	52481.1	114131.8	25404.2	0	1063875
2008 年 12 月	255658.6	94569.1	69791.5	131599.4	16800.2	7310.4	45150.4	52768.1	41166.2	123655.3	49208.5	0	887688.5
2009 年 1 月	511647.1	273062.6	176604.2	205264.3	25546.5	2206	69896.9	67602.2	53133.2	179462.8	50017.4	0	1634443
2009 年 2 月	368218.9	254581.9	133475.1	154603.1	13626.1	16512	47247.3	41512.8	40040	141238.4	35233.8	0	1246288
2009 年 3 月	282569.9	116896.5	59243.1	91123.6	23178.7	14096.1	40514.5	32550.4	21193.4	149652.7	37714.7	0	868732.6
2009 年 4 月	237697.6	73777.3	89163.4	72277.2	12465.6	7370.3	35575	29155.1	23546.5	137975.1	41533.3	0	760536.3
2009 年 5 月	210086.6	83201.8	94707.9	55913.7	11099.1	7175.6	38778.4	76624.7	33894.9	137578.7	42306.2	0	791367.5
2009 年 6 月	103942.4	3603.6	28850.1	31008.3	5675.5	4290.6	30476.8	26157.4	10501	121751.7	47413.1	0	413670.4
2009 年 7 月	151147.3	1545.1	58439.6	41214.6	6753.5	7798.8	39059.5	29607.1	32562.8	185190.1	63936.1	0	617253.9
2009 年 8 月	86678.7	1252.8	23796	38909.4	4882.3	13058.8	30304.2	17040.6	22192.1	126638.4	38053.3	0	402805.9
2009 年 9 月	70023.7	1371.8	19309.4	30006.7	7186.2	4629.5	19659.2	15980.6	13300.9	77414.6	36909	0	295792.4
2009 年 10 月	74068.7	5442.2	20064.9	23950.1	4713	6217.6	18194.9	14334.5	15162.3	54751.1	28944.5	3.5	265846.8
2009 年 11 月	56961.8	2347.7	14360.6	22275.9	3904.8	10504.9	17647.2	13578.5	6614.6	69815.5	23641.9	0	241653.5
2009 年 12 月	58632.1	4213	12782.5	23064	3912	4239.3	21229.2	21326	13415.6	85248.9	37067.9	0	285131.7
2010 年 1 月	22685.4	2229.7	7177.8	10478.2	3122.1	3770.7	11430.2	9805.6	8666.2	52335.3	11467.8	0	143170
2010 年 2 月	7757.7	2581.1	4723.6	9309	1019.3	418.1	4013.7	4259.3	982.8	5980.2	5674.9	0	46719.1
2010 年 3 月	3146.9	816.2	3342.7	3210.1	128.2	59.1	461.9	293.7	133.5	1425.1	1295.5	0	14312.9

资料来源：美联储官网。

表 3 - 4 2007 年 12 月至 2010 年 3 月 TAF 贷款合格抵押品的评级分布情况

单位：百万美元

时间	美国国债/机构证券	其他 AAA 评级证券	Aa/AA 评级证券	A 评级证券	Baa/BBB - 评级证券	其他投资级证券	证券抵押品总值
2007 年 12 月	4753.3	125227.9	18400.8	12779.8	9500.8	101228.2	271890.8
2008 年 1 月	17539	153871	16136	9352.7	7257	82306.5	286462.2
2008 年 2 月	12851.8	126164.5	12519	7858.2	6267.6	72293.8	237954.9
2008 年 3 月	30568.4	158149.6	25918.2	19549.7	10047.3	83284.8	327518
2008 年 4 月	21686.9	182199	41338.4	19472.7	11060.3	91924.3	367681.6
2008 年 5 月	32914.4	168427.1	39012.4	15433.4	13105.4	93961.9	362854.6
2008 年 6 月	22192	148044.5	39612.6	16081.6	14090.2	86117.3	326138
2008 年 7 月	35155.3	278688	51525.4	31461.8	23047.4	132330.6	552208.5
2008 年 8 月	28120.6	171918.2	43976.9	27559.4	12309	79238.7	363122.8
2008 年 9 月	17628.7	143885.2	45194.9	25655.2	14968.4	60302.1	307634.5
2008 年 10 月	61056.1	176554.6	39135.7	26682.7	17265	62222.7	382916.7
2008 年 11 月	40641.2	137110.2	29307.3	24104.2	21667.9	46828.5	299659.3
2008 年 12 月	68221.6	132138.4	29803.9	28958.9	17612.2	59325	336060
2009 年 1 月	91742.5	171912	29484	45281.1	35611.2	93833.9	467864.7
2009 年 2 月	52747.3	136501.7	19854.1	35776.4	24801.6	65728.8	335409.4
2009 年 3 月	53704.9	116774.5	19940.8	34634.1	21014.2	72833.2	318901.7
2009 年 4 月	39645.2	108179.6	19318.6	32033	16868.3	71575.2	287619.9
2009 年 5 月	85751.2	117977.6	17699.4	34658.1	16948.8	74421.3	347456.4
2009 年 6 月	30617.8	88739.5	13362.9	31945.1	14872	66728.3	246265.6
2009 年 7 月	33396	141722.1	18631.2	55624.1	23101.8	92432.8	364908
2009 年 8 月	20473	92494.2	19023.6	38311.3	13043.6	68824	252169.7
2009 年 9 月	21307.2	73486.1	9455.3	32024.6	11125.6	27680.5	175079.3
2009 年 10 月	16459	64673.1	10080.4	26277.3	10598.8	14229.2	142317.8
2009 年 11 月	15576	67252.1	11782.9	28852.9	8903.3	13341	145707.4
2009 年 12 月	23326.8	89094.5	13267.5	26313	16114.8	18322.9	186439.5
2010 年 1 月	10984.4	53315.7	5124.9	11600.7	7699	11874	100598.7
2010 年 2 月	4714.1	5678.5	2044.1	3397.9	3578.9	2934.3	22347.8
2010 年 3 月	421.7	1146.1	496.8	558.6	757.4	416.1	3796.7

资料来源：美联储官网。

3.1.2.7 定期证券借贷便利（TSLF）

为缓解一级交易商在融资市场和抵押品市场面临的压力，2008年3月，美联储设立了定期证券借贷工具（Term Securities Lending Facility，TSLF）。根据该工具，美联储向一级交易商贷出流动性相对较强的美国国债以换取交易对手方持有的由流动性较差证券组成的合格抵押品。一级交易商可以将换取的美国国债作为抵押品在金融市场进行融资。TSLF贷款（贷出证券）是通过拍卖分配的，期限为1个月，美联储会向一级交易商收取费用（费率最高为0.5%，最低为0.1%）。对于"第一批"（Schedule 1）证券拍卖，合格抵押品包括国债、机构证券和机构抵押贷款支持证券。对于"第二批"（Schedule 2）证券拍卖，合格的抵押品包括第一轮合格抵押品及高评级证券。因此，TSLF本质上是美联储使用高质量的抵押品（美国国债）与交易对手方的低流动性证券抵押品进行互换。

美联储对贷出美国国债的合格抵押品有严格要求。在TSLF的具体实施过程中，所有合格抵押品的长期评级都在投资级（BBB/Baa）以上，而短期评级主要为P-1/A-1，并且合格抵押品只包括美国国债/机构证券、市政证券、公司债务工具、机构支持MBS/CMO和ABS优质证券，不包含股权和信贷资产。图3-9最下方的黑色虚线表示美联储通过TSLF贷出的美国国债面值，贷出的美国国债市场价值为图中的黑色实线，最上方的菱形标记黑色实线表示美联储贷出美国国债要求的合格抵押品市场价值。不难看出，美联储要求的合格抵押品价值基本上完全覆盖了贷出美国国债的市场价值。图3-10和表3-5描述了2008年3月至2009年7月美联储TSLF合格抵押品评级月度数据。TSLF操作对合格抵押品信用评级的要求更加严格，所有合格抵押品的长期评级都在BBB以上，而短期评级为P-1/A-1，其中MBS/CMO机构支持证券、AAA评级证券在TSLF抵押品中的占比最高，MBS/CMO机构支持证券占比最高为68.19%，AAA评级证券占比最高为81.29%。表3-5表明，在2008年9月之前，TSLF交易对手方使用美国国债/机构支持证券、MBS/CMO机构支持证券和AAA评级债券与美联储交换美国国债，MBS/CMO机构支持证券和AAA评级债券占比最高。在2008年

9 月之后，TSLF 的交易对手方开始使用 AA、A、BBB 和 P1/A1 评级的债券与美联储交换美国国债，但 MBS/CMO 机构支持证券和 AAA 评级债券占比依然最高。

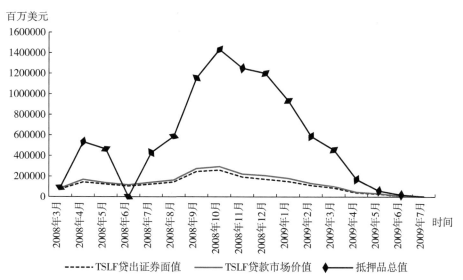

图 3-9　美联储 TSLF 工具贷出美国国债面值、市场价值和抵押品市场价值月度数据

（资料来源：美联储官网）

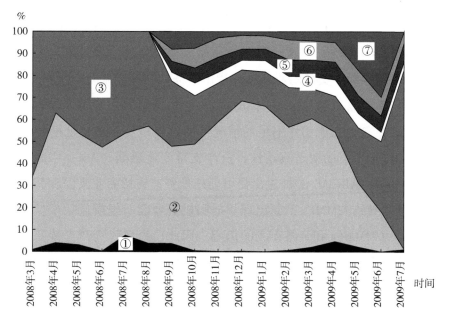

■①美国国债/机构证券　☐②MBS/CMO机构支持证券　▨③AAA　☐④AA　▨⑤A　▨⑥BBB　▨⑦P1/A1

图 3-10　2008 年 3 月至 2009 年 7 月美联储 TSLF 合格抵押品评级月度数据

（资料来源：美联储官网）

表 3-5　2008 年 3 月至 2009 年 7 月美联储 TSLF 合格抵押品评级占比情况

单位：%

时间	美国国债等	MBS/CMO 机构支持证券	AAA	AA	A	BBB	P1/A1
2008 年 3 月	0.93	33.16	65.92	0	0	0	0
2008 年 4 月	4.00	58.87	37.13	0	0	0	0
2008 年 5 月	3.04	50.61	46.34	0	0	0	0
2008 年 6 月	0.28	47.15	52.56	0	0	0	0
2008 年 7 月	7.46	46.37	46.18	0	0	0	0
2008 年 8 月	3.83	53.21	42.96	0	0	0	0
2008 年 9 月	3.70	44.19	29.48	4.12	4.98	5.46	8.07
2008 年 10 月	0.52	48.37	21.94	5.81	6.82	8.97	7.56
2008 年 11 月	0.21	58.86	17.59	4.96	6.84	8.74	2.80
2008 年 12 月	0.33	68.19	14.14	4.37	5.09	6.19	1.70
2009 年 1 月	0.13	66.01	15.61	5.17	5.19	5.99	1.90
2009 年 2 月	0.75	55.93	17.93	5.09	7.51	9.09	3.70
2009 年 3 月	2.19	58.34	13.61	5.42	7.54	8.78	4.11
2009 年 4 月	4.69	49.70	16.24	7.54	8.08	8.76	4.99
2009 年 5 月	2.23	29.17	25.03	6.57	8.05	11.39	17.56
2009 年 6 月	0.07	18.26	31.86	4.35	7.31	8.39	29.77
2009 年 7 月	1.14	0.31	81.29	3.58	8.50	5.18	0

资料来源：美联储官网。

3.1.2.8　资产支持商业票据—货币市场共同基金流动性便利（AMLF）

国际金融危机期间，由于投资者的大量赎回，货币市场共同基金（MMMFs）[①] 被迫在流动性不足的情况下通过出售资产来满足投资者的赎回需求。如果货币市场缺乏流动性，资产支持商业票据（Asset - Backed Commercial Paper，ABCP）的被迫出售可能压低资产支持商业票据和其他短期工具的价格，导致 MMMFs 不断出现亏损和投资者赎回规模进一步扩大，并削弱投资者对 MMMFs 和金融市场的信心。因此，为缓解资产支持商业票据市场的融资压力和抛售行为，美联储于 2008 年 9 月 19 日宣布建立资产支持商

---

① 货币市场共同基金是一种常见的投资工具，个人、养老基金、市政当局、企业和其他机构总计持有数万亿美元的基金。

业票据—货币市场共同基金流动性便利（Asset – Backed Commercial Paper Money Market Mutual Fund Liquidity Facility，AMLF）。根据该工具，美联储向美国存款类机构、美国银行控股公司、控股公司的美国经纪自营子公司和他国银行在美国的分支机构提供无追索权贷款。这些机构利用美联储贷款从MMMFs 购买符合条件的资产支持商业票据，以支持货币市场共同基金应对投资者的大量赎回要求并使货币市场回暖。在 AMLF 的操作过程中，纽约联邦储备银行的交易对手方有纽约梅隆银行（BK OF NY MELLON）、摩根大通银行（JP MORGAN CHASE BK）、摩根信托保证银行（JP MORGAN CHASE BROKER DE）、花旗银行（CITIBANK）、花旗集团经纪交易商（CITI-GROUP BROKER DEALER）、道富集团（STATE STREET CORP）、美国道富银行（STATE STREET B&TC）、美国银行（BANC OF AMER SCTY）、纽约瑞士信贷（CREDIT SUISSE NY）、太阳信托经纪公司（SUNTRUST BROK DLR）10 家金融机构。

美联储 AMLF 贷款的合格抵押品必须是由 AMLF 借款人从货币市场共同基金购买的资产支持商业票据，并且以美元计价，评级至少为 A – 1/P – 1/F1。AMLF 依据《联邦储备法》第 13（3）条建立，该法案允许美联储在不寻常和紧急的情况下授权储备银行向个人、合伙企业和公司提供信贷。AM-LF 的具体执行由波士顿联邦储备银行管理，该联储银行被授权向所有 12 个联邦储备区符合条件的借款人发放 AMLF 贷款。截至 2010 年 2 月 1 日，所有 AMLF 贷款均已连本带利全额偿还。图 3 – 11 显示，AMLF 的抵押品资产支持商业票据面值与美联储的 AMLF 贷款基本相等，这与 AMLF 合格抵押品的折扣率为零相一致。

作为资产支持商业票据—货币市场共同基金流动性便利（AMLF）的有效补充，2008 年 10 月 21 日，美联储宣布创立货币市场投资者融资便利（Money Market Investor Funding Facility，MMIFF）以支持国际金融危机期间美国货币市场共同基金的市场融资。根据该工具［由联邦储备委员会根据《联邦储备法》第 13（3）条授权创立］，纽约联邦储备银行（FRBNY）将向一系列特殊目的载体（SPV）提供资金，为 SPV 从合格投资者手中购买合

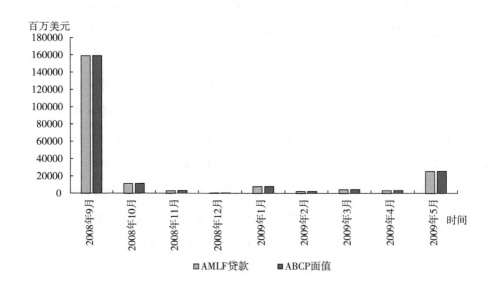

图 3 – 11　2008 年 9 月至 2009 年 5 月美联储 AMLF 贷款和抵押品 ABCP 面值

(资料来源：美联储官网)

格资产提供融资①。符合条件的资产（抵押品）包括以美元计价的定期存单和由高评级金融机构发行的剩余期限不超过 90 天的银行票据和商业票据。符合条件的投资者包括美国货币市场共同基金，随着时间的推移也可能包括其他美国货币市场投资者。纽约联邦储备银行提供的 MMIFF 贷款将由 SPV 的所有资产全额担保。这些资产是短期、高信用质量的债务工具。此外，由每个 SPV 发行并由投资者持有的资产支持商业票据在偿付顺序上后于纽约联邦储备银行贷款，并将吸收 SPV 所产生任何损失的 10% 左右。SPV 赚取的任何超额收益都将支付给纽约联邦储备银行。实际上，该货币政策工具并未执行，并于 2009 年 10 月 30 日终止。

---

① 　每个 SPV 将通过出售资产支持商业票据（ABCP）和通过美联储借款为其购买合格资产提供资金。SPV 将向合格资产的卖方发行相当于该资产购买价 10% 的次级资产支持商业票据。

3.1.2.9 定期资产支持证券贷款便利 (TALF)

国际金融危机期间，资产支持证券①市场遭到严重破坏，金融机构对消费者和企业的信贷供应大幅减少。为鼓励发行以消费者和企业私人贷款为基础资产的证券 (ABS)，美联储与美国财政部于 2008 年 11 月 25 日宣布合作推出定期资产支持证券贷款工具 (Term Asset – Backed Securities Loan Facility, TALF)，并于 2009 年 3 月开始贷款业务。针对由新发行商业住房抵押贷款支持证券 (CMBS) 担保抵押的贷款，TALF 操作贷款的截止日期为 2010 年 6 月 30 日，而由 TALF 其他合格证券担保的贷款截止到 2010 年 3 月 31 日。根据该工具，美联储向符合条件的资产支持证券持有人发放期限最长为 5 年的无追索权贷款。任何拥有合格抵押品的美国公司都可以申请 TALF 贷款，并且 TALF 贷款由 TALF 借款人购买的 ABS 全额担保。美联储购买的资产支持证券合格的抵押品包括新发行的、高质量的、以美元计价的资产支持证券，基础资产为汽车贷款、学生贷款、信用卡贷款、设备贷款、保险费融资贷款和美国小企业管理局担保贷款等。在具体的 TALF 操作过程中，美联储向 SPV 发放无追索权贷款，贷款的合格抵押品为 SPV 的所有资产，即以 SPV 所有的资产作为担保。同时，SPV 从美联储获得贷款，购买合格公司持有的 ABS，即 ABS 为美联储贷款的间接抵押品。美联储贷款利率为准备金余额利率 (IORB) 或超额准备金利率 (IOER)。图 3 – 12 描述了 2009 年 3 月至 2010 年 3 月美联储 TALF 贷款和抵押品市场价值，抵押品市场价值是指未扣除折扣率的市场价值。可以看出，出于风险考虑，金融机构为获取 TALF 贷款向美联储申请抵押的合格抵押品市场价值都大于 TALF 贷款。另外，美联储 TALF 的合格交易对手方不再是传统的金融机构，而是 SPV，间接交易对手方是各类实体公司。

为应对新冠疫情对家庭和企业的冲击，美联储于 2020 年 3 月 23 日重启定期资产支持证券贷款工具 (TALF)，并于 2020 年 12 月 31 日停止了 TALF

---

① 资产支持证券 (ABS) 是一种常用工具，用于为各种消费者和企业信贷融资，包括小企业贷款、汽车贷款、学生贷款和信用卡贷款。

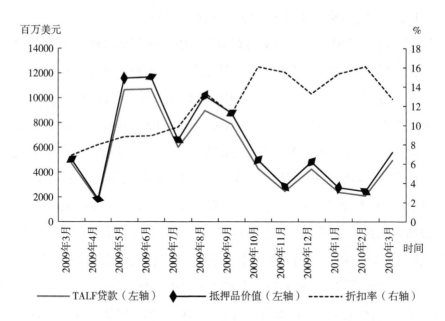

图 3 – 12 2009 年 3 月至 2010 年 3 月美联储 TALF 贷款和抵押品市场价值

(资料来源：美联储官网)

贷款。TALF 贷款允许以学生贷款、汽车贷款、信用卡贷款、小企业管理局
（SBA）担保贷款和某些其他资产为抵押（或担保）的 AAA 级资产支持证券
（ABS）作为合格抵押品。财政部利用外汇稳定基金（ESF）对美联储为
TALF 设立的 SPV 进行了股权投资。图 3 – 13 对新冠疫情期间美联储的 TALF
操作情况进行了细致描述。图 3 – 13 的数据特征显示，在 2021 年底之前，
作为 TALF 贷款抵押品（SPV 资产）的市场价值约为 TALF 贷款余额的两
倍，完全覆盖了 TALF 贷款因违约产生的可能损失，2021 年 11 月之后，
TALF 贷款抵押品的市场价值却远低于 TALF 贷款余额。同样，借款人获得
SPV 贷款余额而抵押的 ABS 市场价值高于 SPV 贷款余额。因此，美联储总
体考虑了 TALF 操作的各方面风险对美联储资产负债表可能带来的损失，并
且图 3 – 13 右轴的数据也显示美联储从 TALF 的操作中获得了可观的收益。

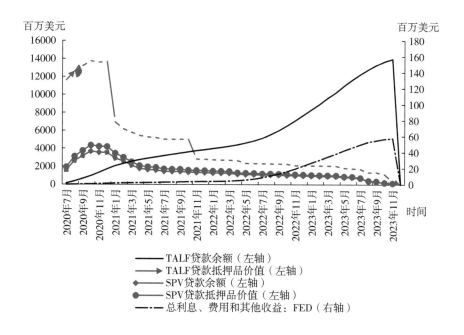

图 3 – 13　2020 年 7 月至 2023 年 12 月美联储 TALF 贷款余额、抵押品价值，

SPV 贷款余额、SPV 贷款抵押品价值，SPV 总收益和 FED 总收益

（注：TALF 贷款抵押品价值中包含 100 亿美元的财政部投资）

（资料来源：美联储官网）

3.1.2.10　商业票据融资便利（CPFF）

2008 年国际金融危机期间，货币市场共同基金和其他投资者购买商业票据的意愿不断减弱，商业票据市场承受巨大压力，导致较长时期商业票据利率大幅上升。鉴于此，美联储于 2008 年 10 月 7 日宣布创立商业票据融资便利工具，并从 2008 年 10 月 27 日开始购买无担保的商业票据（Commercial Paper，CP）和资产支持商业票据（ABCP），到 2010 年 2 月 1 日结束。美联储于 2020 年 3 月 17 日又重启了商业票据融资便利（CPFF）以支持信贷流向家庭和企业。CPFF 是由美联储根据《联邦储备法》第 13（3）条规定的授权创建的，该条款允许委员会在不寻常和紧急的情况下授权储备银行向个人、合伙企业和公司提供信贷，并由纽约联邦储备银行管理。根据该工具，纽约联邦储备银行向特殊目的载体 CPFF 有限责任公司（CPFF LLC）[①] 提供 3 个月的有追索权贷款，该公司使用美联储贷款资金直接从符合条件的发行人手中购买无担保商业票据和资产支持商业票据。在具体的操作过程中，纽约联邦储备银行向 CPFF LLC 提供的贷款由该公司所有资产担保，包括其持有的商业票据、相关费用和投资收益。CPFF LLC 使用美联储贷款资金购买的押品必须是 3 个月期、评级至少为 A－1/P－1/F1、以美元计价、无担保的商业票据和资产支持商业票据。

图 3－14 描述了 2008 年 10 月至 2010 年 1 月美联储向 CPFF LLC 发放的贷款余额，抵押品为 CPFF LLC 的资产总额和 CPFF LLC 购买的合格商业票据。可以发现，CPFF LLC 向商业票据持有人购买的商业票据总额、从美联

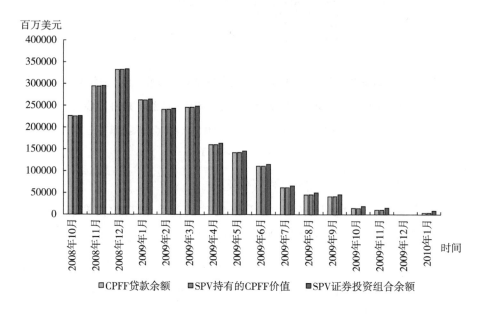

图 3－14　美联储 2008 年 10 月至 2010 年 1 月 CPFF 贷款余额、

CPFF 市场价值和 CPFF LLC 证券投资组合净值

（资料来源：美联储官网）

[①]　CPFF LLC 是一个 SPV。SPV 购买的资产支持商业票据由基础资产支持，而购买的无担保商业票据需支付额外费用、背书/担保或单独的抵押品安排。CPFF 还收取注册费和其他费用，为潜在损失提供缓冲。

储获得的贷款总额和 CPFF LLC 的证券投资组合净额基本一致。因此，美联储通过 CPFF LLC 的证券投资组合净额和商业票据市场价值两层保护体系有效保障了美联储贷款的安全性。表 3－6 显示了美联储在新冠疫情期间通过 CPFF 工具向 CPFF LLC 发放的 CPFF 贷款余额、CPFF 贷款抵押品价值、CPFF LLC 购买的商业票据价值以及美联储与 CPFF LLC 的利息、费用和其他收益。美联储发放给 CPFF LLC 这一特殊目的载体的贷款余额始终低于 CPFF LLC 购买的商业票据价值，更显著低于 CPFF 贷款抵押品价值（CPFF LLC 证券投资组合净值）。此外，美联储通过 CPFF 操作获得正收益再一次证明了美联储贷款资产的安全得到有效保障。

表 3－6　　　　　　美联储 CPFF 贷款余额、CPFF LLC 购买的

商业票据价值和 CPFF 贷款抵押品价值以及

美联储与 CPFF LLC 的总利息费用及其他收益

单位：百万美元

时间	CPFF 贷款余额	CPFF LLC 购买的商业票据	CPFF 贷款抵押品	总利息、费用和其他收益：CPFF LLC	总利息、费用和其他收益：FED
2020 年 4 月	249.26	249.27	10269.79	0.07	0
2020 年 5 月	4243.03	4248.20	14294.31	11.50	0.46
2020 年 6 月	4242.57	4252.35	14299.24	20.62	0.81
2020 年 7 月	335.74	336.61	10396.46	28.81	1.04
2020 年 8 月	29.91	29.96	10088.02	33.59	1.05
2020 年 9 月	29.91	29.99	10088.56	38.48	1.05
2020 年 10 月	0	0	10059.14	43.61	1.05
2020 年 11 月	0	0	10063.07	48.28	1.05
2020 年 12 月	0	0	10057.17	52.66	1.05
2021 年 1 月	0	0	10057.58	57.03	1.05
2021 年 2 月	0	0	10055.75	60.81	1.05
2021 年 3 月	0	0	10055.85	64.88	1.05
2021 年 4 月	0	0	10055.92	64.96	1.05

注：CPFF LLC 持有的净资产组合包含了美国财政部注资的 100 亿美元股权投资。

资料来源：美联储官网。

3.1.2.11 主街贷款计划（MSLP）

2020 年 4 月 8 日，美联储设立了主街贷款计划（Main Street Lending Program，MSLP），旨在为新冠疫情暴发前财务状况良好的中小型营利性企业及非营利组织提供信贷支持，该计划已于 2021 年 1 月 8 日正式终止。根据《联邦储备法》第 13（3）条授权设立的主街贷款计划（MSNLF），旨在通过合格贷款机构向中小型企业提供融资支持。在主街贷款计划框架下——具体涵盖主街贷款计划、主街优先贷款计划（MSPLF）、主街扩展贷款计划（MSELF）、非营利组织新贷款计划（NONLF）及非营利组织扩展贷款计划（NOELF），波士顿联邦储备银行承诺将以追索权方式向单一共同 SPV 提供贷款。该 SPV 将从合格贷款机构处购买 95% 的合格贷款，合格贷款机构则保留每笔合格贷款的 5%。美国财政部根据《冠状病毒援助、救济和经济安全法案》第 4027 条授权，使用划拨至汇率稳定基金的资金，承诺将向该单一共同 SPV 注资 750 亿美元作为与主街贷款计划相关的股权投资。该计划整体规模最高可达 6000 亿美元。

主街贷款计划中的合格贷款机构是指美国联邦保险存款机构（包括银行、储蓄协会或信用合作社）、他国银行的美国分行或代理机构、美国银行控股公司、美国储蓄贷款控股公司、他国银行组织的美国中间控股公司和上述任何机构的美国子公司。SPV 参与购买的合格贷款是指由合格贷款机构向合格借款人提供的，于 2020 年 4 月 24 日后发放的有担保或无担保定期贷款，且该贷款须同时满足以下全部特征：①5 年期；②本金偿付递延两年，利息偿付递延一年（未付利息将资本化）；③浮动利率为伦敦银行同业拆借利率（LIBOR）（1 个月或 3 个月期）加 300 个基点；④本金摊销安排：第三年末偿还 15%，第四年末偿还 15%，第五年末到期时偿还 70% 的气球型还款；⑤最低贷款额度 10 万美元；⑥最高贷款额度取以下两者中较低值：（a）3500 万美元；或（b）该贷款金额加上合格借款人既有未偿债务及未提取可用授信后，总额不超过合格借款人经调整的 2019 年度息税折旧及摊销前利润（EBITDA）的 4 倍；⑦在发放时及贷款存续期间，未通过合同约定在受偿优先级上劣后于合格借款人的其他贷款或债务工具；⑧允许提前还款且不收取罚金。

图 3-15 显示了 2020 年 7 月至 2025 年 1 月美联储 MSLP 贷款余额、抵押品价值、SPV 总收益和 FED 总收益的分布情况。值得关注的是 MSLP 贷款抵押品价值包含美国财政部股权投资及再投资收益、贷款参与权摊销成本、现金等价物和应收利息及其他应收款项，其中美国财政部股权投资及再投资收益占 99% 以上。如 2020 年 7 月，MSLP 贷款抵押品价值中主街新贷款计划的贷款参与权摊销成本为 9500000 美元，主街优先贷款计划的贷款参与权摊销成本为 67355000 美元，美国财政部股权投资及再投资收益为 37504608814 美元，现金等价物为 809000 美元，应收利息及其他应收款项为 37553 美元。总体而言，MSLP 贷款抵押品价值远远超过 MSLP 的贷款余额，美国财政部的注资保障了美联储实施 MSLP 的绝对安全性。

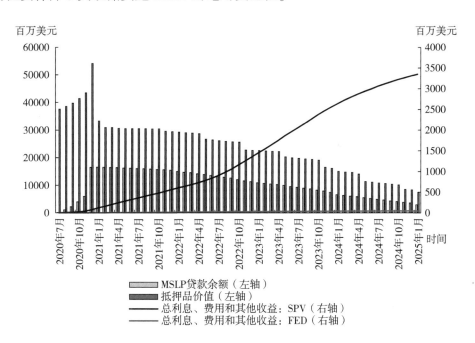

图 3-15　2020 年 7 月至 2025 年 1 月 MSLP 贷款余额、

抵押品价值、SPV 收益和 FED 收益

（资料来源：美联储官网）

3.1.2.12 中央银行流动性互换（CBLSL）

美联储公开市场委员会（FOMC）早在 2007 年 12 月 12 日至 2008 年 10 月 29 日就与 14 家他国中央银行建立了临时美元流动性互换安排。2010 年 5 月，为应对海外短期融资市场再度出现的美元流动性紧张局面，美联储重新与五家他国中央银行达成美元流动性互换协议（Central Bank Liquidity Swap Lines，CBLSL）。2012 年 12 月 13 日，美联储决定将与加拿大中央银行、英国中央银行、欧洲中央银行和瑞士中央银行建立的临时美元流动性互换安排延长至 2014 年 2 月 1 日。由于新冠疫情对美国金融市场的冲击，2020 年 3 月 15 日，美联储宣布通过美元流动性互换安排向加拿大银行、英国银行、日本银行、欧洲中央银行和瑞士国家银行提供美元流动性。2020 年 3 月 19 日，为减轻全球美元融资市场压力和这些压力对国内外家庭和企业信贷供应的影响，美联储宣布与澳大利亚储备银行等 9 国中央银行建立临时美元流动性安排。

实际上，美联储流动性互换安排本质是各国中央银行之间的货币抵押品互换。图 3 - 16 列示了美联储于 2007 年 12 月 26 日至 2022 年 9 月 21 日与国外中央银行之间开展的流动性互换操作数据。可以看出，纽约联邦储备银行执行的中央银行流动性互换操作在国际金融危机、欧债危机和新冠疫情期间达到了三个高峰，并在 2008 年国际金融危机期间达到了 6000 亿美元的历史最高值。

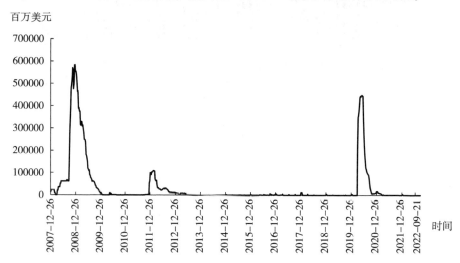

图 3 - 16　2007 年 12 月 26 日至 2022 年 9 月 21 日美联储持有的中央银行流动性互换情况

（资料来源：美联储官网）

考虑到数据的可得性和中央银行流动性互换的合格交易对手方，本章进一步分析国际金融危机期间美联储与主要国家中央银行之间的流动性互换操作和对应的外币抵押品使用情况。美联储官网披露的数据特征显示，2008 年国际金融危机期间，美联储和欧洲中央银行、英格兰银行、日本银行、瑞士国家银行之间的流动性互换安排操作最为频繁。具体而言，美联储与欧洲中央银行、英格兰银行、日本银行、瑞士国家银行、丹麦国家银行、韩国中央银行、澳大利亚储备银行、挪威银行、瑞典中央银行和墨西哥中央银行分别执行了 271 笔、81 笔、35 笔、114 笔、18 笔、19 笔、10 笔、8 笔、10 笔、3 笔流动性互换安排操作，操作金额分别是 8.011 万亿美元、9188.3 亿美元、3874.6 亿美元、4658.12 亿美元、727.88 亿美元、414 亿美元、531.75 亿美元、297 亿美元、672 亿美元、96.63 亿美元。图 3 – 17 列示了美联储与欧洲中央银行、英格兰银行、日本中央银行、瑞士国家银行、丹麦中央银行和韩国中央银行美元流动性互换安排的操作数据。每张图的左轴表示美联储提供的美元流动性和交易对手中央银行的外币抵押品，右轴表示美元与外币之间的汇率，其中图 3 – 17 中的（a）、（b）为直接标价法（每单位外币衡量多少本币美元）的汇率形式，（c）、（d）、（e）和（f）为间接标价法（每单位本币美元衡量多少外币）下的汇率形式。图 3 – 17 中的（a）、（b）图形中间的黑色实线表示美联储向各个交易对手中央银行提供的美元流动性，黑色虚线表示美联储提供美元流动性的外币抵押品，最上方带斜正方形的黑色虚线表示中央银行流动性互换结算日的美元与外币汇率。

3.1.2.13 美联储救助贝尔斯登

2008 年国际金融危机期间，贝尔斯登（Bear Stearns）处在破产的边缘。由于贝尔斯登是美国金融市场（特别是回购式交易市场、场外衍生品和外汇交易市场以及抵押贷款支持证券市场）的主要参与者，如果贝尔斯登突然违约，那么美国金融市场的稳定将受到严重破坏。因此，为解决贝尔斯登迫切的流动性需求，防止公司违约或破产可能给本已紧张的信贷市场带来系统性崩溃，2008 年 3 月 14 日，联邦储备委员会授权纽约联邦储备银行通过摩根大通银行（JPMC Bank）向贝尔斯登提供贷款。纽约联邦储备银行通过摩根大通向贝尔斯登提供的贷款金额为 129 亿美元，抵押品为贝尔斯登价值 138 亿美元的资产，

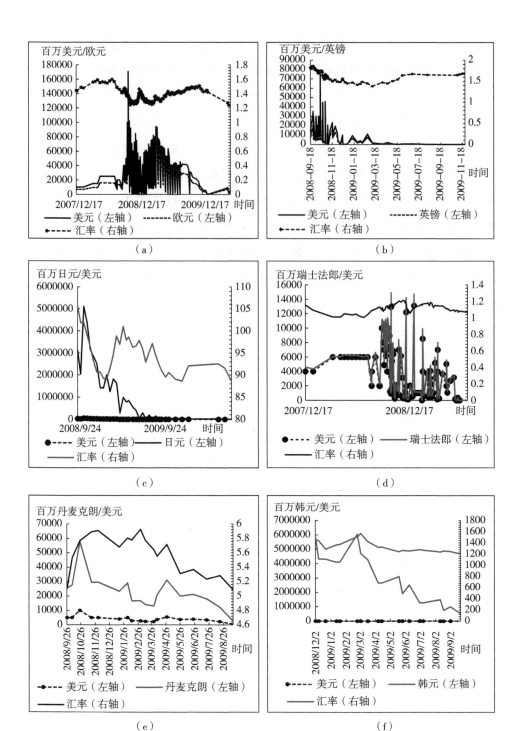

图 3-17   美联储与主要国家中央银行的流动性互换

(资料来源：美联储官网)

其中担保抵押贷款证券（CMO）54 亿美元，其他资产支持商业票据（ABS）16 亿美元，市政证券（Municipal Securities）7 亿美元，其他证券和股权 61 亿美元，贷款利率是 3.5%，具体如表 3-7 所示。然而，纽约联邦储备银行向摩根大通提供的贷款是无追索权贷款，如果贝尔斯登违约，美联储因不享有对摩根大通的追索权而出现贷款损失。过渡性贷款是根据《联邦储备法案》第 13（3）条的授权发放的，该法案允许联邦储备委员会在不寻常和紧急的情况下，授权储备银行向个人、合伙企业和公司提供信贷。尽管贝尔斯登在 2008 年 3 月 14 日通过一笔过渡性贷款获得了美联储贷款资金，但贝尔斯登面临的金融市场压力在 3 月 14 日当天和整个周末更加严重。如果没有美联储大量流动性注入或没有更强大的公司收购，贝尔斯登很可能无法在 2008 年 3 月 17 日（周一）避免破产。摩根大通成为贝尔斯登唯一可行的收购方。2008 年 3 月 16 日（周日），贝尔斯登接受了与摩根大通合并的要约。然而，考虑到当时金融体系面临的潜在损失存在不确定性，加上信贷市场紧张，摩根大通对自己收购部分贝尔斯登抵押贷款资产的能力感到担忧。

表 3-7　　　　　　　　摩根大通向贝尔斯登发放的过桥贷款情况

贷款日期	2008 年 3 月 14 日
偿还日期	2008 年 3 月 17 日
贷款金额（10 亿美元）	12.9
利率（%）	3.50
抵押品总值（10 亿美元）	13.8
抵押品资产类别（10 亿美元）	
抵押担保债券（CMO）	5.4
其他资产支持证券（ABS）	1.6
市政证券	0.7
其他证券和股权	6.1

资料来源：美联储官网。

为促进摩根大通迅速收购贝尔斯登，纽约联邦储备银行根据《联邦储备法》第 13（3）条的授权成立了一家特殊目的载体 Maiden Lane LLC，用于收购贝尔斯登的一系列资产。在具体的操作过程中，纽约联邦储备银行向该特殊目的载体（SPV）提供信贷，将对 SPL 收购贝尔斯登的资产进行长期管理，以最大限度地偿还美联储的贷款。Maiden Lane LLC 从贝尔斯登购买了大约 300 亿美元的资产，从纽约联邦储备银行获得了大约 290 亿美元的贷款。根据协议条款，摩根大通还向 Maiden Lane LLC 提供了约 10 亿美元的贷款，这笔贷款在偿债顺序上排在美联储贷款之后，因此又被称为次级贷款。纽约联邦储备银行发放的贷款利率为一级信贷利率，次级贷款利率为一级信贷利率加 450 个基点。Maiden Lane LLC 所持资产的收益应按以下顺序使用：Maiden Lane LLC 的运营费用、纽约联邦储备银行贷款本金、纽约联邦储备银行贷款利息、摩根大通贷款本金和摩根大通贷款利息。Maiden Lane LLC 的任何剩余资金都将支付给纽约联邦储备银行。

图 3 – 18 描述了 2008 年第一季度至 2010 年第三季度美联储向 Maiden Lane LLC 发放的贷款余额、摩根大通向 Maiden Lane LLC 发放的贷款余额、总贷款的抵押品价值和贷款利息情况等。不难看出，Maiden Lane LLC 从纽约联邦储备银行和摩根大通获得的贷款总额明显超过了购买贝尔斯登的 300 亿美元资产。然而，除了 2010 年第三季度，Maiden Lane LLC 持有的所有资产（贷款的合格抵押品）都低于美联储的贷款本金，美联储有可能面临损失的风险。表 3 – 8 和表 3 – 9 则进一步说明了在美联储救助贝尔斯登过程中 Maiden Lane LLC 持有的资产类别和债券抵押品评级分布情况，Maiden Lane LLC 持有的资产为美联储贷款的抵押品。由于 Maiden Lane LLC 从美联储和摩根大通获得的贷款主要用于救助持有大量低质量 MBS 的贝尔斯登，Maiden Lane LLC 资产负债表中 MBS 占比最高，债券抵押品评级中联邦政府/机构债券占比也最高。

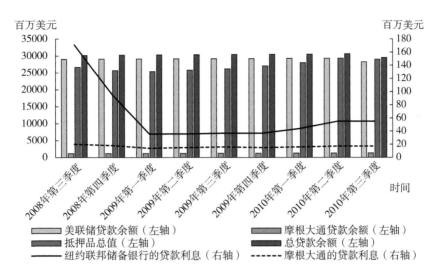

图 3-18 2008 年第三季度至 2010 年第三季度美联储向 Maiden Lane LLC

发放的贷款余额、摩根大通向 Maiden Lane LLC 发放的贷款余额、

总贷款的抵押品价值和贷款利息情况

（资料来源：美联储官网）

表 3-8 救助贝尔斯登抵押品信息：Maiden Lane LLC 持有的资产类别

单位：百万美元

时间	MBS	RMBS	商业贷款	居民抵押贷款	互换合约	TBA承诺	其他投资	现金及等价物	其他资产	其他负债	净资产
2008 年第三季度	11376	2981	6361	1026	3324	-81	1198	3579	464	-3606	26622
2008 年第四季度	13565	1836	5553	937	2454	2089	1360	2531	310	-4951	25684
2009 年第一季度	14369	1552	4697	780	2280	1448	1221	2640	1869	-5505	25352
2009 年第二季度	16424	1962	4447	683	1827	1199	736	1805	827	-4151	25759
2009 年第三季度	17437	1938	4025	623	1318	382	863	1446	527	-2418	26141
2009 年第四季度	18149	1909	4025	583	985	0	907	1242	198	-995	27003

续表

时间	MBS	RMBS	商业贷款	居民抵押贷款	互换合约	TBA承诺	其他投资	现金及等价物	其他资产	其他负债	净资产
2010年第一季度	18794	1936	4464	604	903	0	969	1229	297	−1173	28022
2010年第二季度	19880	1922	4823	611	958	0	1029	1299	463	−1671	29314
2010年第三季度	18547	1907	5121	628	717	0	1032	1784	139	−854	29021

注：MBS是指由联邦机构和政府支持企业（GSE）发行的抵押贷款支持证券；RMBS是指私人企业发行的居民抵押贷款支持证券；互换合约是指信用违约互换、利率互换及其他互换合约与对冲工具；TBA承诺是指按固定价格在未来某一日期购买或出售抵押贷款支持证券的承诺。

资料来源：美联储官网。

表3－9   美联储救助贝尔斯登债券抵押品的评级分布情况

时间	AAA	AA+～AA−	A+～A−	BBB+～BBB−	BB+及以下	联邦政府/机构债券	未评级
2008年第三季度	15.1	3.5	3.6	2.6	2.0	73.1	—
2008年第四季度	9.9	2.0	1.7	2.2	3.3	80.9	—
2009年第一季度	4.6	1.6	1.3	1.1	7.6	83.8	—
2009年第二季度	2.4	1.9	1.2	1.1	7.5	85.9	—
2009年第三季度	2.0	1.5	1.1	1.3	8.0	86.2	—
2009年第四季度	1.7	1.1	1.3	1.0	8.2	86.7	—
2010年第一季度	1.9	1.1	1.0	1.1	8.3	86.6	—
2010年第二季度	1.2	0.9	0.8	1.5	8.4	87.1	0.1

时间	AAA	AA + ~ AA -	A + ~ A -	BBB + ~ BBB -	BB + 及以下	联邦政府/ 机构债券	未评级
2010 年 第三季度	1.2	1.0	0.8	1.7	8.8	86.3	0.2

资料来源：美联储官网。

3.1.2.14 美联储救助美国国际集团（AIG）

在 2008 年 9 月前的几个月里，AIG 面临巨大的流动性压力，阻碍了其从银行机构或金融市场获得充足资金，并有可能违约。AIG 是一家规模较大、多元化的大型金融服务公司，截至 2008 年 6 月 30 日，其合并总资产略高于 1 万亿美元。AIG 若在国际金融危机期间倒闭，将引发重大连锁反应。这是因为：（1）其保险子公司是美国保险业龙头，市场份额举足轻重；（2）曾向 AIG 提供贷款的州及地方政府可能蒙受巨额损失；（3）多只退休基金持有 AIG 发行的信用违约互换（CDS）产品；（4）银行及保险公司对 AIG 存在大量风险敞口；（5）AIG 商业票据违约可能引发该市场全面崩盘。在金融体系已极度脆弱的背景下，上述冲击极可能导致信贷供给进一步紧缩，加剧实体经济衰退。因此，美联储创立了美国国际集团循环信贷便利（AIG Revolving Credit Facility，RCF）和美国国际集团证券借款便利（Securities Borrowing Facility for AIG，SBF）两个货币政策工具，并根据《联邦储备法》第 13（3）条的授权新建两家 SPV，即 Maiden Lane II LLC 和 Maiden Lane III LLC，这两家公司主要用于美国国际集团证券借款便利的实施。2008 年 9 月 16 日，美联储宣布将向美国国际集团提供贷款。最初，纽约联邦储备银行向 AIG 提供了高达 850 亿美元的信贷额度，贷款期限为两年。这笔贷款预计将从出售该公司资产的收入中偿还。美国国际集团循环信贷便利的合格抵押品为 AIG 及其主要非受监管子公司的一部分资产，以及 AIG 在所有受监管子公司的股权。图 3 - 19 显示了美国国际集团循环信贷便利的具体实施情况。可以发现，纽约联邦储备银行通过 RCF 向 AIG 提供的贷款余额在 2008 年 10 月 26 日达到最高值，具体数额为

723.4亿美元。同时,美联储在贷款初期向AIG收取了高达12.553%的惩罚性贷款利率。作为救助AIG的条件,美国财政部通过专门设立的信用基金"AIG信用基金信托"(AIG Credit Facility Trust)获得AIG 79.9%的股权。

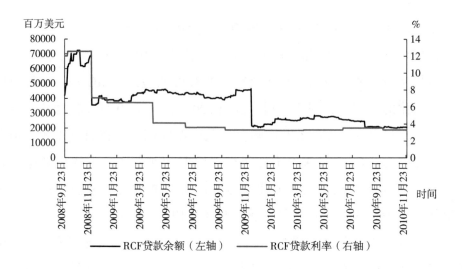

图3-19 2008年9月23日至2010年11月23日美国国际集团循环信贷便利执行情况

(资料来源:美联储官网)

2008年11月10日,美联储和财政部宣布重组AIG以增强AIG偿还延期信贷的能力。作为重组的一部分,财政部利用问题资产救助计划(TARP)的资金购买了美国国际集团新发行的400亿美元优先股。此外,纽约联邦储备银行的贷款期限延长至5年,贷款额度从850亿美元降至600亿美元。2009年3月2日,美联储和财政部宣布对美国国际集团的金融援助进行第二次重组,其中包括由财政部为美国国际集团设立一个新的股本资本安排。作为重组的一部分,美国国际集团循环信贷便利的条款再次进行了调整,取消了3月期Libor 350个基点的下限。此外,美联储使用AIG未偿余额约260

亿美元换取了美国国际集团两家主要人寿保险子公司的优先权益①，AIG 可获得的循环信贷总额从 600 亿美元减少到 350 亿美元。

截至 2008 年 10 月 1 日，纽约联邦储备银行通过美国国际集团循环信贷便利向 AIG 发放了大约 620 亿美元的贷款。这些贷款被用于结算与交易对手方的交易，即 AIG 的交易对手将从 AIG 借入的证券返还给 AIG 以换取现金。由于预期更多的证券借贷对手方决定不再向 AIG 续期其证券借款头寸以及金融市场的持续脆弱状况，2008 年 10 月 8 日，纽约联邦储备银行被授权创立美国国际集团证券借贷便利（SBF）向 AIG 某些子公司提供贷款以交换部分证券。根据该货币政策工具，纽约联邦储备银行可以从 AIG 借入高达 378 亿美元的投资级固定收益证券作为发放贷款的合格抵押品，以保障美联储资产负债表的安全。图 3－20 和图 3－21 分别描述了美联储通过 Maiden Lane II LLC 和 Maiden Lane III LLC 两家 SPV 执行美国国际集团证券借贷便利的贷款额和防范交易对手违约的抵押品使用情况。表 3－10 和表 3－11 则进一步阐述了 Maiden Lane II LLC 和 Maiden Lane III LLC 两家 SPV 持有的美联储贷款抵押品种类和评级分布情况。从图 3－20 和图 3－21 可以看出，整体而言，美联储执行美国国际集团证券借贷便利救助美国国际集团的贷款都要求美国国际集团提供足额抵押品，并且所有抵押品的折扣率统一为 20%，较高的折扣率也从侧面反映出美国国际集团提供的抵押品风险较高。表 3－10 和表 3－11 显示，通过美国国际集团证券借贷便利，美国国际集团向美联储抵押的合格抵押品主要为持有的公司债券、各类抵押贷款支持证券（MBS）和有担保的抵押义务（CMO）。意外的是，尽管美国国际集团证券借贷便利接受了美国国债、AAA、AA、A 和 BBB 等投资级以上的证券，但是美联储同样将 BB 级和没有评级的抵押品纳入其抵押品框架。具体而言，美联储通过美国国际集

---

① 2009 年 3 月 2 日，美联储与财政部再次宣布调整政府对 AIG 的援助计划。根据重组方案，美联储理事会授权纽约联邦储备银行向 AIG 旗下国内寿险子公司设立的 SPV 提供最高约 85 亿美元的贷款。这些 SPV 将用其从母公司持有的指定寿险保单组合中获得的净现金流偿还贷款。新增信贷资金将用于全额抵偿 AIG 在 2008 年 9 月纽约联邦储备银行设立的循环信贷工具下的等额借款。具体贷款金额、资产折价率及其他条款将根据纽约联邦储备银行认可的估值结果确定。根据该协议，AIG 自身未直接获得信贷支持。

团证券借贷便利向美国国际集团提供贷款时，接受的 BB 级抵押品总价值为 1.132 亿美元，而没有任何评级信息的抵押品总价值为 142.776 亿美元。美联储的这一抵押品范围扩容政策是公开市场操作和贴现窗口中从未有过的。

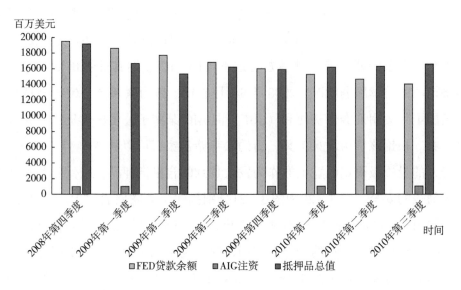

图 3 – 20 2008 年第四季度至 2010 年第三季度美联储基于美国国际集团证券借贷便利工具向 Maiden Lane II LLC 发放的贷款余额、AIG 注资情况和美联储贷款余额对应的抵押品总值

（资料来源：美联储官网）

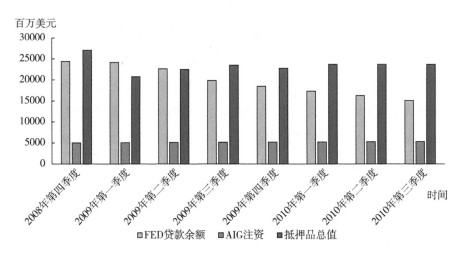

图 3 – 21 2008 年第四季度至 2010 年第三季度美联储基于美国国际集团证券借贷便利工具向 Maiden Lane III LLC 发放的贷款余额、AIG 注资和美联储贷款对应的抵押品总值

（资料来源：美联储官网）

表 3 - 10   2008 年第四季度至 2010 年第三季度 Maiden Lane II LLC 和

Maiden Lane III LLC 持有的资产组合情况

单位：百万美元

时间	RMBS（ARM）	RMBS（SM）	RMBS（Option ARM）	Other	现金及等价物	其他资产	其他负债	净资产（抵押品）
	Maiden Lane II LLC							
2008 年第四季度	5226	10796	—	2817	351			19190
2009 年第一季度	4401	9744	728	1497	297	7	（2）	16673
2009 年第二季度	4455	8348	840	1371	327	3	（2）	15341
2009 年第三季度	4903	8758	939	1299	297	3	（2）	16197
2009 年第四季度	4894	8566	953	1230	267	2	（2）	15910
2010 年第一季度	4934	8791	1032	1225	220	3	（7）	16198
2010 年第二季度	4957	8781	1089	1264	230	4	（1）	16323
2010 年第三季度	5001	8998	1111	1296	211	2	（1）	16618
时间	Maiden Lane III LLC							
	高评级资产支持证券担保债务凭证	夹层资产支持担保债务凭证	商业房地产支持担保债务凭证	RMBS、CMBS 和 Other	现金及等价物	其他资产	其他负债	净资产（抵押品）
2009 年第一季度	18770	3104	4791	—	408	—	—	27073
2009 年第二季度	13565	1832	3761	—	1508	73	（5）	20733
2009 年第三季度	14491	1882	4186	225	1645	59	（4）	22485
2009 年第四季度	16001	2099	4572	246	547	38	（3）	23500

续表

时间	Maiden Lane Ⅲ LLC							
	高评级资产支持证券担保债务凭证	夹层资产支持担保债务凭证	商业房地产支持担保债务凭证	RMBS、CMBS 和 Other	现金及等价物	其他资产	其他负债	净资产（抵押品）
2010 年第一季度	15400	1989	4694	256	428	30	（3）	22794
2010 年第二季度	15437	2098	5517	269	354	28	（5）	23699
2010 年第三季度	15500	1997	5564	266	390	32	（3）	23747

注：RMBS（ARM）表示由次优级（Alt – A）可调利率抵押贷款（ARM）支持的住房抵押贷款支持证券（RMBS），RMBS（SM）表示以次级抵押贷款为基础资产的住房抵押贷款支持证券，RMBS（Option ARM）表示以选择性可调利率抵押贷款为基础资产的住房抵押贷款支持证券，Other 表示包含所有单一资产类别公允价值占投资组合证券总价值比例不足 5% 的资产板块。

资料来源：美联储官网。

表 3 – 11　2008 年第四季度至 2010 年第三季度 Maiden Lane Ⅱ LLC 和

Maiden Lane Ⅲ LLC 持有的美联储贷款证券抵押品评级的占比情况

单位：%

时间	AAA	AA + ～ AA –	A + ～ A –	BBB + ～ BBB –	BB + 及以下	未评级
	Maiden Lane Ⅱ LLC					
2008 年第四季度	40. 10	15. 00	11. 60	14. 30	18. 00	0
2009 年第一季度	12. 60	7. 70	6. 90	8. 10	6. 46	0
2009 年第二季度	10. 30	7. 50	5. 30	5. 30	7. 17	0
2009 年第三季度	9. 10	6. 60	5. 50	4. 00	7. 47	0
2009 年第四季度	8. 70	6. 40	5. 20	3. 90	7. 59	0

续表

时间	AAA	AA + ~ AA -	A + ~ A -	BBB + ~ BBB -	BB + 及以下	未评级
	Maiden Lane II LLC					
2010 年 第一季度	7.80	5.90	4.40	3.60	7.83	0
2010 年 第二季度	5.30	6.20	3.70	2.70	8.21	0
2010 年 第三季度	4.80	5.20	2.60	2.00	8.54	0
时间	Maiden Lane III LLC					
2008 年 第四季度	18.1	27.0	9.0	12.6	33.2	—
2009 年 第一季度	16.3	5.0	3.6	3.3	71.7	—
2009 年 第二季度	16.9	0.8	3.3	3.3	75.5	0.3
2009 年 第三季度	2.1	0.8	17.7	2.2	76.9	0.3
2009 年 第四季度	1.7	0.8	19.1	0.6	77.5	0.3
2010 年 第一季度	1.5	0.8	0.1	0.7	96.6	0.2
2010 年 第二季度	0.9	0.7	0.1	0.2	98.0	—
2010 年 第三季度	0.1	0.7	0.1	0.1	98.9	—

资料来源：美联储官网。

3.1.3 美联储抵押品框架改革总结

结合前文分析可以发现，美联储抵押品框架改革具有如下特点：

第一，国际金融危机和新冠疫情背景下，美联储抵押品框架改革往往伴随着非常规货币政策工具的建立和实施。为降低执行非常规货币政策工具对美联储资产负债表安全的损害，美联储在执行非常规货币政策工具时往往要求交易对手方提供充足的抵押品或直接买断交易对手方提供的合格抵押品。

第二，美联储抵押品框架改革的内容主要包含扩大合格交易对手方范围、拓宽合格抵押品边界和降低合格抵押品信用评级，体现了美联储在国际金融市场的典型做市商角色。首先，由于美联储根据《联邦储备法》第 13（3）条的授权创建各类货币政策工具，该法案允许美国联邦储备委员会在不寻常和紧急的情况下授权储备银行向个人、合伙企业和公司提供信贷，因此，美联储执行上述非常规货币政策直接扩大了合格交易对手方和合格抵押品范围。以纽约联邦储备银行设立的 CPFF、TALF、CCF（PMCCF 和 SMC-CF）和 MLF 等 5 个货币政策工具以及波士顿联邦储备银行设立的 MMLF 与 MSLF 2 个货币政策工具为例，美联储针对上述货币政策工具设立的特殊目的载体（SPV）实际上是一家有限责任公司（如 CPFF LLC、TALF LLC、CCF LLC 等），美联储的合格交易对手方直接由传统的存款类金融机构等变为有限责任公司。由于美联储作为 SPV 的管理成员享有排他性的经营权，并与财政部一起出资设立 SPV，美联储的间接合格交易对手方为与 SPV 进行交易的实体企业。如果 SPV 破产，美联储的投资也会受损。此外，PDCF 也将美联储的合格交易对手方延伸到投资银行，使美联储直接向具备合格抵押品的贝尔斯登、雷曼兄弟等投资银行提供贷款。美联储救助美国国际集团（AIG）以及通过 PPPLF 政策工具向小型企业贷款公司提供流动性也是合格交易对手方扩容的典型例子。其次，伴随着美联储合格交易对手方范围的扩大，美联储合格抵押品范围的边界也得到了拓宽。比较典型的是美联储将 SPV 资产纳入其合格抵押品框架。这一举措将 SPV 资产作为美联储提供流动性的直接抵押品，而 SPV 公司购买的范围更广的资产成为美联储提供流动性的间接抵押品，并且这些资产超出了 2008 年国际金融危机以前美联储公开市场操作和贴现窗口合格抵押品的范围。这一观点成立的逻辑链条是美联储贷款由 SPV 资产抵押担保，而 SPV 资产由其购买的各类资产抵押担保。除此之外，美联储将 PDCF 的合格抵押品范围扩大至在两家主要清算银行三方回购协议系统中抵押的所有资产类别，即所有有资格与主要清算银行进行三方回购安排的资产都是 PDCF 的合格抵押品。最后，美联储将信用评级更低的资产纳入其抵押品框架也和 PDCF 密切相关。2008 年 8 月之后，PDCF 合格抵押品范围接受了信用评级在 BBB 级以下的证券资产，其中 BB 级、B 级和 CCC 评级以下的抵押品合计约占 PDCF 所有合格抵押品市场价值的 18.3%，最高达到 30.5%，而 CCC 级及以下的证券资产在 PDCF 抵押品中的占比约为 BB 级和 B 级证券资产占比之和。PDCF 低评级抵押品可能对美联储资产负债表安全构成威胁。此外，由于美联储无法从交易对手方获得关于抵押品的相关信息，无法对缺失信息的抵押品进行有效评级。没有相关评级的证券资产被纳入 PDCF 合格抵押品范围也可能有损美联储资产负债表安全。

第三，美联储抵押品框架改革使美联储面临风险与收益并存的局面，凸显了美联储金融市场做市商角色。美联储抵押品框架改革的风险性体现在以下方面：首先，美联储将信用评级低于投资级的资产纳入 PDCF 合格抵押品范围，很多未有评级信息的资产也被纳入 PDCF 合格抵押品范围，这对美联储资产负债表安全构成一定负面影响；其次，美联储在上述各类货币政策工具的执行过程中通过无追索权的形式向存款类银行、小型企业贷款公司等贷款机构（如 PPPLF 和美联储救助贝尔斯登）和特殊目的载体（如 TALF、MMLF、CCFs 和 AMLF 等）提供贷款。如果存款类银行等贷款机构和 SPV 实体出现亏损①，将直接造成美联储资产负债表损失。尽管上述各类非常规货币政策工具背后的抵押品框架改革对美联储资产负债表产生威胁，但美联储通过调整抵押品折扣率、构建风险隔离措施（如建立 SPV 实体，并在 SPV 中引入财政部股权投资）和美国政府担保（如 PPPLF 中的 SBA 担保）降低了美联储资产负债表风险。在上述已到期的各类货币政策工具中，美联储都实现了正收益。

---

① 尽管美联储设立的所有 SPV 未出现实际损失，但美联储通过 SPV 购买的贷款资产产生了实际损失。如截至 2021 年 9 月 30 日，美联储执行 MSLF 货币政策工具成立的 MSLF 有限责任公司（MSLF LLC）确认了约 1200 万美元的实际贷款损失。

3.2　欧洲中央银行货币政策抵押品框架及改革实践

3.2.1　欧洲中央银行抵押品框架的基本内容

欧洲中央银行公开市场操作和常备融资便利供给流动性的基石是欧洲中央银行抵押品框架。根据《欧洲中央银行体系法和欧洲中央银行章程》(*Statute of European System of Central Banks and of European Central Bank*)，公开市场操作的再融资操作和长期再融资操作、常备借贷便利操作等欧元区所有的货币政策信贷操作都必须以充足的抵押品为基础。因此，欧洲中央银行抵押品框架的重要性一直都存在。2008 年国际金融危机和 2011 年欧债危机之后，除了实施固定利率全额分配政策（Fixed Rate Tenders with Full Allotment），延长 LTROs 的期限至 6 个月、1 年和 3 年期，加设与美元、瑞士法郎的货币互换和资产购买类计划以外，欧洲中央银行还频繁调整抵押品框架，将更多的金融资产纳入欧洲中央银行抵押品框架（Eberl 和 Weber，2014）。第一，在抵押品广度层面，欧洲中央银行较大幅度地扩大了相同信用等级的合格抵押品范围。具体而言，欧洲中央银行于 2001 年至 2013 年对其抵押品框架中的合格抵押品标准总共修改了 44 份法律文件，其中 38 份文件是在国际金融危机爆发后产生的——增加了 6 倍多。2001—2013 年，合格抵押品池的范围扩大了 36 倍。总体而言，欧洲中央银行抵押品框架变动的次数从雷曼破产事件前的 25 个增加到雷曼破产事件后的 71 个。第二，在抵押品深度层面，欧洲中央银行通过降低抵押品池中资产的最低信用评级要求，从质量上扩大了合格抵押品池。截至 2013 年 12 月，所有信用评级的资产都具备欧洲中央银行抵押品资格，这导致欧洲中央银行合格抵押品池的范围扩大了 110 倍。因此，欧洲中央银行抵押品的资格标准是透明和不复杂的，而且随着时间的推移经常发生变化。

3.2.1.1　一般抵押品框架和临时抵押品框架

何种资产具备欧洲中央银行抵押品框架的合格抵押品资格由欧洲中央银行制定的两个平行抵押品框架确定：一是一般抵押品框架（General Framework），二是临时抵押品框架（Temporary Framework）。一般抵押品框架设定的欧洲中央银行抵押品框架合格交易对手方、合格抵押品资格标准、合格抵押品估值原则、合格抵押品风险控制措施以及合格抵押品跨境使用等内容载于欧洲中央银行货币政策操作"一般指引"①。"一般指引"详细阐述了欧洲中央银行货币政策操作框架总览、合格交易对手方、抵押品框架和货币政策工具（如公开市场操作、边际贷款便利、边际存款便利和最低准备金）以及操作程序。欧洲中央银行官网披露的资料显示，货币政策操作"一般指引"最早拟定于 1998 年，并于 2000 年（11 月）②、2002 年（4 月）③、2004年（2 月）④、2005 年（2 月）、2006 年（1 月⑤、9 月⑥）、2007 年（10 月）、2011 年（2 月、9 月）、2015 年（8 月、11 月）、2022 年（5 月）进行了修订和发布。在历次修改中，涉及的主要内容为欧洲中央银行抵押品框架的合格交易对手方变更、合格抵押品范围的扩容以及合格抵押品折扣率变化等。1998—2022 年，欧洲中央银行货币政策操作框架"一般指引"虽然修订了12 次，但其一般抵押品框架主要包含两个阶段的变化：第一，2001—2007年的双层抵押品框架体系（Two‑tier Collateral System）；第二，2007 年之后的抵押品框架"单一清单"（A Single List）制度改革。欧元体系（欧洲中央银行）双层抵押品框架体系是指将抵押品框架中的合格抵押资产分为两个层级（Two‑tier），第一层级资产是由欧洲中央银行指定的符合整个欧元区抵

① 具体见欧洲中央银行官网披露的货币政策操作"一般指引"（General Documentation）：General documentation on Eurosystem monetary policy instruments and procedures。

② 2000 年 11 月发布的欧洲中央银行货币政策操作"一般指引"的全称为"The single monetary policy in Stage Three：General documentation on Eurosystem monetary policy instruments and procedures"。

③ 2002 年 4 月发布的欧洲中央银行货币政策操作"一般指引"的全称为"The single monetary policy in the euro area：General documentation on Eurosystem monetary policy instruments and procedures"。

④ 2004 年 2 月发布的欧洲中央银行货币政策操作"一般指引"的全称为"The implementation of monetary policy in the euro area：General documentation on Eurosystem monetary policy instruments and procedures"。至此之后，欧洲中央银行货币政策操作"一般指引"的名称保持不变。

⑤ 2006 年 1 月对"一般指引"的修订主要目的是厘清评估欧元体系信贷业务中使用的资产支持证券抵押品资格的标准。在过去，欧元体系对资产支持证券（属于债务工具的范畴）没有适用特定的合格抵押品资格标准。

⑥ 2006 年 9 月对"一般指引"的修订主要涉及在欧洲中央银行抵押品框架中引入非市场化资产，并代表着逐步引入对所有欧元体系信贷操作业务通用的合格抵押品框架"单一清单"制度的最后一步。

押品资格标准的高流动性市场化债务工具（Marketable Debt Instruments）（如国债、金融债、高等级企业债和 ABS 等）；第二层级（Tier two）资产由欧元区国家中央银行批准通过，主要包含不需要满足整个欧元区抵押品资格统一标准的市场化债务工具、股权和非市场化资产（如银行贷款）。关于欧洲中央银行抵押品框架双层体系和"单一清单"制度改革见下文具体解释。

除了一般抵押品框架，临时抵押品框架在欧洲中央银行货币政策执行中同样发挥着重要作用，是对一般抵押品框架的有效补充。"临时"的标签最早是在雷曼兄弟违约之后使用的，第一份临时框架文件于 2008 年 10 月 23 日被正式采用，并于两天后被记录在欧洲中央银行《官方日报》上开始生效。随后临时抵押品框架在 2008 年 12 月 1 日至 2009 年 12 月 31 日和 2010 年 1 月 1 日至 2010 年 12 月 31 日进行了两次延伸。简单而言，临时抵押品框架是指欧洲中央银行抵押品框架的临时变化，主要包含欧洲中央银行抵押品框架的临时扩容、抵押品信用评级和折扣率的临时变化以及临时将在非监管市场交易的无担保银行债务工具纳入欧洲中央银行抵押品框架等。欧洲中央银行官网显示，关于欧洲中央银行合格抵押品资格、信用评级、折扣率以及交易对手方的临时变化载于"临时抵押品框架"（Temporary Framework）。事实显示，2008 年国际金融危机期间，金融市场动荡以及欧洲中央银行推出了全额分配固定利率招标政策（Fixed Rate Tenders with Full Allotment）导致欧洲中央银行货币政策操作和金融市场对抵押品需求的增加，推动欧洲中央银行设立临时抵押品框架。虽然临时抵押品框架最初被认为是短期存在的、旨在提供额外抵押品以缓解国际金融危机期间金融市场抵押品稀缺状况的"危机框架"，然而这一临时抵押品框架在今天仍然有效。如同"非常规"货币政策变得更加"常规"一样，"临时"抵押品框架也演变为"非临时"抵押品框架。欧洲中央银行在国际金融危机期间降低合格抵押品的信用评级，在欧债危机期间放松对希腊等四国主权债的抵押品资格要求，以及在新冠疫情暴发期间针对 2020 年 4 月 7 日满足欧洲中央银行抵押品资格标准，但随后被降级的市场化资产采取降低折扣率的临时抵押品框架调整政策等提供了事实证据。另外，很多临时抵押品框架中的抵押品政策已经纳入欧洲中央银行一般抵押品框架，如临时的抵押品折扣率调整被纳入一般抵押品框架，以及 2008 年将在非监管市场交易的无担保银行债务工具纳入欧洲中央银行抵押品框架的临时措施于 2012 年 1 月 1 日被纳入一般抵押品框架等。因此，"一般框架"和"临时框架"都规定了合格抵押品的资格标准，从而构成了欧洲中央银行的抵押品框架。

3.2.1.2　抵押品框架双层体系与"单一清单"抵押品框架改革

根据《欧洲中央银行体系和欧洲中央银行章程》第 18.1 条的规定，欧元体系成员国国家中央银行（National Central Bank。为了简洁，下文统称为国家中央银行）和欧洲中央银行执行货币政策信贷操作必须以充足的抵押品作为基础。因此，欧洲中央银行抵押品框架一直是欧元体系货币政策操作和实现宏观经济目标的重要基础。1998 年，为实现向单一欧元和统一货币政策的平稳过渡以及考虑到欧洲经济与货币联盟（EMU）建立初期不同成员国之间的金融结构差异，欧元体系实施了双层抵押品框架体系（Two – Tier Collateral System），即将欧元体系（欧洲中央银行）抵押品框架中的合格抵押资产分为两个层级：第一层级资产和第二层级资产。第一层级资产是指由欧洲中央银行指定且符合整个欧元区抵押品资格标准的高流动性市场化债务工具（Marketable Debt Instruments），主要包含固定利率债务工具、零息债务工具、浮动利率债务工具和逆浮动利率债务工具（Inverse Floating Rate Debt Instruments）；第二层级资产包括不需要满足整个欧元区抵押品资格标准的股权，固定利率债务工具、零息债务工具、浮动利率债务工具和逆浮动利率债务工具等市场化债务工具，贸易票据（Trade Bills）、抵押贷款本票以及银行贷款（2007 年 1 月 1 日之后银行贷款改为固定利率和浮动利率银行贷款）等非市场化资产。第二层级资产对欧元区各个国家金融市场和银行系统特别重要，其合格抵押品资格标准由欧元区国家中央银行制定，但受限于欧洲中央银行制定的合格抵押品最低资格标准。关于欧洲中央银行抵押品框架双层体系与"单一清单"抵押品框架改革的详细内容见附录 A。

3.2.2　国际金融危机后欧洲中央银行抵押品框架改革实践

2008 年国际金融危机之前，欧元体系抵押品框架最大的改革实践是

"单一清单"抵押品框架改革。2008 年国际金融危机之后，为配合固定利率全额分配政策和长期（主要是 1 年期和 3 年期）再融资操作的有效落实，欧洲中央银行对欧元体系抵押品框架进行了更大幅度的改革。考虑到欧洲中央银行抵押品框架调整次数较多，本节根据欧洲中央银行官网披露的决议文件和工作论文等资料，并借鉴 Nyborg（2016b）的相关研究，选择欧洲中央银行比较重要的抵押品框架改革事件进行细致阐述。附录 A 部分重点介绍了欧洲中央银行抵押品框架改革的其他相关内容，主要包含欧洲中央银行抵押品框架风险控制措施、欧洲中央银行抵押品管理系统和信用评级系统等。

3.2.2.1 合格抵押品信用评级下调

2008 年 10 月 25 日之前，欧洲中央银行抵押品框架要求的抵押品最低信用评级为 A－。2008 年 10 月 25 日之后，为应对国际金融危机带来的持续负面影响，欧洲中央银行抵押品框架放松了合格抵押品的信用评级要求。除了资产支持证券（ABS）和居民住房抵押贷款证券（RMBS），欧洲中央银行抵押品框架中的合格抵押品最低评级普遍从 A－降至 BBB－。至此之后，欧洲中央银行市场化抵押品信用评级主要包含两类：一类是 AAA～A－，另一类是 BBB～B－，但资产支持证券的信用评级依然要求在 A－（含）以上。

3.2.2.2 合格抵押品信用评级门槛豁免

在欧元区的主权债务危机中，爱尔兰、葡萄牙、希腊和塞浦路斯获得了欧洲中央银行抵押品框架最低信用评级规则的豁免，即这些国家政府发行或担保的市场化债务工具即使信用评级没有达到 BBB－（以标准普尔评级为例）的最低要求，也可以纳入欧洲中央银行抵押品框架并用于货币政策信贷操作。由于希腊和塞浦路斯采取了危及抵押品价值的行动，欧洲中央银行在不同时点暂停甚至取消了这些国家合格抵押品信用评级的豁免资格。具体而言，希腊最初于 2010 年 5 月 6 日获得合格抵押品信用评级的豁免资格（ECB/2010/3），即无论其外部信用评级如何，由希腊政府发行或完全担保的市场化债务工具依然具备欧洲中央银行的合格抵押品资格。然而，由于希腊政府决定在私营部门参与的背景下向希腊政府发行的市场化债务工具持有者发起债务交换（ECB/2012/2），欧洲中央银行于 2012 年 2 月 28 日至 3 月

7 日暂停了希腊政府发行或担保的市场化债务工具的合格抵押品资格①。2012 年 3 月 8 日，无论希腊政府发行或担保的债务工具信用评级如何，欧洲中央银行都决定接受希腊政府发行或担保的债务工具作为合格抵押品，但要以回购计划条款（Buyback Scheme）为条件。在 2012 年 7 月 25 日至 12 月 20 日，希腊又失去了欧洲中央银行合格抵押品信用评级的豁免资格。2012 年 12 月 21 日，欧洲中央银行又给予希腊合格抵押品信用评级的豁免地位（ECB/2012/32），但鉴于希腊政府之前采取了危害抵押品价值的行动，希腊政府发行和担保的市场化债务工具折扣率比之前更高。2020 年 4 月 7 日，欧元体系货币政策信贷操作又放弃了希腊主权债务工具的抵押品信用评级豁免地位。

根据欧洲中央银行官网披露的决议文件，2011 年 3 月 31 日，欧洲中央银行决定合格抵押品的信用评级门槛不适用于由爱尔兰政府发行或完全担保的市场化债务工具。无论外部信用评级如何，爱尔兰政府债券或担保的市场化债务工具依然具备欧洲中央银行的合格抵押品资格（ECB/2011/4）。该决定的生效日期为 2011 年 4 月 1 日，实际运行至 2014 年 4 月 1 日。葡萄牙在 2011 年 7 月 7 日至 2014 年 8 月 20 日也享有合格抵押品信用评级门槛的豁免资格（ECB/2011/10）。欧洲中央银行官网资料显示，2013 年 5 月 2 日，欧洲中央银行管理委员会决定塞浦路斯发行或充分担保的有价债务工具获得了欧洲中央银行抵押品最低信用评级的豁免资格（ECB/2013/13），即信用评级低于 BBB - 的塞浦路斯国债或担保的有价债务工具具备合格抵押品资格，可用于欧洲中央银行抵押品框架的货币政策信贷操作。2013 年 6 月 28 日，塞浦路斯发行或充分担保的市场化债务工具失去了欧洲中央银行抵押品框架的合格抵押品资格。从 2013 年 7 月 5 日起，塞浦路斯又获得了欧洲中央银行抵押品框架最低信用评级的豁免资格。

---

① Eligibility of Greek bonds used as collateral in Eurosystem monetary policy operations. 详见链接：https：//www.ecb.europa.eu/press/pr/date/2012/html/pr120228.en.html。

3.2.2.3　新增外部评级机构 DBRS

2009 年 2 月，欧洲中央银行抵押品框架的评级机构清单中引入了第四家评级机构 DBRS。该机构是来自加拿大的一家权威信用评级机构，在欧洲主权债务危机期间的主权债信用评级方面发挥了重要作用，成为欧洲中央银行救助希腊、爱尔兰、塞浦路斯等国家的重要措施之一。从 DBRS 的实际运作可以看出，DBRS 对欧债危机重灾国给予了更高的信用评级，即使希腊、爱尔兰、塞浦路斯等国家的外部信用评级达不到欧洲中央银行抵押品框架的最低信用评级要求，DBRS 都给予了 BBB - 级以上的较高评级。根据 Nyborg（2016b）的研究，在 2011 年、2012 年、2013 年、2014 年 6 月和 2014 年 12 月五个时间节点，标准普尔、惠誉和穆迪对爱尔兰、意大利、西班牙和葡萄牙主权债信用评级都在 A -（或 B -）以下，而 DBRS 在大部分时间点都给予了 A - 或 BBB - 的评级。因此，欧洲中央银行通过引入 DBRS 在某种程度上夸大了欧债危机重灾国的信用评级，放松了欧洲中央银行抵押品框架的评级要求，这在救助受欧债危机影响严重的国家方面发挥了重要作用。该部分的详细介绍见附录 A。

3.2.2.4　额外信贷权益框架（Additional Credit Claim Framework）

为确保银行即使在不利的情况下也能获得充足的中央银行流动性供给，欧洲中央银行在考虑到欧元区成员国特定情况的基础上允许欧元区成员国中央银行暂时接受额外类型的抵押品。额外信贷权益（Additional Credit Claims，ACCs）是额外类型资产具备欧洲中央银行临时抵押品资格的典型例子。具体而言，额外信贷权益是指不符合欧洲中央银行一般抵押品框架设定的抵押品资格标准的抵押品，不同于已经纳入欧洲中央银行抵押品框架的标准信贷权益。正常情况下，欧洲中央银行一般抵押品框架定义的合格抵押品包括对公共部门、企业和中小企业（SMEs）的贷款。额外信贷权益是指银行对家庭的贷款、居民住房抵押贷款证券（RMBS）以及类似贷款类型的贷款池等（如由企业、中小企业贷款、消费者贷款或抵押贷款组成的贷款池）。另外，相比标准化信贷权益，额外信贷权益包含的合格抵押品可以欧元以外的货币计价，并且其信用质量也可能低于一般抵押品的信用要求。因此，额外信贷权益包含的合格抵押品风险相对较高。为了弥补低质量抵押品的高风险，各国中央银行执行了更高的估值折扣率。尽管额外信贷权益的折扣率可能相当高，但机会成本非常低，因为额外信贷权益一般不能在银行间市场或二级市场上使用。

3.2.2.5　临时疫情抵押品宽松政策

2020 年 4 月 7 日，欧洲中央银行管理委员会通过了史无前例的一揽子临时抵押品宽松政策，以促进欧洲中央银行交易对手方获得合格抵押品参与货币政策信贷操作。该一揽子计划协同欧洲中央银行的长期再融资操作和疫情紧急购买计划（ Pandemic Emergency Purchase Programme，PEPP）向金融市场和实体经济供给流动性以应对新冠疫情的负面影响。一揽子临时抵押品宽松政策的主要内容包括：（1）欧洲中央银行扩大了额外信贷权益框架覆盖的合格抵押品范围；（2）全面降低抵押品的折扣率；（3）在欧元体系的信贷操作中，放弃希腊主权债务工具作为合格抵押品的最低信用评级要求；（4）欧洲中央银行将评估进一步的措施以暂时缓解合格抵押品评级下调对交易对手抵押品可获得性的影响。关于以上内容有几个重要细节需要进一步阐明。第一，欧洲中央银行管理委员会通过扩大额外信贷权益（ACCs）框架促进银行增加对企业和家庭的贷款融资，包括 ACCs 接受信用质量较低的贷款、向其他类型债务人发放的贷款、在欧洲中央银行抵押品框架内不接受的贷款以及外币贷款。具体而言，将政府和公共部门担保的企业贷款、中小企业贷款、个体经营者贷款和家庭贷款纳入 ACCs 框架以应对冠状病毒大流行对中小微企业的负面影响以及扩大 ACCs 框架可接受的信用评级体系的范围，例如接受经监管机构批准的银行内部评级系统对银行本身进行信用评级。第二，接受希腊政府发行、不符合欧元体系信用评级要求的主权债务证券作为合格抵押品。第三，欧洲中央银行管理委员会决定暂时提高其货币政策信贷操作的风险承受能力，将抵押品估值折扣率普遍降低 20%。第四，在 2020 年 4 月 7 日达到最低信用评级要求，但信用评级随后恶化至最低信用评级阈值以下的市场化资产可以纳入欧洲中央银行抵押品框架，并且将银行等信贷机构抵押品池中任何银行无担保债务工具占比上限从 2.5% 提高到

10%。2022 年 3 月 23 日，为加强对欧元体系的保护，欧洲中央银行宣布在 2022 年 7 月至 2024 年 3 月分三步逐步取消临时疫情抵押品宽松政策，但欧洲中央银行继续接受未达到欧洲中央银行抵押品框架最低评级要求的希腊政府主权债。

3.2.2.6 扩大合格抵押品范围

合格抵押品信用评级下调等同样可以归类为欧洲中央银行抵押品框架的扩容。除此之外，欧洲中央银行抵押品框架扩容事件还包括以下内容：第一，低评级资产支持证券（ABS）具备合格抵押品资格。欧洲中央银行抵押品框架"单一清单"制度改革之前，ABS 作为欧洲中央银行抵押品框架第一次层级资产，按照欧洲中央银行抵押品框架中的资产流动性分类位列第三。2008 年 10 月 25 日之后，ABS 在欧洲中央银行抵押品资产流动性的排序从第三降至了第四，折扣率统一变为 12%。如果 ABS 的估值采用理论价格，折扣率另加 5%。同时，ABS 的信用评级必须达到 A－（含），A－以下的 ABS 不具备欧洲中央银行合格抵押品资格。2012 年 6 月 20 日之后，除住房抵押贷款支持证券和小微企业贷款支持证券以外，信用评级在 BBB－级以上的 ABS 可以纳入欧洲中央银行抵押品框架，即使不满足欧洲中央银行严格的抵押品评级标准（A－级以上），此时 ABS 适用的折扣率为 32%。2013 年 10 月 1 日，该折扣率降为 22%。第二，担保次级债务工具。2008 年 10 月 25 日之后，担保次级债务工具被纳入欧洲中央银行抵押品框架，但需要满足一定的条件，即财务状况良好的担保人提供无条件和不可撤销的担保。另外，对担保次级债务工具折扣率另加 10% 的折扣率。如果估值采用理论价格，担保次级债务工具的折扣率增加 5%。第三，由银行等信用机构发行并在欧洲中央银行批准的非监管市场上交易的无担保债务工具（以下统称无担保债务工具）。在 2008 年 10 月 25 日之后，无担保债务工具被列入欧洲中央银行抵押品框架，折扣率增加 5%，在流动性分类上归类为第四类，有效期为 2008 年 10 月 25 日至 2010 年 12 月 31 日。2011 年 1 月 1 日至 2011 年 12 月 31 日，无担保债务工具不具备欧洲中央银行抵押品资格。从 2012 年 1 月 1 日起，无担保债务工具重新被纳入欧洲中央银行抵押品框架。第四，自用抵押品（Own - use Collateral）。自用抵押品是指由银行等信用机构或与银行有"密切联系"的实体发行的债务工具。自用抵押品在 2007 年之前为欧洲中央银行抵押品框架第一层级资产，但被禁止纳入欧洲中央银行抵押品框架。随后自用抵押品被纳入欧洲中央银行抵押品框架，但在银行抵押品池中的占比不能超过 10%，不久该比例被降至 5%。因此，商业银行可以使用自己发行的无担保银行债券（自用抵押品）向欧元区成员国国家中央银行抵押获取流动性，突出了欧洲中央银行抵押品框架对银行的救助。第五，外币计价合格抵押品。2008 年 11 月 14 日，以日元、英镑和美元计价的市场化资产被纳入欧洲中央银行抵押品框架，但折扣率相比同类资产额外增加 8%。2012 年 11 月 9 日，以英镑和美元计价的合格抵押品折扣率变为 16%，以日元计价的合格抵押品折扣率变为 26%。第六，欧洲中央银行抵押品框架折扣率调整。第七，2008 年 10 月 25 日，将定期存款纳入欧洲中央银行抵押品框架。

3.2.3 欧洲中央银行合格抵押品的种类和使用情况

欧洲中央银行经过一系列抵押品框架改革之后，如图 3 - 22 所示，欧元区的抵押品结构发生了较大的变化。第一，在用合格抵押品市场总价值和部分合格抵押品市场价值具有典型的"波峰""波谷"特征。具体而言，所有在用合格抵押品的总价值呈现出先增加后降低再增加的趋势，其中第一个上升阶段从 2004 年的 8170 亿欧元增加到 2010 年的 20101 亿欧元，第二个上升阶段从 2011 年的 18244 亿欧元增加至 2012 年第三季度的 25200 亿欧元，随后第一个下降阶段从 2012 年第三季度的 25200 亿欧元下降至 2019 年第四季度的 15429 亿欧元，第三个上升阶段从 2020 年第一季度的 16361 亿欧元增加至 2022 年第一季度的 28139 亿欧元。在上述四个阶段当中有三个时间区间欧洲中央银行合格抵押品的市场价值偏高，分别是 2008 年至 2010 年、2011 年至 2013 年和 2020 年第二个季度至 2022 年第一个季度，对应的重要事件是 2008 年国际金融危机、2011 年欧债危机和 2020 年暴发的新冠疫情。按照一般的经济金融思维，危机期间市场化资产往往面临被抛售的风险，导致资产价值暴跌，而图 3 - 22 反映的市场化资产总价值在三个危机期间都达到历史最高水平，最可能的原因是欧洲中央银行在三个危机期间实行了宽松的抵押品政策。宽松的抵押品政策通过扩大欧洲中央银行抵押品框架范围、降低合格抵押品信用评级要求、降低合格抵押品折扣率等都会对合格抵押品释放积极信号,增加市场主体对合格抵押品的市场需求,防止合格抵押资产价格暴跌。另外,欧洲中央银行将之前不具备合格抵押品资格的金融资产纳入其抵押品框架也会增加欧洲中央银行抵押品框架中的合格抵押品基数,进而增加在用抵押品的市场价值。从在用抵押品的结构来看,信贷权益、资产支持证券、公司债券、担保银行债券和无担保银行债券市场价值的总体变化趋势与所有在用合格抵押品的市场价值走势基本一致,表明在 2008 年国际金融危机期间、欧债危机期间和新冠疫情期间,欧洲中央银行抵押品框架放松了对信贷权益、资产支持证券、担保银行债券和无担保银行债券的合格抵押品资格要求,缓解了这些资产所在金融市场的恐慌。

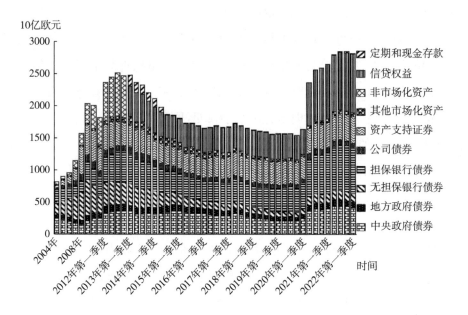

图 3 – 22　欧洲中央银行在用合格抵押品市场价值年或季度月末均值:

市场化和非市场化资产

(资料来源:欧洲中央银行官网)

第二，2008 年国际金融危机后，欧洲中央银行抵押品框架中低质量、低流动性的合格抵押品占比显著提高，欧洲中央银行资产负债表吸收了更多的高风险资产。从图 3－22 中可以明显看出，2008 年国际金融危机之后，信贷权益在欧洲中央银行抵押品池中的资产占比（市值）显著提高并持续维持高比重。在 2020 年新冠疫情期间，信贷权益占比明显高于 2008 年，资产占比几乎翻了两倍。由于信贷权益（主要是银行贷款）是典型的低流动性资产，在金融危机或经济危机期间难以迅速变现，如果中央银行抵押品框架吸收更多的信贷权益等低流动性资产，可能对中央银行的资产负债表质量产生影响。除了信贷权益以外，相比 2008 年国际金融危机以前，资产支持证券和公司债券在欧洲中央银行抵押品池中的资产占比也显著提高，资产支持证券表现得更为明显。资产支持证券和公司债券相比政府债券信用等级偏低，将过多的低信用评级资产纳入欧洲中央银行抵押品框架也可能对欧洲中央银行资产负债表质量产生负面影响。另外，虽然政府债券在所有具备合格抵押品资格的资产中占比平均在 50% 以上，但欧元区国家中央银行交易对手方实际使用的政府债券在所有在用合格抵押品中的占比偏低，并且远低于信贷权益、资产支持证券等高风险资产的占比。因此，2008 年国际金融危机之后，欧洲中央银行抵押品池中的在用合格抵押品结构发生了明显的变化，高风险资产占比显著提高，而安全资产占比始终偏低，表明欧洲中央银行资产负债表吸收了更多的高风险资产。

3.2.4　欧洲中央银行抵押品折扣率的决定因素和分类现状

2022 年 5 月 2 日，欧洲中央银行颁布的新指南（ECB/2022/18）对欧元体系货币政策框架的估值折扣率进行了修正。欧洲中央银行关于抵押品折扣率的划分依据主要是合格抵押品的流动性状况，不同流动性分类适用的折扣率不同。因此，抵押品的流动性分类也被称为折扣率分类。2008 年之后，欧洲中央银行对合格抵押品的流动性分类进行了调整。

现有研究表明，欧洲中央银行抵押品框架很少对抵押品折扣率进行调整，即使调整也存在调整滞后的问题。根据国际金融危机期间和欧债危机期间欧洲中央银行抵押品框架估值折扣率的变化情况可知，欧洲中央银行在

2008 年 10 月及随后几个月通过调整其抵押品框架迅速对金融危机作出反应，但最初对抵押品折扣率的调整幅度较小，调整幅度普遍在 10% 以内（Nyborg，2016b）。数据显示，欧洲中央银行在 2008 年 10 月 25 日至 2010 年 12 月 31 日、2011 年 1 月 1 日至 2013 年 9 月 30 日、2013 年 10 月 1 日至 2015 年 1 月 31 日、2020 年 4 月之后对部分抵押品折扣率进行了调整，具体如下：

（1）2008 年 10 月 25 日至 2010 年 12 月 31 日：①固定利率和零息市场化债务工具。对信用评级为 AAA～A－的无担保信用机构债务工具（无担保银行债券）按照流动性排序从之前的第 3 类调整为第 4 类，分类序数越高，流动性越低（流动性分类排序为第 1 至第 5 类），并且折扣率调增 5%；信用评级为 BBB＋～BBB－的所有市场化资产折扣率统一增加 5%；ABS 按照流动性从之前的第 4 类调整为第 5 类，且折扣率由原来的 2%～18% 统一调整为 12%；以日元、英镑和美元计价的外币抵押品折扣率相对于同类欧元抵押品折扣率额外增加 8%；银行等信用机构发行的债务工具且在非监管市场交易的合格抵押品折扣率调增 5%；有担保的次级债务工具折扣率调增 10%，如果通过理论价格计算该抵押品的市场价值，折扣率再额外增加 5%。②信贷权益等非市场化债务工具。由于 2008 年 10 月 25 日欧洲中央银行将合格抵押品信用评级标准统一降低至 BBB－，信用评级在 BBB＋～BBB－的固定利率信贷权益、可变利率信贷权益折扣率统一调增 5%。AAA～A－信用评级的居民住房抵押贷款支持工具（RMBS）折扣率并未发生变化，依然为 20%。准备金定期存款（Fixed－term Deposits with Eurosystem）折扣率为零。欧洲中央银行关于上述合格抵押品折扣率调整的内容除了流动性分类调整和无担保信用机构债务折扣率调增 5% 属于一般抵押品框架调整的具体内容外，其他内容都为临时抵押品框架调整。

（2）和 2008 年 10 月 25 日至 2010 年 12 月 31 日的抵押品折扣率调整相比，欧洲中央银行在 2011 年 1 月 1 日至 2013 年 9 月 30 日对抵押品折扣率的调整发生如下变化：①固定利率和零息市场化债务工具。欧洲中央银行对处于流动性第 3 类和第 4 类的抵押品种类和折扣率进行了调整。其中，信用评级在 AAA～A－的第 3 类和第 4 类抵押品折扣率最大调增幅度为 3%。信用评级在 BBB + ~ BBB – 的第 2、第 3 和第 4 类抵押品的折扣率按照剩余期限进行了更为细致的分类；剩余期限在 1 年以内的固定利率中央政府债务工具和中央银行债务工具折扣率最低，为 5.5%；剩余期限在 10 年以上的无担保信用机构零息债券、非银行金融企业零息债务工具折扣率最高，为 46%；信用评级在 AAA ~ A – 的商业不动产资产支持证券折扣率为 16%，调增 4%。从 2012 年 6 月 29 日开始，信用评级在 BBB + ~ BBB – 的商业不动产资产支持证券折扣率为 32%；以英镑和美元计价的市场化抵押品折扣率调增为 16%，以日元计价的市场化抵押品折扣率调增为 26%。②信贷权益等非市场化债务工具。固定利率信贷权益折扣率的调增幅度在不同剩余年限之间的差异较大，10 年以内的折扣率调增幅度为 1% ~ 10%，而 10 年以上的固定利率信贷权益折扣率调整幅度约为 18.5%；居民住房抵押贷款支持工具从 20% 调增至 24%。③欧债危机中心国家主权债折扣率难以覆盖其高风险。欧债危机期间，希腊和塞浦路斯是受欧债危机冲击最为严重的国家。按照当时惠誉、标准普尔和穆迪的信用评级，这些国家的主权评级很多年都处在欧洲中央银行抵押品框架的最低信用评级之下，但欧洲中央银行抵押品框架在 2010 年之后豁免了希腊和塞浦路斯的合格抵押品最低信用评级标准。很多低于欧洲中央银行抵押品框架最低信用评级门槛的高风险、低流动性抵押品折扣率应该为 100%，但也被纳入欧洲中央银行抵押品框架。以希腊和塞浦路斯为例，2012 年 12 月 21 日，由希腊政府担保的希腊政府债券在欧洲中央银行抵押品框架中的折扣率为 15% ~ 71%，而 2013 年 5 月 9 日之后的塞浦路斯政府债券折扣率为 23% ~ 81%。因此，高风险的希腊主权债和塞浦路斯主权债即使信用评级低于欧洲中央银行抵押品框架设定的最低信用评级，也同样具备欧洲中央银行抵押品资格，但折扣率难以覆盖两国主权债内在的高风险特征。

（3）欧洲中央银行在 2013 年 10 月 1 日至 2015 年 1 月 31 日对抵押品折扣率的调整较为复杂，无论是固定利率、零息市场化债务工具还是信贷权益，不同剩余期限的合格抵押品折扣率同时存在调增和调减的情形。2020 年新冠疫情的暴发导致欧洲中央银行放松了与疫情相关抵押品的折扣率标准。2020 年 4 月 7 日，欧洲中央银行管理委员会决定暂时提高其货币政策信贷操作的风险承受能力，将抵押品估值折扣率普遍降低 20%，这一临时抵押品宽松政策在 2022 年 7 月至 2024 年 3 月之间逐步退出。

综上所述，可以发现，第一，国际金融危机之后，欧洲中央银行抵押品框架对抵押品折扣率的调整频率较高，但调整幅度较小，调整幅度普遍在 10% 以内，平均而言可能难以覆盖低质量、高风险抵押品的违约风险；第二，由于欧洲中央银行倾向于救助受欧债危机冲击比较严重的欧元区国家，对高风险主权债设置了较低的折扣率，因此难以覆盖欧债危机国家主权债的高风险。

3.3　中国人民银行抵押品框架基本内容和改革实践

3.3.1　中国人民银行创新型货币政策

2013 年之后，中国货币政策框架在从数量型货币政策调控向价格型货币政策调控过渡的同时，更加注重结构性货币政策的经济效应。但与发达经济体中央银行不同，中国人民银行货币政策框架发生变化的背景为货币政策传导不畅导致的流动性结构性短缺。为应对基础货币投放渠道转变带来的流动性结构性缺口，中国人民银行自 2012 年以来对货币政策及其抵押品框架进行了多次创新和改革，目的在于疏通货币政策传导机制，引导资金流向国民经济薄弱环节和重点支持领域。如图 3 - 23 所示，2014 年之后，随着外汇占款的下降，中国人民银行创新并积极使用了再贷款、再贴现等传统货币政策工具以及常备借贷便利、中期借贷便利、抵押补充贷款和定向中期借贷便利等新型货币政策工具。中国人民银行资产负债表中对存款性公司（商业银行）的债权显著增加，表明我国货币当局投放基础货币的渠道发生显著变化。中国人民银行资产负债表数据显示，截至 2022 年 8 月，中国人民银行对存款性公司（商业银行）的债权高达 117690.14 亿元。

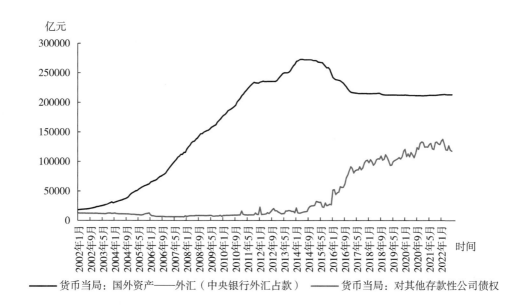

图 3 - 23　2002 年 1 月至 2022 年 8 月中国人民银行资产负债表资产结构月度数据

（数据来源：中国人民银行官网）

值得关注的是，中国人民银行新型货币政策工具实施的必要前提是中央银行交易对手方（合格金融机构）需要以合格抵押品作为获取中央银行贷款的担保，目的在于降低中央银行交易对手违约风险带来的中央银行资产负债表受损（Rule，2012；Bindseil，2014）。2014 年之前，中国人民银行抵押品框架中的合格抵押品主要包含国债、政策性金融债、中央银行票据、政府支持机构债券和商业银行债券。随着新型货币政策工具的创新，中国人民银行对抵押品框架进行了改革。

3.3.2　中国人民银行抵押品框架基本内容

美联储和欧洲中央银行等发达经济体中央银行抵押品框架实践表明，中央银行通过公开市场操作和贴现窗口等债权方式供给流动性需要交易对手方提供合格抵押品，以防止道德风险和保障中央银行财产安全。在借鉴国际经验并结合国内经济状况的基础上，中国人民银行于 2012 年底初步建立多层次货币政策抵押品管理框架，并创新了以合格抵押品为基础的常备借贷便利和中期借贷便利等新型货币政策工具。关于中国人民银行抵押品框架概况的具体内容见表 3 - 12。中国人民银行结构性货币政策和抵押品框架也有密切的联系，附录 B 详细描述了中国人民银行部分结构性货币政策工具和传导机制。表 3 - 13 列示了我国 2009—2017 年商业银行市场化资产（债券）投资的分类统计信息。可以看出，在商业银行投资的市场化抵押品中，国债和地方政府债券的占比均值最高，接近 40%；企业债券及其他债券、同业及其他金融机构债券占比较高，占比均值分别为 24.93% 和 21.17%。

表 3 - 12　　　　中国人民银行抵押品框架概况和重要的改革事件

年份	事件	主要内容
2012	抵押品框架确立	中国人民银行初步确立中央银行抵押品框架，合格抵押品主要包含国债、中央银行票据、金融债券等高质量资产
2014	信贷资产质押再贷款试点	2014 年 4 月，中国人民银行首先在广东和山东两省推行信贷资产质押再贷款试点，将符合中央银行内部评级的地方金融机构合格信贷资产纳入中央银行抵押品框架
2015	信贷资产质押再贷款试点	2015 年 9 月，为引导地方金融机构扩大对 "三农"、小微企业信贷投放，降低社会融资成本，中国人民银行决定在上海、天津等九省（市）继续推广信贷资产质押再贷款试点
2015	地方债纳入抵押框架	2015 年 5 月 8 日，财政部、中国人民银行、银监会三部委在《财政部、中国人民银行、银监会关于 2015 年采用定向承销方式发行地方政府债券有关事宜的通知》中明确表示，地方债纳入中央国库现金管理和试点地区地方国库现金管理的抵（质）押品范围，纳入中国人民银行常备借贷便利（SLF）、中期借贷便利（MLF）、抵押补充贷款（PSL）的抵（质）押品范围，纳入商业银行质押贷款的抵（质）押品范围，并按规定在交易所市场开展回购交易
2016	公开市场操作和短期流动性工具抵押品扩容	2016 年 1 月 28 日，政府支持机构债券和商业银行债券被纳入公开市场操作（OMO）和短期流动性调节工具（SLO）质押品范围，并增加邮储银行、平安银行、广发银行、北京银行、上海银行、江苏银行和恒丰银行等七家银行作为 SLO 交易商
2018	中期借贷便利担保品扩容	2018 年 6 月 1 日，中国人民银行抵押品框架得到了进一步扩容，本次扩容的合格担保品包括不低于 AA 级的小微企业、绿色和 "三农" 金融债券，AA +、AA 级公司信用类债券，优质的小微企业贷款和绿色贷款

续表

年份	事件	主要内容
2018	信贷政策支持再贷款和常备借贷便利担保品扩容	2018 年 6 月 28 日，中国人民银行继续调整抵押品框架，决定将不低于 AA 级的小微、绿色和"三农"金融债，AA +、AA 级公司信用类债券、正常类普惠口径小微贷款和绿色贷款等资产纳入信贷政策支持再贷款和常备借贷便利担保品范围
2024	证券、基金、保险公司互换便利	可用质押品包括债券、股票 ETF、沪深 300 成分股和公募 REITs 等，折扣率根据质押品风险特征分档设置。通过这项工具获取的资金只能投向资本市场，用于股票、股票 ETF 的投资和做市。中国人民银行委托特定的公开市场业务一级交易商（中债信用增进公司），与符合行业监管部门条件的证券、基金、保险公司开展互换交易。互换期限为 1 年，可视情展期。互换费率由参与机构招投标确定

资料来源：中国人民银行官网。

　　根据企业预警通数据，截至 2024 年 6 月底，中国工商银行股份有限公司、中国农业银行股份有限公司、中国建设银行股份有限公司、中国银行股份有限公司、中国邮政储蓄银行股份有限公司和交通银行股份有限公司持有的债券抵押品当中，政府债券分别为 96213.55 亿元、105723.50 亿元、75412.74 亿元、51802.90 亿元、1961.82 亿元和 28196.95 亿元，占金融投资总额的比重分别为 74.07%、82.25%、75.99%、69.94%、3.46% 和 70.09%；政策性金融债券分别为 8128.36 亿元、0 亿元、9399.64 亿元、7539.21 亿元、0 亿元和 0 亿元，占金融投资总额的比重分别为 6.26%、9.47%、0、10.18%、0 和 0。图 3 - 24 至图 3 - 27 分别显示了截至 2024 年 6 月底我国 6 家国有商业银行、11 家股份制银行、28 家城市商业银行和 24 家农村商业银行的金融投资（近似于债券抵押品）的数据。图 3 - 24 至图 3 - 27 表明：第一，在国有大型商业银行和农村商业银行的抵押品结构中，国债及地方政府债券抵押品的占比最高，多数在 60% 以上，其中国有大型商业银行国债和地方政府债券占比都比较高。由于农村商业银行吸收了大量的地方政府债券，在农村商业银行抵押品结构中，地方政府债券占比要远高于国债占比。第二，股份制银行和城市商业银行的国债及地方政府债券抵押品整体偏低。具体而言，在 69 家商业银行的金融投资中，国债及地方政府债券抵押品占比在国有银行中最高，6 家国有大型银行有 5 家国债及地方政府债券抵押品的占比在 60% 以上。11 家股份制银行只有 4 家国债及地方政府债券抵押品的占比在 50% 以上。28 家城市商业银行中有 7 家国债及地方政府债券抵押品的占比在 50% 以上，3 家在 60% 以上，多数在 40% 以下。在 24 家农村商业银行中，16 家国债及地方政府债券抵押品的占比在 50% 以上，其中 9 家占比 60% 以上，7 家占比 70% 以上。

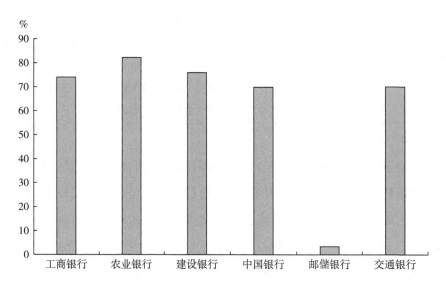

图 3 - 24　截至 2024 年 6 月底国有银行国债及地方政府债券占比

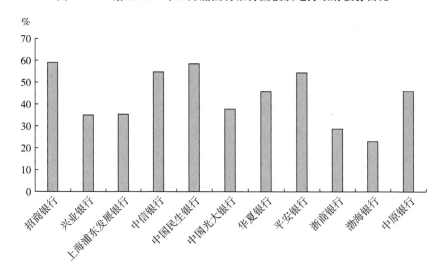

图 3 - 25　截至 2024 年 6 月底股份制商业银行国债及地方政府债券占比

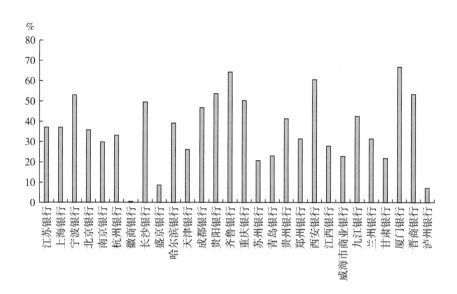

图 3–26　截至 2024 年 6 月底城市商业银行国债及地方政府债券占比

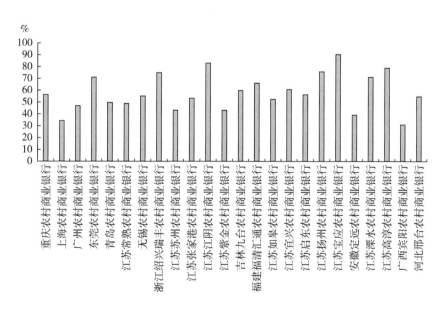

图 3–27　截至 2024 年 6 月底农村商业银行国债及地方政府债券占比

表 3-13   2009—2017 年商业银行市场化资产（债券）投资的分类统计信息

单位：%

债券种类	占比最小值	占比最大值	占比平均值	占总资产比例的平均值
国债及地方政府债券	0	100	39.57	4.85
中央银行票据	0	19.37	1.29	0.19
政策性金融债券	0	78.61	13.04	1.56
企业债券及其他债券	0	100	24.93	2.93
同业及其他金融机构债券	0	100	21.17	2.7

注：样本银行 100 家，其中大型商业银行 6 家，股份制银行 12 家，城市商业银行 53 家，农村商业银行 19 家，外资银行 10 家。

资料来源：邓伟，宋敏，刘敏．借贷便利创新工具有效影响了商业银行贷款利率吗？［J］．金融研究，2021，（11）：60-78．

3.3.3   中国人民银行抵押品框架风险缓释工具

中国人民银行抵押品框架的风险缓释工具主要是折扣率政策或基础抵押率政策。对中央银行票据、国债、政策性金融债等市场化程度或流动性较高的抵押品，中国人民银行更多的是通过抵押品折扣率控制合格抵押品的相关风险。然而，对于流动性较差的信贷资产，除了使用中央银行内部评级系统和抵押品折扣率外，中国人民银行总行及各分行可以根据需要启动抵押品调整机制。抵押品调整机制具体包含三个内容：一是触发点水平设置，二是追加抵押品机制，三是释放或退还抵押品机制。触发点水平设置是指金融机构提交的抵押品评估价值低于或者高于向中国人民银行借用的再贷款本息余额一定水平。触发点水平初步设定为再贷款本息余额的 0.5%，中国人民银行总行可根据触发频率调整触发点水平。追加抵押品机制是指当（再贷款本息余额-抵押品评估价值）/再贷款本息余额≥触发点水平时，中国人民银行总行或分支机构于当日通知金融机构追加抵押品。金融机构应当于当日追加抵押品或偿还部分再贷款本息，使抵押品评估价值-再贷款本息余额>0。若金融机构预先备案了抵押品，则由中国人民银行总行或分支机构于当日冻结相应额度的抵押品。若金融机构未按上述规定响应追加抵押品，则视为违约，中国人民银行总行或分支机构可按照协议处置抵押品。释放或退还抵押品机制是指当（抵押品评估价值－再贷款本息余额）/再贷款本息余额＞触发点水平时，中国人民银行总行或分支机构于当日通知金融机构退还抵押品。金融机构于当日内向中国人民银行总行或分支机构申请退还额外抵押品，或将抵押品保留在预先备案的抵押品池。另外，在再贷款的存续期间，中国人民银行总行或分支机构会不定期地向借款金融机构和托管机构核实抵押品状况，并按需要要求金融机构调整抵押品。根据中国人民银行官网披露的合格抵押品基础抵押率和折扣率数据可以发现：第一，中央银行票据、记账式国债和政策性金融债的折扣率较低，主要是这些资产为市场化资产，流动性高，违约风险较低；第二，中国人民银行对地方债设定的折扣率也偏高，从侧面反映了地方政府债自身的隐性债务风险；第三，由于信贷资产流动性较差，风险较高，中国人民银行对信贷资产设定的折扣率较高，剩余期限在 0 ~ 5 年的信贷资产折扣率为 30%，而剩余年限在 10 年以上的信贷资产折扣率高达 50%；第四，中国人民银行对剩余年限在 0 ~ 5 年的 AAA 级别企业债券和中期票据设定的折扣率都在 10% 以上，其中一般企业发行的 AAA 级债券和中期票据的折扣率高达 20%，和欧洲中央银行同类型抵押品 5% 折扣率相比偏高。

3.4　主要国家中央银行抵押品框架的国际比较

通过以上分析可以发现，中国人民银行、美联储和欧洲中央银行的抵押品框架及其改革存在许多异同点，其中差异点较为显著。

就相同点而言，第一，美联储、欧洲中央银行和中国人民银行的抵押品框架改革最根本的原因都是货币政策传导机制不畅。国际金融危机和欧债危机冲击了美国和欧元区的各类金融市场，导致实体经济面临的信息摩擦和融资约束加剧，传统的货币政策传导机制存在明显阻塞。中国人民银行抵押品框架改革同样是由于以结构性流动性短缺为主要特征的货币政策传导机制不畅，传统的货币政策利率传导渠道和信贷传导渠道难以发挥缓解结构性流动性短缺的重要作用。第二，美联储、欧洲中央银行和中国人民银行的抵押品框架改革都与各国中央银行的货币政策工具尤其是新型货币政策工具存在紧密联系。美联储抵押品框架改革与量化宽松政策（QE）、定期拍卖工具（TAF）、一级交易商信贷便利（PDCF）、定期证券借贷便利（TSLF）、中央银行流动性互换（CBLS）和公司信贷便利（CCF）等新型货币政策工具密切相关；欧洲中央银行抵押品框架改革与长期再融资操作（LTRO）和定向长期再融资操作（TLTRO）密切相关，并且欧洲中央银行长期再融资操作和定向长期再融资操作的规模及频率都达到了历史空前；中国人民银行抵押品框架改革和中期借贷便利（MLF）、常备借贷便利（SLF）、抵押补充贷款（PSL）等新型货币政策工具密切相关。

就不同点而言，第一，抵押品框架类型。中国人民银行和美联储实行的是多层次抵押品框架，欧洲中央银行实行的是单一层次抵押品框架。欧洲中央银行单一层次抵押品管理框架有其历史原因和地域原因。欧洲中央银行负责欧盟欧元区的金融及货币政策，需要在保持市场中性的情况下考虑欧元区各个国家的金融资产结构。如果欧洲中央银行执行多层次抵押品框架则需要管理来自各个国家的合格抵押品，会增加自身的管理负担，而建立单一抵押品池的单一层次抵押品框架可以简化欧洲中央银行的抵押品管理制度，提高流动性供给的及时性和灵活性。然而，单一层次抵押品框架存在道德风险和逆向选择的问题，即中央银行合格交易对手方（金融机构）倾向于使用低质量、流动性差的金融资产向中央银行抵押获取流动性，不利于欧洲中央银行的风险管理和资产负债表安全。考虑到单一层次抵押品框架存在的道德风险和逆向选择问题，中国人民银行和美联储实行了多层次抵押品管理框架。

第二，抵押品框架改革背景和目标。美联储和欧洲中央银行抵押品框架改革背景和危机密切相关。由于受到国际金融危机的影响，美联储在创新货币政策工具的同时对抵押品框架进行改革，并在新冠疫情期间重启或创新了新的非常规货币政策工具以及潜在的抵押品框架。欧洲中央银行抵押品框架改革主要集中在 2008 年国际金融危机和 2011 年欧债危机期间，并在新冠疫情期间得到进一步强化。中国人民银行抵押品框架改革的背景是基础货币投放渠道发生变化以及流动性结构性短缺，和危机相关性不大。因此，美联储和欧洲中央银行抵押品框架改革的主要目标是通过疏通货币政策传导机制缓解危机对金融市场和实体经济产生的冲击，主要特征是全面缓解金融市场危机，促使经济复苏。中国人民银行抵押品框架改革的主要目标是缓解实体经济结构性部门的流动性结构性短缺现状，增加对小微企业、"三农"和绿色金融领域等国家重大经济领域的信贷投放，降低融资成本，发挥抵押品框架改革的结构性调控作用。

第三，抵押品政策的持续性。中央银行抵押品政策的持续性决定了抵押品框架在疏通货币政策传导机制方面的重要作用。如果抵押品政策是临时性的，可能其重要性会得到削弱。考虑到抵押品框架改革的现实背景，美联储非常规货币政策在 2008 年国际金融危机后和新冠疫情后期逐步退出美联储的货币政策工具箱，这意味着美联储的抵押品政策也会跟随货币政策工具一起退出。因此，美联储抵押品政策都是临时性的，如 PDCF、TAF 和 TALF 等。同样受到国际金融危机和新冠疫情危机的影响，然而欧洲中央银行在国际金融危机期间和欧债危机期间实行的抵押品政策并不全是临时的货币政策框架调整，很多中央银行抵押品政策截至目前依然在使用，比如欧洲中央银行 ACC 框架（Additional Credit Claims），并且在新冠疫情期间欧洲中央银行又将 ACC 框架的合格抵押品范围进行了一次扩容。虽然临时抵押品框架最初被认为是短期存在的、旨在提供额外抵押品以缓解国际金融危机期间金融市场抵押品稀缺状况的"危机框架"，然而这一"临时抵押品框架"在今天仍然有效。

和美联储和欧洲中央银行的抵押品框架改革相比，中国人民银行的抵押品框架改革范围较窄、力度有限，目前只涉及扩大合格抵押品范围、适当降低抵押品的信用评级，中国人民银行并未承担金融市场最后做市商的角色。主要原因在于我国并未受到 2008 年国际金融危机和 2011 年欧洲债务危机的重创，即使新冠疫情危机期间，我国的防疫举措也取得了较大成效，成功控制了新冠疫情的大范围蔓延，降低了新冠疫情对实体经济的冲击。此外，我国的货币政策并未面临零利率下限约束，货币政策利率依然有较大空间，并且中国人民银行抵押品框架改革的主要目的是缓解小微企业、"三农"和绿色金融领域的流动性结构性短缺状况，发挥抵押品框架改革的结构性调控作用。

第四，合格抵押品折扣率。2008 年国际金融危机后，中国人民银行和美联储抵押品框架中的折扣率政策基本不变，欧洲中央银行折扣率政策有变化但变化幅度仍然偏小。

4

中央银行抵押品框架改革效果理论模型

4.1 中央银行抵押品框架改革影响资产价格和信贷供给

4.1.1 基本假设

现有研究关于中央银行抵押品框架改革经济效应的理论模型主要集中于单部门，如 Cassola 和 Koulischer（2019）从商业银行利润最大化的角度研究欧洲中央银行抵押品折扣率对主权债市场利差的影响，王永钦和吴娴（2019）从企业层面使用世代交叠模型研究中央银行抵押品框架改革对企业债券信用利差的影响，但现有学者并未将多个市场同时纳入一个理论模型。因此，本书构建理论模型的难点在于如何将回购市场、同业拆借市场、债券市场和信贷市场同时纳入一个理论分析框架。本书在借鉴现有研究的基础上，创新性地将中央银行政策利率、抵押品折扣率、银行面临的抵押品约束和银行贷款监督程度引入银行利润最大化函数构建理论模型。模型的基本假设条件如下：（1）模型涵盖货币政策操作逆回购市场、再贷款市场、银行间债券市场、同业拆借市场和信贷市场以及中央银行、商业银行和债券发行人三类市场主体。（2）债券发行人（中央政府、地方政府、银行和企业）在银行间市场发行债券，政府发行国债和地方债，银行发行小微、绿色和"三农"等金融债，企业发行企业债和中期票据等，银行使用自有资本（K）、吸收银行存款（D）和同业拆借资金（M）用于投资债券（B），并在信贷市场发放贷款（L），银行自有资本、投资债券和发放贷款的预期报酬率（利率）分别为 r_K、r_B 和 r_L，付出的存款和同业拆借资金成本分别为 r_D 和 r_M，因此对于商业银行而言，投资债券为商业银行的债券需求 B，而发放贷款表示银行的贷款供给 L。（3）银行在面临流动性约束时可以使用已发放的合格信贷资产和已投资债券，向中央银行进行抵押并以一定的折扣率（h）获得中央银行贷款（CB），银行向中央银行付出的再贷款利息成本为 r_{CB}。由于银行可以通过公开市场操作和贴现窗口向中央银行获得流动性，当银行通过公开市场操作向中央银行申请流动性时，r_{CB} 表示逆回购利率、中期借贷便利利率（中国人民银行）或再融资操作利率（欧洲中央银行）；当银行通过贴现窗口向中央银行申请流动性时，r_{CB} 表示再贷款利率（美联储、欧洲中央银行和中国人民银行），合格信贷资产和债券资产对应的折扣率分别为 h_L 和 h_B，折扣率由中央银行设定。（4）银行存款需要缴纳存款准备金，存款准备金率为 α，$0 < \alpha < 1$；合格抵押品折扣率满足 $0 \leqslant h_L \leqslant 100\%$，$0 \leqslant h_B \leqslant 100\%$，不具备抵押品资格的金融资产折扣率为 100%；如果合格抵押品折扣率为 5%，而银行向中央银行申请流动性提供的抵押品市场价值为 100 万元，那么中央银行从 100 万元当中扣除 5%，剩下的 95 万元即为银行获取的流动性。（5）银行贷款利率高于存款利率、同业拆借利率、债券收益率、再贷款利率（逆回购利率）和自有资本报酬率。同时，本书基于货币政策传导机制（戴赜和冯时，2018；林梦瑶，2018）的利率期限结构理论，将模型参数大小设定为政策利率小于货币市场利率小于债券市场利率小于信贷市场利率。因此，模型参数需要满足 $r_L > r_D > 0$，$r_L > r_B > r_M > r_{CB} > 0$，$r_K > 0$。（6）鉴于银行管理存贷款、债券投资和自有资本需付出一定成本，本书借鉴段志明（2017）的研究，将管理成本设定为 $C = C(L, B, D, K)$，且该函数严格凸，二阶连续可导。因此，管理成本 C 关于 L, B, D, K 的一阶、二阶导数均大于 0。（7）鉴于银行作为吸收风险的金融主体（郭红玉等，2022），银行在增加信贷的同时可能发生信用下沉，导致坏账率上升。因此，除管理成本以外，模型还需要考虑贷款违约或坏账对银行利润函数的影响。本书借鉴 D–L–M 模型的相关研究内容（Dell'Ariccia 等，2010），将与银行风险承担相关的银行贷款监督程度（q）引入银行利润最大化函数，其中单位贷款的监督成本 $C(q) = \dfrac{cq^2}{2}$，其中 $q \in [0, 1]$，$c > 0$；银行对贷款的监督程度和贷款风险（坏账率）密切相关，如果银行对贷款的监督程度越高，贷款收回的可能性越大，因而坏账率就越低。因此，银行对贷款的监督程度与贷款风险负相关。（8）企业或政府发行债券的供给量与债券到期收益率呈反比例关系，即 $B_{Supply} = \theta - \gamma r_B$；$\theta, \gamma > 0$。在债券市场均衡条件下，债券需求等于债券供给，即 $B = B_{Supply} = \theta - \gamma r_B$。（9）信贷需求函数为 $L_{Demand} = a - b r_L$；$a, b > 0$，信贷市场均衡时，信贷供给 = 信贷需求，即 $L = L_{Demand} = a - b r_L$。

4.1.2 理论模型

基于以上设定和银行利润最大化目标构建理论模型，具体如下：

$$Max\pi \tag{4.1}$$

$$\pi = \left(qr_L - \frac{cq^2}{2}\right)L(r_L) + r_B B - r_D D - r_M M - r_{CB} CB - r_K K - C(L,B,D,K) \tag{4.2}$$

$$B + L = M + D(1 - \alpha) + CB + K \tag{4.3}$$

$$CB = L(r_L)(1 - h_L) + B(1 - h_B) \tag{4.4}$$

$$\frac{\partial C}{\partial L}, \frac{\partial C}{\partial B}, \frac{\partial C}{\partial D}, \frac{\partial C}{\partial K} > 0; \frac{\partial^2 C}{\partial L^2}, \frac{\partial^2 C}{\partial B^2}, \frac{\partial^2 C}{\partial D^2}, \frac{\partial^2 C}{\partial K^2} > 0 \tag{4.5}$$

$$C(q) = \frac{cq^2}{2}, q \in [0,1], c > 0 \tag{4.6}$$

$$B_{Supply} = \theta - \gamma r_B, \gamma > 0 \tag{4.7}$$

$$L_{Demand} = a - b r_L, a,b > 0 \tag{4.8}$$

（4.1）式表示银行利润最大化目标，（4.2）式为银行利润表达式。关于（4.2）式中的 $\left(qr_L - \frac{cq^2}{2}\right)L(r_L)$ 需要进一步解释。首先，第一项 $qr_L L(r_L) = r_L L(r_L) - (1-q) r_L L(r_L)$，表示银行对贷款有效监督后获得的贷款净收益[①]。进一步拆分后，$r_L L(r_L)$ 表示不考虑坏账情形下银行发放贷款的总收益（$q = 1$），$(1 - q) r_L L(r_L)$ 表示银行未有效监督情形下产生的坏账损失（$q < 1$），因此 $r_L L(r_L) - (1-q) r_L L(r_L)$ 为银行发放贷款的净收益。其次，银行对贷款监督会产生类似于管理成本的监督成本[②]。根据前文设定 $C(q) = \frac{cq^2}{2}$ 表示银行单位贷款的监督成本，因此银行对贷款 $L(r_L)$ 实施监督的贷款监管总成本

[①] 贷款净收益区别于贷款净利润，前者并未从贷款总收益中扣除存款成本、同业拆借资金成本、中央银行借款成本等负债端成本以及自有资金成本。

[②] 实际上贷款监督成本 $\frac{cq^2}{2}L(r_L)$ 也可以纳入管理成本函数 $C(L,B,D,K)$，两种形式的贷款监督成本表达式不影响本书的模型推论。如果设定管理成本函数形式为二次函数，则 $C(L,B,D,K) = \frac{\beta_1 L^2 + \beta_2 B^2 + \beta_3 D^2 + \beta_4 K^2 + \beta_5 q^2}{2}$，其中 $\beta_i > 0, i = 1,2,3,4,5$。

为 $\frac{cq^2}{2}L(r_L)$。模型的第一个约束条件为（4.3）式，表示银行使用银行存款、同业拆借资金、中央银行再贷款和自有资本投资银行间债券和发放贷款。模型中的（4.4）式为银行面临的抵押品约束条件，表示银行在面临流动性约束时可以使用合格抵押品向中央银行进行抵押获取再贷款，由中央银行设定合格抵押品的折扣率。h_L 和 h_B 表示中央银行设定的合格信贷资产和债券资产折扣率，当将合格金融资产纳入中央银行抵押品框架时，h_L 和 h_B 均小于 100%，否则 h_L 和 h_B 均等于 100%。另外，由于银行未能有效监督贷款产生的贷款坏账折扣率为 100%[①]，（4.4）式等号右边的贷款 $L(r_L)$ 前未乘以贷款监督程度 q。模型中的（4.5）式表示银行管理成本的一阶导数和二阶导数大于 0。模型中的（4.6）式表示银行单位贷款监督成本。（4.7）式和（4.8）式分别表示债券供给和信贷需求。

考虑到商业银行抵押品约束是理论模型基本假设的核心内容，需要对（4.4）式进行更为细致的阐述和解释。严格来讲，（4.4）式的准确表达式应为 $CB \leqslant L(r_L)(1 - h_L) + B(1 - h_B)$，为了简便，模型推导过程中（4.4）式取"等号"。本章在借鉴 Bindseil（2014）资产负债表理论的基础上对 $CB \leqslant L(r_L)(1 - h_L) + B(1 - h_B)$ 进行解释，具体如下：（1）考虑一家拥有 n 种不同类型金融资产的代表性商业银行，总资产标准化为 1。（2）每种类型金融资产在代表性商业银行总资产中的占比为 A_i，$\sum_{i=1}^{n} A_i + RR = 1$，其中 RR 表示代表性商业银行在中央银行准备金账户的存款，即准备金。（3）每种类型资产的折扣率为 h_i，$\sum_{i=1}^{n} h_i = 1$，$1 \leqslant i \leqslant n$，并且 i 取整数。（4）中央银行有权决定 n 种不同类型金融资产当中哪些金融资产具备合格抵押品资格，并且决定了折扣率 h_i；假设 n 种不同类型金融资产都具备合格抵押品资格。（5）代表性商业银行通过吸收公众存款和金融市场融资 D 以及向中央银行借款获得资金来源，其中金融市场融资和向中央银行借款都需要抵押

---

① 银行未能有效监督贷款产生的贷款坏账折扣率为 100% 的原因在于中央银行不可能允许商业银行将已经违约的贷款向其抵押。

品。那么，根据商业银行资产 = 负债 + 所有者权益，可得 $\sum_{i=1}^{n} A_i + RR - D \leqslant \sum_{i}^{n} A_i(1-h_i)$，等价于 $CB \leqslant L(r_L)(1-h_L) + B(1-h_B)$，即代表性商业银行向中央银行的借款不能超过扣除折扣率后的抵押品价值。关于 $\sum_{i=1}^{n} A_i + RR - D \leqslant \sum_{i}^{n} A_i(1-h_i)$，可通过表 4-1 进行理解。Cassola 和 Koulischer（2019）同样借鉴了 Bindseil（2014）在第 9 章和第 12 章的相关内容构建了抵押品框架改革的理论模型，但该理论模型构建的代表性商业银行利润最大化函数较为特殊，对商业银行成本使用了对数函数，某种程度上不具备一般性。

表 4-1 代表性商业银行资产负债表与合格抵押品运用分析

代表性商业银行			
资产类型 1	A_1	存款／金融市场融资	D
资产类型 2	A_2		
资产类型 3	A_3	向中央银行借款	$\sum_{i=1}^{n} A_i + RR - D$
资产类型…	…		
资产类型 n	A_n		
存款准备金	RR		

综上所述，将（4.3）式和（4.4）式代入（4.2）式消除 CB 和 M，经过简单整理，结果如下：

$$qr_L = \frac{c q^2}{2} + r_M + (r_{CB} - r_M)(1-h_L) + \frac{\partial C(L,B,D,K)}{\partial L} \quad (4.9)$$

$$r_B = r_M + (r_{CB} - r_M)(1-h_B) + \frac{\partial C(L,B,D,K)}{\partial B} \quad (4.10)$$

$$r_D = (1-\alpha) r_M - \frac{\partial C(L,B,D,K)}{\partial D} \quad (4.11)$$

$$r_K = r_M - \frac{\partial C(L,B,D,K)}{\partial K} \quad (4.12)$$

$$q = \frac{r_L}{c} \quad (4.13)$$

已知企业或政府发行债券的供给量与债券到期收益率呈反比例关系，即

$$B_{Supply} = \theta - \gamma\, r_B; \theta, \gamma > 0$$

在债券市场均衡条件下，债券需求 B 等于债券供给 B_{Supply}，即

$$B = B_{Supply} = \theta - \gamma\, r_B; \theta, \gamma > 0$$

即

$$\frac{\partial B}{\partial r_B} = \frac{\partial B_{Supply}}{\partial r_B} = -\gamma < 0 \qquad (4.14)$$

根据（4.10）式、（4.14）式、（4.5）式以及 $r_{CB} < r_M$ 可得

$$\frac{r_B}{h_B} = \frac{-(r_{CB} - r_M)}{1 - \dfrac{\partial^2 C(L,B,D,K)}{\partial B^2}\dfrac{\partial B}{\partial r_B}} = \frac{-(r_{CB} - r_M)}{1 + \gamma\dfrac{\partial^2 C(L,B,D,K)}{\partial B^2}} > 0 \quad (4.15)$$

（4.15）式表明，当中央银行将合格债券资产的折扣率降低时，债券资产的收益率降低。如果中央银行将企业债券资产纳入其抵押品框架，意味着企业债券资产的折扣率从 100% 降至 100% 以下，企业债券的到期收益率（信用利差或发行利差）会随之下降，企业融资成本会下降。因此，本书第5章结合国内外中央银行将债券资产纳入抵押品框架这一事件，并通过国内外的数据对模型推导结果进行验证。

除了研究中央银行抵押品框架改革对债券市场的影响，本书进一步分析中央银行将信贷资产纳入其抵押品框架是否能够显著降低商业银行的贷款利率，增加信贷供给；或者从企业的角度来看，中央银行将企业贷款纳入其抵押品框架是否能够显著降低企业的融资成本，并增加企业的信贷可获得性。此外，中央银行会倾向于将小微企业和"三农"等某一特定领域的资产纳入其抵押品框架，以缓解小微企业和"三农"领域等结构性部门的流动性短缺和高融资成本问题。因此，本书通过理论模型和实证环节对中央银行抵押品框架的结构性功能进行验证。

将（4.13）式代入（4.9）式，得

$$r_L = \sqrt{2c\left(r_M + (r_{CB} - r_M)(1 - h_L) + \frac{\partial C(L,B,D,K)}{\partial L}\right)} \qquad (4.16)$$

信贷市场均衡条件下，信贷供给等于信贷需求，即

$$L = L_{Demand} = a - b\,r_L; a, b > 0 \qquad (4.17)$$

将（4.17）式代入（4.16）式，然后左右两边对 h_L 求偏导，结果如下：

$$\frac{\partial r_L}{\partial h_L} = \frac{c\left(-(r_{CB} - r_M) + \frac{\partial^2 C}{\partial L^2}\frac{\partial L_{Demand}}{\partial r_L}\frac{\partial r_L}{\partial h_L}\right)}{\sqrt{2c\left(r_M + (r_{CB} - r_M)(1 - h_L) + \frac{\partial C(L,B,D,K)}{\partial L}\right)}} \qquad (4.18)$$

由于 $\frac{\partial L_{Demand}}{\partial r_L} = \frac{\partial L}{\partial r_L} = -b$，$\sqrt{2c\left(r_M + (r_{CB} - r_M)(1 - h_L) + \frac{\partial C(L,B,D,K)}{\partial L}\right)} >$

0，$r_{CB} - r_M < 0$，$c > 0$，$b > 0$，$\frac{\partial^2 C}{\partial L^2} > 0$，则

$$\frac{\partial r_L}{\partial h_L} = \frac{-(r_{CB} - r_M)}{\left(\frac{\sqrt{2c(r_M + (r_{CB} - r_M)(1 - h_L) + \frac{\partial C(L,B,D,K)}{\partial L})}}{c} + b\frac{\partial^2 C}{\partial L^2}\right)} > 0$$

$$(4.19)$$

$\frac{\partial r_L}{\partial h_L} > 0$ 背后的理论逻辑在于当折扣率 h_L 降低时，商业银行获得大规模成本较低的中央银行再贷款，降低了商业银行发放贷款的利率。

又 $\frac{\partial L}{\partial h_L} = \frac{\partial L}{\partial r_L}\frac{\partial r_L}{\partial h_L}$，信贷市场均衡条件下，$\frac{\partial L}{\partial r_L} = -b < 0$，因此满足银行利润最大化的贷款供给与合格抵押品折扣率的关系如下：

$$\frac{\partial L}{\partial h_L} = \frac{\partial L}{\partial r_L}\frac{\partial r_L}{\partial h_L} = \frac{b(r_{CB} - r_M)}{\left(\frac{\sqrt{2c(r_M + (r_{CB} - r_M)(1 - h_L) + \frac{\partial C(L,B,D,K)}{\partial L})}}{c} + b\frac{\partial^2 C}{\partial L^2}\right)} < 0$$

$$(4.20)$$

（4.20）式表明，当折扣率 h_L 下降时，商业银行信贷供给增加。其背后的理论逻辑在于当合格信贷资产折扣率下降时，银行使用合格抵押品向中央银行抵押可获取大规模的低成本资金。在利润最大化的目标驱使下，商业

银行增加贷款规模的动机增强。更进一步,当将合格信贷资产纳入中央银行抵押品管理框架时,h_L 从 100% 变为小于 100%,$\Delta h_L < 0$,银行贷款供给增加。同样,如果将中央银行将小微企业贷款纳入其抵押品框架也会增加商业银行的小微企业信贷供给,并降低小微企业的信贷融资成本。关于中央银行将小微企业贷款纳入其抵押品框架对小微企业信贷供给和信贷融资成本的模型推导与(4.19)式和(4.20)式一样。

关于(4.15)式、(4.19)式和(4.20)式,本书第 3 章给予了充分解释,即中央银行将合格信贷资产纳入其抵押品框架会通过合格抵押品资格溢价渠道和结构化渠道分别影响银行贷款利率和信贷供给。(4.15)式和(4.19)式背后的合格抵押品资格溢价渠道是指当某一类资产具备中央银行抵押品框架的抵押品资格时($\Delta h_L < 0$),该资产的吸引力增强,相对价格上升,相对收益率下降($\Delta r_L < 0$)。中央银行将合格信贷资产纳入抵押品框架带来抵押品资格溢价,具体包含合格抵押品信用溢价和流动性溢价两个部分。将合格的企业信贷资产纳入中央银行抵押品框架,本质上是中央银行为银行发放的企业贷款进行信用背书和增信,会降低银行企业贷款利率中的信用溢价;同时,将合格的企业信贷资产纳入中央银行抵押品框架提高了合格信贷资产的流动性,会降低企业贷款利率中的流动性溢价。因此,企业贷款利率中信用溢价和流动性溢价补偿会降低银行发放的企业贷款利率。(4.20)式背后的合格抵押品结构化渠道是指中央银行将企业信贷资产纳入抵押品框架一方面会提高该类资产的可抵押性,直接增加银行等交易对手方创造企业信贷资产并将其保留在其资产负债表上的意愿;另一方面会增加合格企业信贷资产在总资产中的结构占比,从而增加银行信贷供给($\Delta L > 0$)。

现有研究表明,银行即使拥有合格抵押品可能也不愿意向中央银行申请再贷款(Furfine,2001),贴现窗口存在"污名效应"。贴现窗口"污名效应"的原因在于:第一,有偿付能力的稳健银行因为担心被发现使用贴现窗口融资,可能被市场参与者视为财务脆弱,因此不愿通过贴现窗口融资(Bernanke,2009;Anbil,2018);第二,由于中央银行是最后贷款人,又是监管者,借款银行可能担心通过贴现窗口借款向中央银行发出负面信号

（Olivier 和 Holt，2020）。国际金融危机期间，由于商业银行依赖美联储贴现窗口解决融资需求的动机较弱（Armantier 等，2015；Gorton 和 Metrick，2013），美联储创立了完全适用于贴现窗口担保品框架的定期拍卖工具（TAF）。因此，将合格信贷资产纳入中央银行抵押品框架增加银行信贷供给的前提是银行有动机使用合格信贷资产向中央银行进行抵押以获取充足流动性。除了"污名效应"以外，如果银行自身持有大量的国债、中央银行票据和金融债等高质量合格抵押品，中央银行将合格信贷资产纳入抵押品框架可能并不会增加银行信贷供给。将合格信贷资产纳入中央银行抵押品框架是否会通过银行向中央银行借款这一机制增加银行信贷供给呢？

由（4.20）式 $\frac{\partial L}{\partial h_L} < 0$ 可得贷款供给 L 是折扣率 h_L 的函数，即 $L = L(h_L)$。将该式代入（4.4）式，然后两边对 h_L 求偏导，可得

$$\frac{\partial CB}{\partial h_L} = \frac{\partial L}{\partial h_L}(1 - h_L) - L =$$

$$\frac{q(r_{CB} - r_M)(1 - h_L)}{\left(\dfrac{\sqrt{2c\left(r_M + (r_{CB} - r_M)(1 - h_L) + \dfrac{\partial C(L,B,D,K)}{\partial L}\right)}}{c} + b\dfrac{\partial^2 C}{\partial L^2} \right)} - L < 0$$

$$(4.21)$$

即当折扣率 h_L 下降时，$\Delta h_L < 0$，银行向中央银行借款增加。

本书在模型设定中引入了坏账率成本，背后的合理性在于中央银行抵押品框架改革促进银行增加信贷供给，也可能使银行面临信用下沉，坏账率增加，导致银行风险承担水平上升。进一步分析，将合格信贷资产纳入中央银行抵押品框架本质上是中央银行为银行发放的贷款（含低质量贷款）进行信用背书和增信，这种信用担保可能诱发商业银行的冒险动机，产生道德风险。对于中央银行抵押品框架改革增加银行风险承担的结论也可以通过理论模型进行推导。由（4.13）式可得

$$\frac{\partial q}{\partial h_L} = \frac{1}{c}\frac{\partial r_L}{\partial h_L} =$$

$$\frac{-(r_{CB}-r_M)}{c\left(\dfrac{\sqrt{2c\left(r_M+(r_{CB}-r_M)(1-h_L)+\dfrac{\partial C(L,B,D,K)}{\partial L}\right)}}{c}+b\dfrac{\partial^2 C}{\partial L^2}\right)}>0$$

$$(4.22)$$

从（4.22）式可以看出，银行对贷款的监督程度与折扣率呈正相关，即当中央银行将合格信贷资产纳入其抵押品框架之后（折扣率从100%变为小于100%），银行对发放贷款的监督程度下降，风险承担水平上升。

综上所述，通过以上模型可以得出以下结论：第一，中央银行将合格债券资产纳其抵押品框架会显著降低债券到期收益率（债券发行利差或债券信用利差）；第二，中央银行将合格信贷资产纳入中央银行抵押品框架会显著降低贷款利率；第三，中央银行将合格信贷资产纳入中央银行抵押品框架会显著增加银行信贷供给；第四，中央银行将合格信贷资产纳入抵押品框架会通过银行向中央银行借款这一机制增加银行信贷供给，降低信贷融资成本。

4.2　中央银行抵押品框架改革影响商业银行流动性创造

4.2.1　理论逻辑

尽管并未有学者直接研究中央银行抵押品框架的流动性创造效应，但银行的期限转换角色提供了新视角和新思路。具体而言，银行流动性创造是指银行将非流动性资产转换为流动性负债的行为，本质上是中长期非流动性资产和短期流动性负债在期限上的转换，即银行将中长期资产转换为短期负债的期限转换行为。Bindseil 等（2017）、Bindseil 和 Lanari（2022）认为中央银行提高抵押品折扣率会降低银行系统承担期限转换角色的能力，导致偏紧的货币环境。Angelo Cuzzola（2023）指出中央银行抵押品框架在形成短期债务和中长期贷款之间的期限错配方面发挥了主要作用。王永钦等（2023）更是在翻译 Singh（2020）经典著作的序言中直接指出随着数量型指标在国际金融危机后成为人们关注的重要维度，抵押品在全球金融市场的流动性创造过程中发挥着越来越重要的作用。因此，上述文献成果为本书从理论模型和实证研究层面探讨中央银行抵押品框架的流动性创造效应奠定了研究基础。

关于中央银行抵押品框架通过何种机制影响银行流动性创造行为需要进一步探讨。鉴于银行流动性创造指标的构建依赖银行资产负债表（Berger 和 Bouwman，2009），现有研究主要从资产端和负债端两个方面探讨银行流动性创造的影响机制，即相关因素会通过影响贷款等非流动性资产和银行存款等流动性负债作用于银行流动性创造（李建军等，2023；田国强和李双建，2020；盛天翔等，2022）。因此，本书认为中央银行抵押品框架会通过资产端影响银行流动性创造，即"资产配置"机制。具体而言，当中央银行将银行信贷资产纳入抵押品框架之后，增信渠道和资产负债表渠道的存在会激励商业银行增加信贷投放（黄振和郭晔，2021；郭红玉和耿广杰，2022a），银行流动性创造水平提高。除了资产端和负债端的影响机制，部分学者发现风险承担成为各类影响因素作用于银行流动性创造的重要渠道（邓伟等，2022；邓向荣和张嘉明，2018）。考虑到货币政策风险承担机制的存在以及中央银行抵押品框架在国际金融危机后被纳入货币政策工具箱（Borio 和 Zhu，2012；Bindseil 等，2017；郭红玉和耿广杰，2022c），风险承担机制可能成为中央银行抵押品框架影响银行流动性创造的另一作用机制。现有研究表明中央银行在扩容抵押品框架时往往将低质量、低评级的贷款等金融资产作为合格抵押品（王永钦和吴娴，2019；Van Bekkum 等，2017），从而激励银行发放低质量、低评级抵押品，提高商业银行的风险承担行为，即中央银行抵押品框架扩容的风险承担机制存在。

4.2.2 模型构建

基于以上分析，本书在借鉴 Bindseil（2014）、Cassola 和 Koulischer（2019）建模思想的基础上，将银行流动性创造指标纳入 Geng 等（2023）与郭红玉和耿广杰（2022b）的模型架构，构建中央银行抵押品框架扩容影响银行流动性创造行为的理论模型，并创新了邓向荣和张嘉明（2018）关于流动性创造的理论模型。和 Geng 等（2023）与郭红玉和耿广杰（2022b）

的理论模型相比，本模型增加的假设条件如下：（1）构造流动性创造指标。借鉴 Berger 和 Bouwman（2009）与邓伟等（2022）的研究，设定银行流动性创造的公式如下：$LC = \frac{1}{2}(L - B + CB + D(1 - \alpha) - K)$。（2）模型将局部均衡拓展为一般均衡：考虑存款市场、银行间市场、债券市场、贷款市场和资本市场的同时均衡，具体的函数形式设置为存款供给函数 $D_{supply} = \delta + \rho r_D$，其中 $\delta, \rho > 0$；银行间市场资金供给函数 $M_{supply} = m + n r_M$，其中 $m, n > 0$；资本供给函数 $K = p + q r_K$，其中 $p, q > 0$。存款市场、同业拆借市场均衡条件下，代表性商业银行的存款需求等于存款供给，同业拆借资金需求等于供给，即 $D = D_{supply}$，$M = M_{supply}$。（3）重点关注信贷资产具备中央银行抵押品资格的流动性创造效应：考虑到欧元区和我国的金融市场结构以间接融资为主，信贷资产占金融资产的比重较高，本模型研究信贷资产具备中央银行抵押品资格的流动性创造效应。

基于以上假设和银行利润最大化目标构建理论模型，具体如下：

$$\underset{\{L,B,LC,D,K\}}{Max}\left\{ \left(q r_L - \frac{c q^2}{2}\right)L(r_L) + r_B B - r_D D - r_M M - r_{CB} CB - r_K K - C(L,B,D,K)\right\}$$

$$(4.23)$$

$$B + L = M + D(1 - \alpha) + CB + K \qquad (4.24)$$

$$CB = L(r_L)(1 - h_L) + B(1 - h_B) \qquad (4.25)$$

$$\frac{\partial C}{\partial L}, \frac{\partial C}{\partial B}, \frac{\partial C}{\partial D}, \frac{\partial C}{\partial K} > 0; \frac{\partial^2 C}{\partial L^2}, \frac{\partial^2 C}{\partial B^2}, \frac{\partial^2 C}{\partial D^2}, \frac{\partial^2 C}{\partial K^2} > 0 \qquad (4.26)$$

$$C(q) = \frac{1}{2} c q^2, q \in [0,1], c > 0 \qquad (4.27)$$

$$LC = \frac{1}{2}(L - B + CB + D(1 - \alpha) - K) \qquad (4.28)$$

$$B_{Supply} = \theta - \gamma r_B, \theta, \gamma > 0 \qquad (4.29)$$

$$L_{Demand} = a - b r_L, a, b > 0 \qquad (4.30)$$

$$D_{supply} = \delta + \rho r_D, \delta, \rho > 0, \qquad (4.31)$$

$$M_{supply} = m + n r_M, m, n > 0 \qquad (4.32)$$

$$K = p + q\, r_K, p, q > 0 \qquad (4.33)$$

（4.23）式至（4.27）式与 Geng 等（2023）、郭红玉和耿广杰（2022b）的模型等式基本一致，（4.28）式为银行流动性创造指标，（4.29）式至（4.33）式分别表示债券供给函数、贷款需求函数、存款供给函数、同业拆借资金供给函数和资本供给函数。

综上所述，将（4.24）式和（4.25）式代入（4.23）式消除 CB 和 M，并将（4.24）式代入（4.28）式消除 CB 和 $D(1-\alpha)$ 后，等式两边对信贷资产折扣率 h_L 求偏导。经过简单整理，结果如下：

$$q\, r_L = \frac{c\, q^2}{2} + r_M + (r_{CB} - r_M)(1 - h_L) + \frac{\partial C(L,B,D,K)}{\partial L} \qquad (4.34)$$

$$r_B = r_M + (r_{CB} - r_M)(1 - h_B) + \frac{\partial C(L,B,D,K)}{\partial B} \qquad (4.35)$$

$$r_D = (1 - \alpha)\, r_M - \frac{\partial C(L,B,D,K)}{\partial D} \qquad (4.36)$$

$$r_K = r_M - \frac{\partial C(L,B,D,K)}{\partial K} \qquad (4.37)$$

$$q = \frac{r_L}{c} \qquad (4.38)$$

$$\frac{\partial LC}{\partial h_L} = \frac{\partial L}{\partial h_L} - \frac{1}{2}\left(\frac{\partial M}{\partial h_L} + 2\frac{\partial K}{\partial h_L}\right) = \frac{\partial L}{\partial h_L} - \frac{1}{2}\left(\frac{\partial M}{\partial r_M}\frac{\partial r_M}{\partial h_L} + 2\frac{\partial K}{\partial r_K}\frac{\partial r_K}{\partial h_L}\right) \quad (4.39)$$

为从信贷资产具备合格抵押品资格的视角研究中央银行抵押品框架扩容的流动性创造效应，将（4.39）式变换形式后如下：

$$2\frac{\partial LC}{\partial h_L} = 2\frac{\partial L}{\partial h_L} - \left(\frac{\partial M}{\partial h_L} + 2\frac{\partial K}{\partial h_L}\right) = 2\frac{\partial L}{\partial h_L} - \left(\frac{\partial M}{\partial r_M}\frac{\partial r_M}{\partial h_L} + 2\frac{\partial K}{\partial r_K}\frac{\partial r_K}{\partial h_L}\right)$$

$$(4.40)$$

由（4.37）式两边对 h_L 求导可得，$\dfrac{\partial r_M}{\partial h_L} = \dfrac{\partial r_K}{\partial h_L}\left(1 + \dfrac{\partial^2 C(L,B,D,K)}{\partial K^2}\dfrac{\partial K}{\partial r_K}\right)$。由

于 $\dfrac{\partial^2 C(L,B,D,K)}{\partial K^2} > 0, \dfrac{\partial K}{\partial r_K} > 0$ ，所以 $\dfrac{\partial r_M}{\partial h_L}$ 与 $\dfrac{\partial r_K}{\partial h_L}$ 符号相同[①]，即同时大于0、小于0或等于0。（4.32）式和（4.33）式表明，在同业拆借市场和资本市场均衡情形下，$\dfrac{\partial M}{\partial r_M} = \dfrac{\partial M_{Supply}}{\partial r_M} = n > 0$ ，$\dfrac{\partial K}{\partial r_K} = q > 0$ 。因此，为判断 $\dfrac{\partial LC}{\partial h_L}$ 的符号，只需要判断 $2\dfrac{\partial L}{\partial h_L}$ 和 $(\dfrac{\partial M}{\partial r_M}\dfrac{\partial r_M}{\partial h_L} + 2\dfrac{\partial K}{\partial r_K}\dfrac{\partial r_K}{\partial h_L})$ 的大小。若 $2\dfrac{\partial L}{\partial h_L} < 0$ ，$(\dfrac{\partial M}{\partial r_M}\dfrac{\partial r_M}{\partial h_L} + 2\dfrac{\partial K}{\partial r_K}\dfrac{\partial r_K}{\partial h_L}) > 0$ ，则 $\dfrac{\partial LC}{\partial h_L} < 0$ ；若 $2\dfrac{\partial L}{\partial h_L} > 0$ ，$(\dfrac{\partial M}{\partial r_M}\dfrac{\partial r_M}{\partial h_L} + 2\dfrac{\partial K}{\partial r_K}\dfrac{\partial r_K}{\partial h_L}) < 0$ ，则 $\dfrac{\partial LC}{\partial h_L} > 0$ 。具体如下：

第一，判断 $(\dfrac{\partial M}{\partial r_M}\dfrac{\partial r_M}{\partial h_L} + 2\dfrac{\partial K}{\partial r_K}\dfrac{\partial r_K}{\partial h_L})$ 和0的大小。首先，一种直观的理解在于：银行间同业拆借市场是纯粹的信用拆借，不涉及抵押品，而银行自有资本不具备合格抵押品资格。因此，r_M、r_K 与信贷资产折扣率 h_L 没有关系，此时 $\dfrac{\partial r_M}{\partial h_L} = \dfrac{\partial r_K}{\partial h_L} = 0$ 。其次，考虑到代表性银行可以从中央银行、银行同业拆借市场获得资金，且 $r_{CB} < r_M$ ，如果代表性银行从中央银行获得较多基于抵押品的低利率（r_{CB}）贷款，会降低银行对同业拆借资金的需求。因此，当中央银行降低信贷资产的折扣率时，代表性银行会有动机向中央银行抵押信贷资产以获取更多的准备金，从而降低对银行同业拆借资金的需求，导致 r_M 下降，即 $\dfrac{\partial r_M}{\partial h_L} > 0$ ，进而 $\dfrac{\partial r_K}{\partial h_L} > 0$ 。综上所述：

$$\dfrac{\partial r_M}{\partial h_L} \geq 0, \dfrac{\partial r_K}{\partial h_L} \geq 0, (\dfrac{\partial M}{\partial r_M}\dfrac{\partial r_M}{\partial h_L} + 2\dfrac{\partial K}{\partial r_K}\dfrac{\partial r_K}{\partial h_L}) \geq 0 \tag{4.41}$$

第二，判断 $\dfrac{\partial L}{\partial h_L}$ 和0的大小。将（4.34）式代入（4.30）式，得

---

① 由（4.26）式、（4.32）式、（4.36）式可以得出 $\dfrac{\partial r_M}{\partial h_L}$、$\dfrac{\partial r_K}{\partial h_L}$ 和 $\dfrac{\partial r_D}{\partial h_L}$ 符号相同。

$$r_L = \sqrt{2c(r_M + (r_{CB} - r_M)(1 - h_L) + \frac{\partial C(L,B,D,K)}{\partial L})} \tag{4.42}$$

信贷市场均衡条件下，贷款供给等于贷款需求，即

$$L_{Demand} = L = a - b\, r_L; a, b > 0 \tag{4.43}$$

将（4.38）式代入（4.37）式，然后（4.37）式两边对 h_L 求偏导，结果如下：

$$\frac{\partial r_L}{\partial h_L} = \frac{c\left(\frac{\partial r_M}{\partial h_L} - \frac{\partial r_M}{\partial h_L}(1 - h_L) - (r_{CB} - r_M) + \frac{\partial^2 C}{\partial L^2}\frac{\partial L_{Demand}}{\partial r_L}\frac{\partial r_L}{\partial h_L}\right)}{\sqrt{2c\left(r_M + (r_{CB} - r_M)(1 - h_L) + \frac{\partial C(L,B,D,K)}{\partial L}\right)}} \tag{4.44}$$

由前文可知 $h_L\frac{\partial r_M}{\partial h_L} \geqslant 0$，并且 $\frac{\partial L_{Demand}}{\partial r_L} = \frac{\partial L}{\partial r_L} = -b$；$c > 0, b > 0$，$\frac{\partial^2 C}{\partial L^2} > 0$，$r_{CB} - r_M < 0$，$\sqrt{2c\left(r_M + (r_{CB} - r_M)(1 - h_L) + \frac{\partial C(L,B,D,K)}{\partial L}\right)} > 0$，则

$$\frac{\partial r_L}{\partial h_L} = \frac{h_L\frac{\partial r_M}{\partial h_L}(r_{CB} - r_M)}{\left(\frac{\sqrt{2c\left(r_M + (r_{CB} - r_M)(1 - h_L) + \frac{\partial C(L,B,D,K)}{\partial L}\right)}}{c} + b\frac{\partial^2 C}{\partial L^2}\right)} > 0 \tag{4.45}$$

$$\frac{\partial L}{\partial h_L} = -b\frac{\partial r_L}{\partial h_L} =$$

$$\frac{-b\left(h_L\frac{\partial r_M}{\partial h_L}(r_{CB} - r_M)\right)}{\left(\frac{\sqrt{2c(r_M + (r_{CB} - r_M)(1 - h_L) + \frac{\partial C(L,B,D,K)}{\partial L})}}{c} + b\frac{\partial^2 C}{\partial L^2}\right)} < 0 \tag{4.46}$$

由（4.41）式和（4.46）式可得

$$\frac{\partial LC}{\partial h_L} = \frac{\partial L}{\partial h_L} - \frac{1}{2}\left(\frac{\partial M}{\partial r_M}\frac{\partial r_M}{\partial h_L} + 2\frac{\partial K}{\partial r_K}\frac{\partial r_K}{\partial h_L}\right) < 0 \tag{4.47}$$

关于降低抵押品折扣率有两种理解方式：第一种是中央银行直接降低合格抵押品的折扣率，第二种是中央银行将原来不具备抵押品资格的金融资产纳入抵押品框架，即该金融资产的折扣率从 100% 降低至小于 100%。第二种降低抵押品折扣率的方式被称为中央银行抵押品框架扩容，这在欧洲中央银行和中国人民银行抵押品框架中应用得最为广泛（王永钦和吴娴，2019；Weber，2017）。

为检验中央银行抵押品框架扩容通过提高银行风险容忍度的风险承担渠道促进银行流动性创造，本书基于（4.38）式、（4.45）式推导以下不等式：

$$\frac{\partial q}{\partial h_L} = \frac{1}{c}\frac{\partial r_L}{\partial h_L} =$$

$$\frac{-(r_{CB} - r_M)}{c\left(\dfrac{\sqrt{2c(r_M + (r_{CB} - r_M)(1 - h_L) + \dfrac{\partial C(L,B,D,K)}{\partial L})}}{c} + b\dfrac{\partial^2 C}{\partial L^2}\right)} > 0$$

$$(4.48)$$

综上所述，理论模型推导结果表明：第一，中央银行将信贷资产纳入其抵押品框架会促进银行的流动性创造行为。第二，中央银行抵押品框架扩容会通过激励银行增加信贷供给促进银行流动性创造。第三，中央银行抵押品框架扩容会通过提高银行的风险承担来促进银行流动性创造。

4.3 零利率下限约束下中央银行抵押品折扣率政策与利率政策效果比较

本章进一步探讨货币政策传导机制畅通情形下，中央银行政策利率对债券资产收益率、信贷资产收益率与信贷供给的影响。将（4.10）式两边对中央银行政策利率 r_{CB} 求导，整理之后可得（4.49）式；将（4.16）式两边对 r_{CB} 求导，整理之后可得（4.50）式；根据（4.17）式和（4.22）式可得（4.51）式。（4.49）式、（4.50）式和（4.51）式描述了传统利率工具的货币政策传导机制。在货币政策传导机制通畅的情形下，当中央银行政策利率或再贷款利率下降时，政府债券或企业债券收益率、贷款利率下降，银行贷款供给增加。

$$\frac{\partial r_B}{\partial r_{CB}} = \frac{1 - h_B}{1 + \gamma \dfrac{\partial^2 C(L,B,D,K)}{\partial B^2}} > 0 \qquad (4.49)$$

$$\frac{\partial r_L}{\partial r_{CB}} = \frac{1 - h_L}{\left(\dfrac{\sqrt{2c(r_M + (r_{CB} - r_M)(1 - h_L) + \dfrac{\partial C(L,B,D,K)}{\partial L})}}{c} + b\dfrac{\partial^2 C}{\partial L^2}\right)} > 0 \qquad (4.50)$$

$$\frac{\partial L}{\partial r_{CB}} = \frac{\partial L}{\partial r_L}\frac{\partial r_L}{\partial r_{CB}} =$$

$$\frac{-b(1 - h_L)}{\left(\dfrac{\sqrt{2c(r_M + (r_{CB} - r_M)(1 - h_L) + \dfrac{\partial C(L,B,D,K)}{\partial L})}}{c} + b\dfrac{\partial^2 C}{\partial L^2}\right)} < 0 \qquad (4.51)$$

考虑到国际金融危机、欧债危机和新冠疫情期间，美联储和欧洲中央银行面临零利率下限约束，对抵押品折扣率进行了多次调整，本书基于前述模型推导从两个角度探讨抵押品折扣率政策的效果：第一，分析抵押品折扣率政策在正常货币政策空间和零利率下限约束两种情形下对疏通货币政策传导机制的重要作用；第二，本书在中央银行政策利率处于正常、向上的收益率曲线和零利率下限约束两种情形下比较传统利率政策和抵押品折扣率政策的效果。

首先，根据（4.15）式、（4.19）式、（4.20）式，在正常的货币政策空间下，$0 < r_{CB} < r_M$，$\frac{\partial r_B}{\partial h_B} > 0$，$\frac{\partial r_L}{\partial h_L} > 0$，$\frac{\partial L}{\partial h_L} < 0$ 的结果保持不变，即在中央银行政策利率处于正常、向上的收益率曲线情形下，降低抵押品折扣率能够显著降低国债、金融债和企业债等债券资产收益率以及贷款利率，并增加贷

款供给；由于在零利率下限约束下，r_{CB} 趋于 0，$0 < -(r_{CB} - r_M) < -(0 - r_M)$，所以 $\frac{\partial r_B}{\partial h_B} > 0$，$\frac{\partial r_L}{\partial h_L} > 0$，$\frac{\partial L}{\partial h_L} < 0$ 不仅保持不变，并且 $\frac{\partial r_B}{\partial h_B}_{|\,r_{CB} \to 0} > \frac{\partial r_B}{\partial h_B}_{|\,r_{CB} > 0} > 0$；

$\frac{\partial r_L}{\partial h_L}_{|\,r_{CB} \to 0} > \frac{\partial r_L}{\partial h_L}_{|\,r_{CB} > 0} > 0$；$\frac{\partial L}{\partial h_L}_{|\,r_{CB} \to 0} < \frac{\partial L}{\partial h_L}_{|\,r_{CB} > 0} < 0$，即在零利率下限约束下抵押品折扣率政策依然能够显著降低国债、金融债和企业债等债券资产的收益率、贷款利率，并增加贷款供给，而传统利率工具难以发挥作用，并且更为重要的是，抵押品折扣率在零利率下限约束的政策效果要优于其在正常货币政策空间的效果。

其次，本书进一步分析中央银行处于正常货币政策空间与零利率下限约束两种情形下抵押品折扣率政策和利率政策的效果差异。在零利率下限约束情形下，传统的利率政策失效，而根据（4.15）式、（4.19）式、（4.20）式，抵押品折扣率政策依然有效，能够显著降低国债、金融债和企业债等债券资产的收益率、贷款利率，并增加贷款供给。在中央银行正常货币政策空间情形下，根据（4.15）式、（4.19）式、（4.20）式、（4.49）式、（4.50）式、（4.51）式可得

$$\frac{\partial r_B}{\partial r_{CB}} - \frac{\partial r_B}{\partial h_B} = \frac{1 - h_B + r_{CB} - r_M}{1 + \gamma \dfrac{\partial^2 C(L,B,D,K)}{\partial B^2}} \tag{4.52}$$

$$\frac{\partial r_L}{\partial r_L} - \frac{\partial r_L}{\partial h_L} = \frac{1 - h_L + r_{CB} - r_M}{\left(\dfrac{\sqrt{2c\left(r_M + (r_{CB} - r_M)(1 - h_L) + \dfrac{\partial C(L,B,D,K)}{\partial L}\right)}}{c} + b\dfrac{\partial^2 C}{\partial L^2} \right)} \tag{4.53}$$

$$\frac{\partial L}{\partial r_{CB}} - \frac{\partial L}{\partial r_L} = \frac{-b(1 - h_L + r_{CB} - r_M)}{\left(\dfrac{\sqrt{2c\left(r_M + (r_{CB} - r_M)(1 - h_L) + \dfrac{\partial C(L,B,D,K)}{\partial L}\right)}}{c} + b\dfrac{\partial^2 C}{\partial L^2} \right)} \tag{4.54}$$

由 $\frac{\partial r_B}{\partial r_{CB}} - \frac{\partial r_B}{\partial h_B} > 0; \frac{\partial r_L}{\partial r_L} - \frac{\partial r_L}{\partial h_L} > 0; \frac{\partial L}{\partial r_{CB}} - \frac{\partial L}{\partial r_L} < 0$ 可得，$1 - h_B + r_{CB} - r_M > 0$；$1 - h_L + r_{CB} - r_M > 0$，即 $1 - h_B > r_M - r_{CB}$；$1 - h_L > r_M - r_{CB}$ 其中 $1 - h_B$ 和 $1 - h_L$ 分别为债券资产和信贷资产的基础抵押率，$r_M - r_{CB}$ 表示同业拆借市场利率与政策利率之差，即风险溢价（同期限比较）。因此，利率政策与抵押品折扣率政策效果的大小取决于抵押资产的基础抵押率和风险溢价：当债券资产基础抵押率或信贷资产基础抵押率大于同业拆借利率与政策利率之差时，利率政策降低证券资产收益率、贷款利率的效果优于抵押品折扣率政策；反之，利率政策降低证券资产收益率、贷款利率的效果弱于抵押品折扣率政策。

从实践层面来讲，美联储、欧洲中央银行和中国人民银行抵押品基础抵押率（Margins）为 $1 - h_B + r_{CB} - r_M > 0$，$1 - h_L + r_{CB} - r_M > 0$ 提供了证据。原因在于：正常情形下，根据货币政策传导机制的利率期限结构理论，中央银行政策利率与同业拆借利率之间的差异不会太大。公开市场操作的合格抵押品多为国债等优质抵押品，折扣率普遍低于10%。如剩余期限在10年以上的美国国债、机构支持证券折扣率分别为10%；中国人民银行发行的剩余期限在10年以上的中央银行票据折扣率为零，国债折扣率为5%，政策性金融债折扣率为10%；欧洲中央银行抵押品框架中剩余期限在10年以上、流动性最高的前两类 AAA 级市场化抵押品折扣率都小于10%。因此，从美联储、欧洲中央银行和中国人民银行的抵押品折扣率应用实践来看，由 $\frac{\partial r_B}{\partial r_{CB}} - \frac{\partial r_B}{\partial h_B} > 0$，$\frac{\partial r_L}{\partial r_L} - \frac{\partial r_L}{\partial h_L} > 0$，$\frac{\partial L}{\partial r_{CB}} - \frac{\partial L}{\partial r_L} < 0$ 可得，$1 - h_B + r_{CB} - r_M > 0$，$1 - h_L + r_{CB} - r_M > 0$，即 $1 - h_B > r_M - r_{CB}$，$1 - h_L > r_M - r_{CB}$。其中，$1 - h_B$ 和 $1 - h_L$ 分别为债券资产和信贷资产的基础抵押率，$r_M - r_{CB}$ 表示同业拆借市场利率与政策利率之差时，即风险溢价（同期限比较）。因此，利率政策与抵押品折扣率政策效果的大小取决于抵押资产的基础抵押率和风险溢价：当债券资产基础抵押率或信贷资产基础抵押率大于同业拆借利率与政策利率之差时，利率政策降低证券资产收益率、贷款利率的效果优于抵押品折扣率政策；反之，利率政策降低证券资产收益率、贷款利率的效果弱于抵押品折扣率政策。

4.4 小结

本章基于货币政策传导机制的利率期限结构理论和商业银行资产负债表，将中央银行政策利率、抵押品折扣率、商业银行抵押品约束、贷款监督程度和银行流动性创造纳入商业银行利润最大化函数构建理论模型，并通过理论推导得出：第一，中央银行将合格债券资产纳入其抵押品框架会显著降低债券到期收益率（债券发行利差或债券信用利差）。第二，中央银行将合格信贷资产纳入中央银行抵押品框架会显著降低贷款利率。第三，中央银行将合格信贷资产纳入中央银行抵押品框架会显著增加银行信贷供给。第四，中央银行将合格信贷资产纳入抵押品框架会通过银行向中央银行借款这一机制增加银行信贷供给，降低信贷融资成本。第五，中央银行降低抵押品折扣率可能产生非意愿的副作用，增加商业银行的风险承担水平。第六，中央银行将信贷资产纳入其抵押品框架会促进银行的流动性创造行为。第七，中央银行抵押品框架扩容会通过激励银行增加信贷供给促进银行流动性创造。第八，中央银行抵押品框架扩容通过提高银行的风险承担促进银行流动性创造。第九，零利率下限约束下中央银行抵押品折扣率政策依然有效，为零利率下限约束下中央银行货币政策工具箱提供了另外一种选择。

5

中央银行抵押品框架改革效果：
债券市场

5.1 中央银行抵押品框架改革与主权债收益率

5.1.1 "最低信用评级资格"豁免与主权债收益率

2008 年国际金融危机以前，欧洲中央银行抵押品框架中所有合格抵押品的信用评级都必须达到投资级（标普评级 BBB）以上，否则不能纳入欧洲中央银行抵押品框架。国际金融危机之后尤其是欧债危机期间，爱尔兰、葡萄牙、希腊和塞浦路斯四国主权债的信用评级出现了较大幅度的向下迁移，大部分时间都在投资级以下。作为间接救助主权债务危机国家的措施之一，欧洲中央银行于 2010 年开始豁免爱尔兰、葡萄牙、希腊和塞浦路斯四国主权债作为合格抵押品的最低信用评级资格，即上述四个国家发行或担保的市场化债务工具（以下简称主权债券和担保债券）即使信用评级未达到 BBB 的最低评级也具备欧洲中央银行合格抵押品资格（以下简称"最低信用评级资格"豁免）。简言之，欧元区商业银行可以使用任何评级的爱尔兰、葡萄牙、希腊和塞浦路斯主权债券或担保债券向欧洲中央银行及成员国中央银行申请抵押，获取流动性。欧洲中央银行官网披露的决议文件显示：（1）2011 年 4 月 1 日，爱尔兰政府发行的主权债券和担保债券享有"最低信用评级资格"豁免（ECB/2011/4）。（2）葡萄牙主权债券和担保债券在 2011 年 7 月 7 日至 2014 年 8 月 20 日享有"最低信用评级资格"豁免（ECB/2011/10）。（3）希腊主权债券和担保债券最早于 2010 年 5 月 6 日享有"最低信用评级资格"豁免（ECB/2010/3），但鉴于希腊政府在私营部门参与的前提下向希腊主权债券和担保债券持有者发起债务交换（ECB/2012/2），欧洲中央银行于 2012 年 2 月 28 日至 3 月 7 日取消希腊政府主权债券和担保债券的"最低信用评级资格"豁免[①]；2012 年 3 月 8 日，希腊主权债券和担保债券再次享有"最低信用评级资格"豁免，但需要满足一定的

---

① Eligibility of Greek bonds used as collateral in Eurosystem monetary policy operations. 详见链接：https：//www. ecb. europa. eu/press/pr/date/2012/html/pr120228. en. html。

前提条件。此外，2012 年 7 月 25 日至 12 月 20 日，希腊主权债券和担保债券再次失去"最低信用评级资格"豁免，而在 2012 年 12 月 21 日，希腊主权债券和担保债券又重新获得了"最低信用评级资格"豁免（ECB/2012/32）。为应对新冠疫情对欧元区抵押品市场的冲击，2020 年 4 月 7 日，欧洲中央银行再次放松希腊主权债务工具的最低信用评级要求。（4）2013 年 5 月 2 日，塞浦路斯发行的主权债券和担保债券享有"最低信用评级资格"豁免（ECB/2013/13）；2013 年 6 月 28 日，塞浦路斯发行的主权债券和担保债券丧失了"最低信用评级资格"豁免；从 2013 年 7 月 5 日起，塞浦路斯发行的主权债券和担保债券享有"最低信用评级资格"豁免。

实际上，鉴于信用风险越高，折扣率越高，欧洲中央银行抵押品框架对爱尔兰、葡萄牙、希腊和塞浦路斯四国主权债的信用评级不做要求，相当于变相降低上述四国主权债的折扣率。尽管欧洲中央银行调高了四国主权债的折扣率，但抵押品折扣率的上调幅度难以覆盖信用评级下调带来的风险增加，整体表现为四国主权债折扣率的下降。根据第 4 章的模型推导可知，爱尔兰、葡萄牙、希腊和塞浦路斯四国的主权债收益率会显著下降。需要强调的是，欧洲主权债务危机与我国的地方债务风险有相似之处。根据第 4 章的理论模型推导结果，将地方政府债务尤其是隐性债务（如城投债）纳入中央银行抵押品框架会显著降低地方政府债券（或城投债）的发行利差和信用利差，起到降低地方政府（或城投公司）偿债压力的作用，进而减小地方债务风险。由于希腊是欧债危机的核心国家，且"最低信用评级资格"豁免调整次数较多，本章重点分析欧洲中央银行抵押品框架改革对希腊主权债收益率的影响。鉴于数据的可得性，本章并未研究欧洲中央银行抵押品框架改革对希腊担保债券收益率以及塞浦路斯主权债券和担保债券收益率的影响。

5.1.2 数据来源与研究设计

5.1.2.1 数据来源

本章使用的数据为希腊主权债券收益率数据和欧元区公债收益率数据，所有数据来自 Wind 数据库。其中，希腊主权债券收益率包含 3 年期、10 年期、15 年期和 30 年期，欧元区公债收益率包含 3 年期、10 年期、15 年期和 30 年期。

5.1.2.2 研究设计

事件研究法的主要目的是估算事件发生后一段时间内的正常收益率和累计超额收益率，步骤如下：

5.1.2.2.1 定义事件日

考虑到希腊主权债的"最低信用评级资格"豁免经历了多次变化以及不同事件日的邻近性，本章选择两个事件日研究欧洲中央银行抵押品框架改革对希腊主权债收益率的影响。两个事件日分别是 2012 年 7 月 25 日和 2012 年 12 月 21 日，其中在 2012 年 12 月 21 日，希腊主权债享有"最低信用评级资格"豁免，而在 2012 年 7 月 25 日，希腊主权债丧失"最低信用评级资格"豁免。因此，本章同时研究欧洲中央银行希腊主权债具备"最低信用评级资格"豁免和丧失"最低信用评级资格"豁免对希腊主权债券收益率的双向影响，以期得出欧洲中央银行抵押品框架改革的非对称影响。此外，稳健性检验部分将考查其他事件日欧洲中央银行抵押品框架改革对希腊主权债券收益率的影响。

5.1.2.2.2 估算正常收益率

计算正常收益率的方法主要有三种：均值调整模型、市场模型和市场调整模型。均值调整模型假定正常收益率在一段时间内保持不变，市场模型假定正常收益率与市场收益率之间存在稳定的线性关系，市场调整模型假定正常收益率等于市场收益率。结合现有文献的相关研究，本章采用市场模型方法计算欧洲中央银行抵押品框架改革事件后的正常收益率。市场模型假定主权债市场收益率（欧元区公债收益率）与单个主权债券收益率（主权债券收益率）之间存在稳定的线性关系。通过 CAPM 模型的线性关系估计出希腊主权债券的预期收益，然后算出希腊主权债券在 t 时期的异常收益。估计预期收益需要用到估计期间的数据。具体公式如下：

$$R_t = \alpha + \beta R_{mt} + \varepsilon_t, \varepsilon_t \sim N(\mu, \delta^2); t \in [\tau_0, \tau_1] \tag{5.1}$$

$$E(R_t) = \tilde{\alpha} + \tilde{\beta} R_{mt}; t \in [\tau_1, \tau_2] \tag{5.2}$$

$$AR_t = R_t - E(R_t); t \in [\tau_1, \tau_2] \tag{5.3}$$

其中，R_t 表示希腊主权债券在 t 时期的收益率，R_{mt} 表示欧元区公债收益率，ε_t 为扰动项，假定服从正态分布；$\alpha\tilde{}$ 和 $\beta\tilde{}$ 使用 CAPM 模型并依据估计窗口的数据估算的参数；$E(R_t)$ 表示使用事件窗口期数据估算出的希腊主权债券在 t 时期的平均收益率；AR_t 表示希腊主权债券在 t 时期的超额收益率；τ_0、τ_1 和 τ_2 分别表示估计窗口期的时间起点、终点（事件窗口期的起点）和事件窗口期的终点。估计窗口长度的选择一般要超过 60 天，本章借鉴郭红玉等（2016）、潘慧峰和石智超（2012）的研究，选择事件窗口期前 140 天为估计窗口期；关于事件窗口期，本章选择事件日前后 1 天、2 天、3 天、5 天、10 天、30 天和 60 天等。

5.1.2.2.3　计算累积超额收益率

计算累积超额收益率的具体公式如下：

$$CAR(\tau_1,\tau_2) = \sum_{t=\tau_1}^{t=\tau_2} AR_t ; t \in [\tau_1,\tau_2] \tag{5.4}$$

（5.4）式中 $CAR(\tau_1,\tau_2)$ 表示事件窗口期的累积收益率，AR_t 表示希腊主权债券在事件窗口期的超额收益率，τ_1 和 τ_2 分别表示事件窗口期的起点和终点。累积超额收益率将事件窗口期的 AR_t 进行加总。

5.1.2.2.4　统计检验

考虑到希腊主权债收益率和欧元区公债收益率都为事件序列数据，Stata 软件只给出了面板数据的 t 检验，因此本章需要构建统计量对累积超额收益率进行统计检验。关于构建统计量的公式如下：

$$J = \frac{1}{\sqrt{\tau_2 - \tau_1 + 1}} \frac{CAR(\tau_1,\tau_2)}{\sigma(AR_t)} \sim t(\tau_2 - \tau_1) \tag{5.5}$$

原假设 $H_0 : CAR(\tau_1,\tau_2) = 0$，备择假设 $H_1 : CAR(\tau_1,\tau_2) \neq 0$。

5.1.3　实证分析

5.1.3.1　基准回归

事件研究法最准确的回归结果是事件日后的 3 天内，而较长的事件窗口期可能由于混杂其他因素对回归结果产生干扰。因此，本章在分析欧洲中央银行抵押品框架改革对希腊主权债收益率的影响时更加注重短期的分析。表

5 -1Panel A 显示，2012 年 12 月 21 日之后，10 年期、15 年期和 30 年期的希腊主权债收益率都出现了显著下降，表明欧洲中央银行给予希腊主权债券"最低信用评级资格"豁免后达到了一定的政策效果，这种政策效果在短期和长期内都非常明显。数据特征显示表 5 - 1 的实践研究结果具有显著的经济意义与统计意义，验证了第 4 章的理论推导结果。表 5 - 1Panel B 显示当希腊主权债丧失"最低信用评级豁免"资格后的 2 天内，希腊主权债收益率出现了一定的上升。然而，和表 5 - 1 的 Panel A 回归结果相比，事件日为 2012 年 7 月 25 日的回归结果数值和显著性水平都有所下降，并且长期的回归结果要么不显著，要么与预期结果相反。因此，欧洲中央银行抵押品框架改革对希腊主权债收益率产生了非对称的影响。当欧洲中央银行抵押品框架给予希腊主权债更低的信用评级要求时，希腊主权债收益率无论在短期还是在长期都出现了非常显著的下降，而当欧洲中央银行抵押品框架给予希腊主权债更严格的信用评级要求时，短期内实现了一定的政策目标，但长期而言改革效果不明显，甚至出现了非意愿的政策效果。

表 5 - 1   "最低信用评级资格"豁免与希腊主权债收益率

Panel A：2012 年 12 月 21 日希腊主权债享有"最低信用评级资格"豁免						
事件窗口	10 年期		15 年期		30 年期	
	CAR	t 值	CAR	t 值	CAR	t 值
[-1, 1]	-18.54 ***	-55.79	-23.66 ***	-188.59	-10.62 ***	-98.94
[-2, 2]	-30.82 ***	-45.39	-40.45 ***	-114.68	-27.7 ***	-31.80
[-3, 3]	-43.66 ***	-37.32	-58.29 ***	-85.44	-47.72 ***	-40.64
[-5, 5]	-73.18 ***	-31.55	-96.42 ***	-88.93	-79.35 ***	-53.87
[-10, 10]	-157.64 ***	-18.33	-235.56 ***	-64.92	-174.48 ***	-45.85
[-30, 30]	—	—	-614.83 ***	-39.81	-536.39 ***	-36.384
[-60, 60]	-1428.39 ***	-40.48	-1254.84 ***	-38.00	-1119.98 ***	-35.7
[-60, 120]	-2311.10	-49.00	-2013.12	-48.10	-1808.42 ***	-45.56
Panel B：2012 年 7 月 25 日希腊主权债丧失"最低信用评级资格"豁免						
事件窗口	10 年期		15 年期		30 年期	
	CAR	t 值	CAR	t 值	CAR	t 值
[-1, 1]	0.46 **	1.69	2.40 ***	3.19	5.17 ***	6.55
[-2, 2]	-0.93	-0.62	1.11	0.52	18.12 ***	7.81
[-3, 3]	-6.19 *	-1.57	-4.20	-1.01	3.49	0.77

续表

事件窗口	Panel B：2012 年 7 月 25 日希腊主权债丧失 "最低信用评级资格" 豁免					
	10 年期		15 年期		30 年期	
	CAR	t 值	CAR	t 值	CAR	t 值
[-5, 5]	- 20.86 ***	- 4.34	- 18.67 ***	- 3.24	- 6.59	- 1.03
[-10, 10]	- 64.65 ***	- 11.32	- 56.09 ***	- 8.68	- 30.41 ***	- 4.21
[-30, 30]	—	—	- 155.31 ***	- 8.36	- 7.27	- 0.35
[-60, 60]	- 1031.8 ***	- 20.65	- 566.46 ***	- 16.49	93.12 ***	3.12
[-60, 120]	- 2261.82 ***	- 23.64	- 1446.64 ***	- 18.83	- 359.21 ***	- 5.61

注：*、**、***分别表示在10%、5%、1%的水平下显著。

5.1.3.2 稳健性检验

5.1.3.2.1 更改希腊主权债 "最低信用评级资格" 豁免事件日

本章通过更改希腊主权债 "最低信用评级资格" 豁免的事件日，对欧洲中央银行抵押品框架改革效果进行稳健性检验。表 5 - 2 显示，除 30 年期限的主权债以外，希腊主权债享有 "最低信用评级豁免" 资格在短期内显著降低了希腊主权债收益率。

表 5 - 2　"最低信用评级资格" 豁免与希腊主权债收益率：稳健性检验

事件窗口	Panel A：　　2010 年 5 月 6 日希腊主权债享有 "最低信用评级资格" 豁免							
	3 年期		10 年期		15 年期		30 年期	
	CAR	t 值	CAR	t 值	CAR	t 值	CAR	t 值
[-1, 1]	- 1.83 *	- 1.44	- 0.47 *	- 1.44	- 0.33 **	- 1.75	0.92 ***	8.02
[-2, 2]	- 1.46	- 0.51	- 0.17	- 0.28	0.41	0.75	6.62 ***	25.03
[-3, 3]	- 1.17	- 0.19	1.25	0.80	1.39 *	1.55	7.05 ***	4.14
[-5, 5]	- 1.17	- 0.19	2.19	0.85	2.80 ***	2.87	18.79 ***	7.70
[-10, 10]	17.70 **	1.87	24.71 ***	5.43	21.64 ***	20.20	- 174.48 ***	- 45.85
[-30, 30]	- 32.89 **	- 1.89	34.21 ***	3.10	38.49 ***	10.37	60.40 ***	13.35
[-60, 60]	139.15	8.45	214.19 ***	17.48	235.37 ***	18.42	171.82	16.74
[-60, 120]	294.93	15.04	226.77 ***	18.61	402.70 ***	28.91	269.05	25.51

注：*、**、***分别表示在10%、5%、1%的水平下显著。

5.1.3.2.2 更改被解释变量

一般情况下，主权债是一国信用级别最高、流动性最强的债券，信用风险和流动性风险极低。因此，主权债收益率往往是学术界和业界研究的重点。然而，主权债务危机之后，希腊等欧债危机中心国家的主权债往往存在较大的信用风险，有必要研究主权债信用利差。考虑到德国主权债较为稳健，本章的被解释变量主权债信用利差使用同期限希腊主权债收益率与德国主权债收益率之差进行衡量。表5-3体现了欧洲中央银行豁免/终止希腊主权债信用评级资格对希腊主权债信用利差的影响。

表5-3 "最低信用评级资格"豁免与希腊主权债信用利差：稳健性检验

事件窗口	Panel A：2012年12月21日希腊主权债享有"最低信用评级资格"豁免					
	10年期		15年期		30年期	
	CAR	t值	CAR	t值	CAR	t值
[-1, 1]	-18.17***	-23.59	-23.95***	-159.29	-10.80***	-83.71
[-2, 2]	-30.02***	-25.66	-40.88***	-100.71	-16.66***	-19.99
[-3, 3]	-45.08***	-24.55	-58.89***	-83.88	-48.13***	-39.04
[-5, 5]	-79.48***	-17.62	-97.37***	-89.32	-80.12***	-52.76
[-10, 10]	-164.88***	-17.12	-237.88***	-65.24	-176.61***	-45.31
[-30, 30]	—	—	-621.01***	-39.70	-544.06***	-36.27
[-60, 60]	-1448.65***	-40.60	-1266.56***	-38.00	-1141.10***	-36.22
[-60, 120]	-2393.66***	-50.29	-2031.87***	-48.03	-1838.10***	-46.22

事件窗口	Panel B：2012年7月25日希腊主权债丧失"最低信用评级资格"豁免					
	10年期		15年期		30年期	
	CAR	t值	CAR	t值	CAR	t值
[-1, 1]	0.43	1.25	2.43***	3.04	4.78***	5.63
[-2, 2]	-0.99	-0.67	1.101	0.52	28.33***	11.73
[-3, 3]	-6.38	-1.60	-4.24	-1.02	2.45	0.54
[-5, 5]	-21.51***	-4.44	-18.69***	-3.25	-8.32	-1.30
[-10, 10]	-66.57***	-11.52	-55.73***	-8.58	-34.33***	-4.74
[-30, 30]	-291.48***	-14.54	-156.53***	-8.32	-15.27	-0.71
[-60, 60]	-1046.64***	-20.49	-564.25***	-16.31	88.33***	2.85
[-60, 120]	-2289.26***	-23.70	-1449.77***	-18.69	-375.03***	-5.74

注：*、**、***分别表示在10%、5%、1%的水平下显著。

表5-3 Panel A结果表明：第一，无论是长期还是短期，2012年12月21日，欧洲中央银行豁免希腊主权债信用评级资格显著降低了希腊主权债信用利差，表明欧洲中央银行抵押品框架豁免希腊主权债信用评级资格具有

一定的持续性，达到了一定的政策预期效果；第二，和希腊主权债收益率相比，事件研究法的回归系数变大，即欧洲中央银行豁免希腊主权债信用评级资格对希腊主权债信用利差的影响更大。表 5 – 3 Panel B 显示 2012 年 7 月 25 日希腊主权债丧失"最低信用评级资格"豁免在短期内达到了一定的预期效果，长期内回归结果并未一直显著正相关，可能的原因是在长期内存在其他因素对回归结果的干扰。因此，表 5 – 3 的回归结果表明基准回归结果的稳健性。

5.2 中央银行抵押品框架改革与债券信用利差

5.2.1 中期借贷便利担保品范围扩容与研究假设

为进一步加大对小微企业、绿色经济等领域的支持力度，并促进信用债市场健康发展，2018 年 6 月 1 日，中国人民银行决定扩大中期借贷便利（MLF）担保品范围，将不低于 AA 级的小微企业债券、绿色债券和"三农"领域的金融债券，AA + 级、AA 级公司信用类债券，优质的小微企业贷款和绿色贷款等资产纳入 MLF 担保品范围。针对公司信用类债券，优先接受涉及小微企业和绿色经济的债券。MLF 担保品范围扩容具有明显的结构性特征，体现了中央银行担保品框架的定向调控功能，具体体现在以下几个方面：（1）定向支持特定领域实体经济。优先接受小微企业债、小微企业贷款、绿色债和绿色贷款作为 MLF 的合格担保品，有利于引导金融机构加大对小微企业和绿色金融等特定领域的流动性支持力度，目的在于缓解小微企业和绿色企业的融资难、融资贵问题。（2）定向支持公司信用债市场。在 2012 年中国人民银行确立抵押品框架时，中国人民银行抵押品框架只接受 AAA 级债券作为合格抵押品，而本次 MLF 担保品扩容接受 AA + 级、AA 级债券，有利于定向支持公司信用债市场的发展。（3）定向支持中小金融机构。相对于国有银行和股份制银行，中小金融机构的信贷资产主要集中于小微企业，高等级合格抵押品稀缺性问题较为突出。因此，中小金融机构往往缺乏优质的 AAA 级资产作为向中国人民银行申请流动性的抵押品，这约束了中小金融机构的贷款创造功能和流动性供给功能。此次 MLF 担保品扩容赋予了小微企业贷款和绿色贷款合格担保品资格，可以在一定程度上缓解中小金融机构高等级债券不足的问题。

基于此，本章以 2018 年 6 月 1 日中国人民银行将不低于 AA 级的小微企业、绿色和"三农"金融债券，AA + 级、AA 级公司信用类债券纳入中期借贷便利担保品框架作为政策冲击事件，研究中国人民银行此次抵押品框架改革对标的债券信用利差的影响。

根据第 4 章的理论模型推导结果，本章提出以下假设：

假设 1：中国人民银行将不低于 AA 级的小微企业、绿色和"三农"金融债券，AA + 级、AA 级公司信用类债券纳入中期借贷便利担保品框架会显著降低标的债券的信用利差。

5.2.2 数据来源、变量选择与研究设计

5.2.2.1 数据来源

考虑到 2018 年 6 月 1 日中期借贷便利担保品框架改革只涉及银行间市场，本章选择在银行间市场发行的企业债和中期票据等信用债，以及小微债、绿色债和"三农"金融债作为研究对象，样本区间为 2015—2020 年，数据频率为日度数据。债券特征和债券发行人特征数据来源于 Wind 数据库，国债到期收益率数据来自 CSMAR 数据库，宏观经济数据来自国家统计局。考虑到 2020 年发生新冠疫情以及 2015 年中国人民银行实施定向降准对回归结果的干扰，本章在稳健性检验部分将样本区间缩减至 2016—2019 年。

5.2.2.2 变量选择和描述性统计

鉴于本章研究的重点是中国人民银行将一级市场企业债和中期票据等信用债，以及小微企业债、绿色债和"三农"金融债纳入抵押品框架对标的债券信用利差的影响，标的债券发行利差为被解释变量。核心解释变量为政策虚拟变量，其中处理组（Treat）为银行间市场不低于 AA 级的小微企业、绿色和"三农"金融债券，AA + 级、AA 级企业债和中期票据等信用类债券，取值为 1，其他债券为对照组，取值为 0；时间虚拟变量（Post）于 2018 年 6 月 1 日（含）之后取值为 1，之前取值为 0。此外，鉴于债券特征

变量和债券发行人特征变量等控制变量也是影响债券发行利差的重要变量，本章将上述控制变量也纳入基准回归模型。债券特征变量主要包含债券评级（Rating）、债券发行规模（Amount）、债券期限（Term）、债券利率类型（Ratetype）、是否赎回（Redeem）、是否有特殊条款（Covenant）和是否担保（Guarantee）等，债券发行人特征变量主要包含资产负债率（LEV）、净资产收益率（ROE）、流动性比率（Liquiratio）、所有者权益（Ownerequity）和总资产（Totalasset）。此外，发行人所在省份经济增速（GDP,%）也被放入控制变量以控制宏观经济对债券发行利差的影响。在基准回归之前，本章借鉴现有主流文献（王永钦和吴娴，2019；黄振和郭晔，2021）的做法对上述变量作出如下处理：（1）删除发行利差小于零的债券；（2）删除利率类型为累进利率的债券；（3）删除债券特征和债券发行主体特征存在缺失值的样本。经过上述处理之后，所有变量的具体释义和描述性统计特征如表 5-4 和表 5-5 所示。

表 5-4 　　　　　　　　　　　　　　　　**变量释义**

变量符号	变量名称	变量释义
Spread	发行利差	债券发行利率与当日同期限无风险利率之差
Treat × Post	政策变量	MLF 担保品扩容虚拟变量
Treat	处理组虚拟变量	处理组取值为 1，其他取 0
Post	时间虚拟变量	2018 年 6 月 1 日及其之后取 1，其他取 0
Rating	债券评级	AAA 取值为 6，AA + 取值为 5，AA 取值为 4，A + 取值为 3，其他取值为 2
Amount	债券发行规模	债券票面发行金额
Term	债券发行期限	债券总期限
Ratetype	利率类型	固定利率取值为 1，其他取值为 0
Redeem	是否有特殊条款	有特殊条款取值为 1，其他为 0
Covenant	是否可赎回	可赎回取值为 1，其他为 0
Guarantee	是否有担保	债券发行有担保取值为 1，其他为 0
LEV	资产负债率	总负债/总资产
ROE	净资产收益率	净利润/净资产
Liquiratio	流动性比率	流动资产/流动负债

续表

变量符号	变量名称	变量释义
Ownerequity	债券发行人净资产	所有者权益自然对数
Totalasset	债券发行人规模	总资产自然对数
GDP	经济增速	发行人所在省地区生产总值增长率

表 5-5 显示，样本的发行利差均值为 2.032%，最小值为 0.113%，最大值为 5.743%，分布存在一定的差异性。银行间债券评级均值为 5.351，标准差为 0.779，中位数为 6，表明银行间市场发行的债券评级多为 AAA 级，比较符合我国债券市场的现实特征。债券发行规模均值为 13.88 亿元，最小值为 0.3 亿元，最大值为 200 亿元，中位数为 10 亿元，表明银行间债券市场发行的债券规模较大，多为 10 亿元以上的发行规模。债券发行期限均值为 5.411 年，最小值为 3 年，最大值为 30 年，中位数为 5 年，表明银行间债券市场发行的债券期限整体偏长。

表 5-5 描述性统计

变量	样本量	均值	标准差	最小值	中位数	最大值
Spread	3835	2.032	1.117	0.113	1.696	5.743
Treat × Post	3835	0.210	0.407	0	0	1
Treat	3835	0.284	0.451	0	0	1
Post	3835	0.750	0.433	0	1	1
Rating	3835	5.351	0.779	2	6	6
Amount	3835	13.88	19.04	0.300	10	200
Term	3835	5.411	2.481	3	5	30
Ratetype	3835	0.998	0.040	0	1	1
Covenant	3835	0.643	0.479	0	1	1
Redeem	3835	0.104	0.305	0	0	1
Guarantee	3835	0.235	0.424	0	0	1
LEV	3835	58.62	14.89	2.841	60.58	94.60
ROE	3835	2.753	9.764	−126.0	1.970	62.72
Liquiratio	3835	4.575	38.73	0.101	2.029	1604
Ownerequity	3835	5.554	1.546	0.373	5.263	10.66
Totalasset	3835	6.508	1.647	2.148	6.214	11.29
GDP	3835	7.094	1.048	3.600	6.800	10

5.2.2.3 研究设计

为检验中期借贷便利担保品扩容对标的债券信用利差的影响，本章构建以下双重差分模型：

$$Spread_{it} = \phi_0 + \phi_1 Treat_i \times Post_t + \varphi X_{it} + \lambda_t + u_i + \xi_{it} \qquad (5.6)$$

其中，$Spread$ 表示债券发行利差，等于债券发行利率减去当日同期限无风险利率。ϕ_1 为核心系数。X 表示债券特征、债券发行人特征和宏观经济特征等控制变量。λ 表示时间固定效应。u 表示行业固定效应。处理组（$Treat$）为银行间市场不低于 AA 级的小微企业、绿色和"三农"金融债券，AA + 级、AA 级企业债和中期票据等信用类债券，取值为 1，其他类型债券为对照组，取值为 0。时间虚拟变量（$Post$）2018 年 6 月 1 日（含）之后取值为 1，之前取值为 0。

5.2.3 实证分析

5.2.3.1 基准回归

表 5 - 6 体现了中期借贷便利担保品扩容对标的债券信用利差的影响，第（1）（2）（3）列分别为只控制债券特征控制变量，债券特征和行业、年份固定效应以及债券特征、债券发行人特征和行业、年份固定效应。表 5 - 6 第（3）列显示，中期借贷便利担保品扩容会显著降低标的债券信用利差约 0.2 个百分点。债券特征控制变量方面，债券信用评级越高，发行规模越大，信用利差越低；期限越长、可赎回、有特殊条款和有担保，债券信用利差越高，主要原因在于期限越长，有特殊条款、可赎回和有担保意味着债券自身的风险较高，信用利差较高。债券发行人特征方面，净资产收益率和净资产越高，表明债券发行人越稳健，债券发行的利差越低。

表 5 - 6　　　　　　中期借贷便利担保品范围扩容的平均处理效应

变量	Spread		
	（1）	（2）	（3）
Treat × Post	− 0.278 ***	− 0.190 ***	− 0.199 ***
	（0.073）	（0.058）	（0.057）
Treat	0.000	− 0.007	− 0.027
	（0.060）	（0.043）	（0.042）

续表

变量	Spread		
	（1）	（2）	（3）
Post	0.616 ***	0.093	0.080
	（0.051）	（0.059）	（0.057）
Rating	− 0.767 ***	− 0.745 ***	− 0.666 ***
	（0.028）	（0.028）	（0.030）
Amount	− 0.011 ***	− 0.009 ***	− 0.005 ***
	（0.001）	（0.001）	（0.001）
Term	0.017 **	− 0.007	0.012 *
	（0.008）	（0.007）	（0.007）
Ratetype	− 0.455	− 0.915 **	− 0.919 ***
	（0.350）	（0.360）	（0.323）
Covenant	0.474 ***	0.276 ***	0.252 ***
	（0.034）	（0.033）	（0.033）
Redeem	0.262 ***	0.496 ***	0.546 ***
	（0.049）	（0.048）	（0.047）
Guarantee	0.901 ***	0.702 ***	0.558 ***
	（0.041）	（0.043）	（0.046）
LEV			− 0.021 ***
			（0.004）
ROE			− 0.003 ***
			（0.001）
Liquiratio			− 0.000
			（0.000）
Ownerequity			− 0.857 ***
			（0.168）
Totalasset			0.742 ***
			（0.166）
GDP			0.002
			（0.013）
常数项	5.705 ***	6.424 ***	7.115 ***
	（0.384）	（0.418）	（0.404）

续表

变量	Spread		
	（1）	（2）	（3）
样本量	3835	3829	3829
R^2	0.477	0.613	0.624
年份 & 行业固定效应	NO	YES	YES

注：括号内为（聚类）稳健标准误，*、**、***分别表示在10%、5%、1%的水平下显著。

5.2.3.2 异质性分析

本章进一步分析中国人民银行中期借贷便利担保品范围扩容对不同类型证券的影响。表5-7分别体现了中期借贷便利担保品扩容对银行间企业债、中期票据和金融债的影响。可以发现，中期借贷便利担保品扩容主要降低了企业债和中期票据的信用利差，对金融债信用利差的影响不显著，即使控制各种固定效应也无法得出中期借贷便利担保品扩容能显著降低金融债信用利差的结论。背后的原因可能是中期借贷便利担保品扩容主要针对企业债券，对银行和非银行金融机构的债券影响不大。

表5-7　中期借贷便利担保品范围扩容的平均处理效应：异质性分析

变量	企业债	中期票据	金融债	金融债	金融债
	（1）	（2）	（3）	（4）	（5）
$Treat \times Post$	-0.424 ***	-0.235 **	0.023	0.047	0.044
	（0.085）	（0.093）	（0.123）	（0.141）	（0.042）
$Treat$	-0.231 ***	-0.023	—	—	—
	（0.047）	（0.098）	—	—	—
$Post$	0.455 ***	-0.373 ***	-0.059	-0.168 **	-0.059
	（0.084）	（0.051）	（0.057）	（0.067）	（0.059）
$Rating$	-0.449 ***	-0.415 ***	-0.041	-0.060	-0.042
	（0.025）	（0.032）	（0.061）	（0.064）	（0.059）
$Amount$	-0.001	-0.001	-0.000 ***	-0.000 ***	-0.000 ***
	（0.002）	（0.001）	（0.000）	（0.000）	（0.000）
$Term$	0.015	0.025 ***	0.006	0.034 ***	0.006
	（0.010）	（0.009）	（0.007）	（0.006）	（0.007）

续表

变量	企业债	中期票据	金融债	金融债	金融债
	（1）	（2）	（3）	（4）	（5）
Ratetype	0.930 ***	0.964 ***	—	—	—
	（0.206）	（0.113）	—	—	—
Covenant	0.381 ***	0.161 ***	0.512 ***	0.041	0.403 ***
	（0.105）	（0.034）	（0.163）	（0.105）	（0.123）
Redeem	0.635 ***	0.604 ***	—	—	—
	（0.245）	（0.048）	—	—	—
Guarantee	0.556 ***	0.538 ***	—	—	—
	（0.062）	（0.092）	—	—	—
LEV	− 0.005 ***	0.006 ***	0.011	− 0.002	0.001
	（0.002）	（0.002）	（0.008）	（0.007）	（0.008）
ROE	− 0.028 ***	− 0.001	− 0.022	− 0.014	− 0.027
	（0.010）	（0.001）	（0.016）	（0.015）	（0.017）
Liquiratio	− 0.000	0.000	− 0.001 ***	− 0.001 ***	0.002
	（0.002）	（0.000）	（0.000）	（0.000）	（0.002）
Ownerequity	− 0.000	− 0.000	− 0.000	− 0.000	− 0.001 *
	（0.000）	（0.000）	（0.000）	（0.000）	（0.000）
Totalasset	− 0.225 ***	− 0.063 ***	− 0.203 *	− 0.160	0.138
	（0.030）	（0.018）	（0.119）	（0.127）	（0.156）
GDP	0.116 ***	− 0.162 ***	0.001	0.004	− 0.007
	（0.021）	（0.031）	（0.032）	（0.038）	（0.037）
常数项	4.164 ***	3.817 ***	2.193 ***	2.951 ***	0.512
	（0.338）	（0.448）	（0.459）	（0.429）	（0.750）
样本量	1509	2271	436	436	436
R^2	0.711	0.644	0.156	0.446	0.209
行业固定效应	YES	YES	NO	YES	YES
年份固定效应	YES	NO	NO	YES	NO
城市固定效应	NO	YES	NO	NO	YES

注：括号内为（聚类）稳健标准误，＊、＊＊、＊＊＊分别表示在10%、5%、1%的水平下显著。

5.2.3.3 稳健性检验

为确保基准回归结果的稳健性，本章通过共同趋势检验、安慰剂检验、变更样本区间、"控制年份与行业&城市&省份的交乘项"和"控制年份与控制变量的交乘项"等进一步检验基准回归结果的稳健性。

5.2.3.3.1 共同趋势检验

使用双重差分模型研究因果效应的前提条件是政策之前处理组和控制组需满足共同趋势,为此本章设置虚拟变量 pre_3、pre_2、pre_1、post_1、post_2、post_3、post_4 和 post_5,分别表示中期借贷便利担保品扩容前1年、2年和3.5年,中期借贷便利担保品扩容后0.5年、1年、1.5年、2年和2.5年。将上述虚拟变量与处理组虚拟变量 Treat 相乘后放入回归方程进行重新回归。表5-8显示了共同趋势的检验结果,其中第(1)(2)(3)列分别表示不控制任何控制变量,控制债券特征变量和控制所有控制变量。表5-8中的回归结果显示,无论是放入控制变量还是不放入控制变量,标的债券信用利差的双重差分估计系数在中期借贷便利担保品扩容之前都不显著负相关,而在中期借贷便利担保品扩容之后标的债券信用利差的双重差分估计系数在第一期后出现正相关,但在中期借贷便利担保品扩容2.5年之后出现了显著的负相关,并且无论是显著性水平还是系数绝对值都大于中期借贷便利担保品扩容半年后的双重差分估计系数。

表5-8   稳健性检验:共同趋势检验

变量	Spread		
	(1)	(2)	(3)
pre_3	0.150	0.180	0.180
	(0.152)	(0.150)	(0.150)
pre_2	-0.054	-0.102	-0.102
	(0.154)	(0.143)	(0.143)
pre_1	0.279***	0.152	0.152
	(0.105)	(0.108)	(0.108)
post_1	0.301***	0.193*	0.193*
	(0.110)	(0.110)	(0.110)
post_2	0.126	0.009	0.009
	(0.104)	(0.091)	(0.091)

续表

变量	Spread		
	（1）	（2）	（3）
post _3	0.020	- 0.114	- 0.114
	(0.098)	(0.097)	(0.097)
post _4	0.097	- 0.027	- 0.027
	(0.092)	(0.086)	(0.086)
post _5	- 0.165 *	- 0.222 ***	- 0.222 ***
	(0.094)	(0.085)	(0.085)
Rating		- 0.258 **	- 0.258 **
		(0.106)	(0.106)
Amount		0.002 *	0.002 *
		(0.001)	(0.001)
Term		0.033 ***	0.033 ***
		(0.008)	(0.008)
Ratetype		- 1.176 ***	- 1.176 ***
		(0.215)	(0.215)
Covenant		- 0.117 **	- 0.117 **
		(0.053)	(0.053)
Redeem		0.884 ***	0.884 ***
		(0.066)	(0.066)
Guarantee		- 0.111	- 0.111
		(0.159)	(0.159)
LEV			- 0.031 ***
			(0.003)
ROE			0.019 ***
			(0.003)
Liquiratio			- 0.001 ***
			(0.000)
Ownerequity			- 0.683 ***
			(0.110)
Totalasset			0.184 **
			(0.082)

续表

变量	Spread		
	(1)	(2)	(3)
GDP			0.004
			(0.018)
常数项	1.489 ***	3.947 ***	8.783 ***
	(0.076)	(0.651)	(0.456)
样本量	3835	3835	3835
R^2	0.917	0.939	0.939
年份 & 行业固定效应	YES	YES	YES

注：括号内为（聚类）稳健标准误，*、**、*** 分别表示在 10%、5%、1% 的水平下显著。

5.2.3.3.2 删除金融债

本小节重点研究中国人民银行将不低于 AA 评级的信用债、小微企业债和绿色债券等和实体经济相关的债券纳入中期借贷便利担保品范围对企业融资成本的影响，而金融债和实体企业融资成本无直接关系，有可能对回归结果进行干扰。因此，本节将普通商业银行债券、政策性金融债和非银行金融债样本删除，进行重新回归。表 5 – 9 表明基准回归结果较为稳健。

表 5 – 9　　　　　　稳健性检验：删除普通商业银行债券、
政策性金融债和非银行金融债

变量	Spread		
	(1)	(2)	(3)
Treat × Post	– 0.273 ***	– 0.196 ***	– 0.193 ***
	(0.073)	(0.058)	(0.057)
Treat	– 0.258 ***	– 0.260 ***	– 0.274 ***
	(0.060)	(0.044)	(0.043)
Post	0.615 ***	0.100 *	0.103 *
	(0.051)	(0.058)	(0.057)
Rating	– 0.512 ***	– 0.502 ***	– 0.472 ***
	(0.019)	(0.017)	(0.020)
Amount	– 0.012 ***	– 0.009 ***	– 0.003 ***
	(0.001)	(0.001)	(0.001)

续表

变量	Spread		
	（1）	（2）	（3）
Term	0.018 **	− 0.005	0.016 **
	（0.008）	（0.007）	（0.007）
Ratetype	0.448	0.897 **	0.892 ***
	（0.350）	（0.356）	（0.318）
Covenant	0.457 ***	0.266 ***	0.262 ***
	（0.034）	（0.033）	（0.033）
Redeem	0.267 ***	0.506 ***	0.579 ***
	（0.049）	（0.048）	（0.049）
Guarantee	0.903 ***	0.711 ***	0.643 ***
	（0.040）	（0.042）	（0.049）
LEV			− 0.002 **
			（0.001）
ROE			− 0.003 ***
			（0.001）
Liquiratio			− 0.000
			（0.000）
Ownerequity			− 0.000 ***
			（0.000）
Totalasset			− 0.077 ***
			（0.016）
GDP			0.002
			（0.013）
常数项	3.800 ***	3.676 ***	4.018 ***
	（0.375）	（0.440）	（0.406）
样本量	3799	3799	3780
R^2	0.474	0.612	0.619
年份＆行业固定效应	NO	YES	YES

注：括号内为（聚类）稳健标准误，＊、＊＊、＊＊＊分别表示在10％、5％、1％的水平下显著。

5.2.3.3.3　其他稳健性检验

除了进行共同趋势检验以外，本章还进行了安慰剂检验等其他稳健性检验。本章通过构建虚拟政策变量，将 2017 年 1 月 1 日设为虚拟政策时间点，然后进行重新回归。表 5 - 10 的第（1）列显示，双重差分估计系数不显著。考虑到 2015 年是中国人民银行执行定向降准的重要年份以及 2020 年新冠疫情的暴发，为避免定向降准和新冠疫情对回归结果的干扰，本章将样本区间缩减至 2016—2019 年。表 5 - 10 第（2）列回归结果显示，双重差分估计系数的符号未发生变化，但估计系数绝对值显著增加，表明新冠疫情等外生事件使双重差分估计系数明显低估。为进一步控制时间趋势的影响，本节借鉴Li 等（2016）以及黄振和郭晔（2021）的研究，控制年份变量和所有控制变量的乘积。同样地，为控制时变区域差异或区域政策差异对归回结果造成的影响，本章进一步控制了行业、城市和省份变量与时间年份的交乘项。表5 - 10 第（3）（4）列显示，在分别"控制行业 & 城市 & 省份与年份交乘项"以及"控制变量与年份交乘项"之后，双重差分估计系数依然稳健。

表 5 - 10   稳健性检验：其他

变量	Spread			
	安慰剂检验	2016.10.19 样本	控制行业 & 城市 & 省份与年份交乘项	控制变量与年份交乘项
	（1）	（2）	（3）	（4）
Treat × Post	- 0.152	- 0.347 ***	- 0.165 ***	- 0.315 ***
	(0.262)	(0.066)	(0.058)	(0.056)
Treat	- 0.019	- 0.039	0.022	0.028
	(0.261)	(0.042)	(0.045)	(0.040)
Post	—①	0.115 *	- 0.005	0.130 **
		(0.059)	(0.052)	(0.056)
Rating	- 0.657 ***	- 0.606 ***	- 0.552 ***	224.018 ***
	(0.030)	(0.035)	(0.029)	(32.897)
Amount	- 0.005 ***	- 0.003 **	- 0.001	4.241 ***
	(0.001)	(0.001)	(0.001)	(0.933)

---

① 多重共线性导致 Post 出现缺失值。

续表

变量	Spread			
	安慰剂检验	2016.10.19 样本	控制行业 & 城市 & 省份与年份交乘项	控制变量与年份交乘项
	（1）	（2）	（3）	（4）
Term	0.010	0.043 ***	0.011 **	30.075 ***
	（0.007）	（0.010）	（0.005）	（6.668）
Ratetype	− 0.931 ***	− 0.941	− 0.853 ***	− 414.594 ***
	（0.320）	（0.583）	（0.154）	（117.169）
Covenant	0.252 ***	0.170 ***	0.176 ***	− 357.540 ***
	（0.033）	（0.047）	（0.032）	（59.097）
Redeem	0.552 ***	0.614 ***	0.639 ***	266.973 **
	（0.047）	（0.098）	（0.045）	（135.264）
Guarantee	0.570 ***	0.515 ***	0.442 ***	− 218.927 ***
	（0.046）	（0.054）	（0.045）	（51.051）
LEV	− 0.022 ***	− 0.017 ***	− 0.009 **	8.979 **
	（0.004）	（0.005）	（0.004）	（4.385）
ROE	− 0.003 ***	− 0.018 ***	− 0.002 **	− 13.319 ***
	（0.001）	（0.004）	（0.001）	（4.561）
Liquiratio	− 0.000	− 0.000	− 0.000	0.528
	（0.000）	（0.000）	（0.000）	（0.542）
Ownerequity	− 0.861 ***	− 0.561 **	− 0.487 ***	440.226 **
	（0.167）	（0.228）	（0.149）	（182.257）
Totalasset	0.749 ***	0.394 *	0.341 **	− 524.454 ***
	（0.166）	（0.226）	（0.148）	（182.197）
GDP	0.003	0.057 ***	17.056 **	73.747 ***
	（0.013）	（0.016）	（6.757）	（16.490）
常数项	7.086 ***	5.746 ***	− 431.679 ***	5.009 ***
	（0.410）	（0.657）	（110.147）	（0.636）
样本量	3829	1963	3829	3829
R^2	0.623	0.714	0.762	0.642
年份 & 行业固定效应	YES	YES	YES	YES
城市固定效应	NO	NO	YES	NO
省份固定效应	NO	NO	YES	NO

续表

变量	Spread			
	安慰剂检验	2016.10.19 样本	控制行业 & 城市 & 省份与年份交乘项	控制变量与年份交乘项
	(1)	(2)	(3)	(4)
行业 & 城市 & 省份与年份交乘项	NO	NO	YES	NO
控制变量与年份交乘项	NO	NO	NO	YES

注：括号内为（聚类）稳健标准误，*、**、*** 分别表示在10%、5%、1%的水平下显著。

5.3　小结

本章基于欧洲中央银行抵押品框架改革和中国人民银行中期借贷便利担保品扩容事件，使用事件研究法和双重差分方法研究中央银行抵押品框架改革对标的债券到期收益率或信用利差的影响。结果表明，中央银行降低主权债信用评级或者将合格债券资产纳入抵押品框架都意味着变相降低了合格抵押品的折扣率，从而降低了主权债到期收益率，小微、绿色和"三农"等金融债以及合格信用债的信用利差，这与第4章的模型推导结果一致。

6

中央银行抵押品框架改革效果：
信贷市场

6.1 中央银行抵押品框架改革与银行信贷供给

6.1.1 信贷资产质押再贷款试点与研究假设

中国人民银行于 2012 年底初步建立多层次货币政策抵押品管理框架，需要注意的是中国人民银行抵押品管理框架有两种不同的提法：担保品管理框架和抵押品管理框架。担保品管理框架更加强调担保品在货币政策执行过程中的"质权"特性，即在中央银行交易对手方不违约的情形下，担保品所有权不发生转移，而抵押品管理框架与之相反，强调抵押品在货币政策执行过程中的"抵押权"特性。2014 年，随着信贷资产质押再贷款试点工作的推进，"抵押品管理框架"一词在中国人民银行货币政策执行报告中出现的频率较高，并且《中国人民银行关于开展常备借贷便利操作试点的通知》明确规定了中央银行抵押品基础抵押率，其中信贷资产的基础抵押率为 50%～70%。2017 年第四季度，中国人民银行在其货币政策执行报告中首次提出货币政策的"担保品管理框架"，2018 年第二季度又将小微企业信贷资产和绿色信贷纳入中央银行担保品框架，"担保品管理框架"成为目前中国人民银行和国内学术研究（郭晔和房芳，2021；黄振和郭晔，2021）的常态提法，但在国际上使用更多的是抵押品框架。因此，本章遵循国际统一标准，使用"抵押品框架"这一表述。

截至目前，多层次货币政策抵押品框架要求公开市场操作的合格抵押品主要为国债和政策性金融债等高质量债券，再贷款、常备借贷便利、中期借贷便利和抵押补充贷款等货币政策工具担保品范围扩展至高质量企业债和优质信贷资产。在中国人民银行多层次货币政策抵押品框架不断完善的过程中，基于信贷资产质押再贷款试点的中央银行抵押品框架改革成为多层次货币政策抵押品管理框架的重要内容之一。中国人民银行信贷资产质押再贷款试点分为三个阶段：2014 年，为解决中小金融机构合格抵押品（或担保品）相对不足问题，中国人民银行在山东和广东开展信贷资产质押再贷款试点工作；2015 年 9 月，中国人民银行决定将信贷资产质押再贷款试点工作推广至上海、天津和北京等九省（市）；2017 年底，中国人民银行决定从 2018 年开始，将信贷资产质押再贷款抵押品框架改革推广至全国。信贷资产质押再贷款试点的关键环节是中国人民银行内部评级。中国人民银行内部评级采取定量与定性相结合的评级方法，将贷款企业信用等级分为十级，"可接受"及以上等级企业的信贷资产被纳入中央银行发放再贷款的合格抵押品范围，可用于试点商业银行向中国人民银行申请流动性支持。

根据第 4 章的模型推导以及中国人民银行信贷资产质押再贷款试点，本章提出以下假设：

假设 1：中国人民银行将合格信贷资产纳入其抵押品框架会显著增加试点商业银行信贷供给[①]。

前文分析表明，出于贴现窗口"污名效应"，很多商业银行不愿向中央银行申请流动性。本章认为信贷资产质押再贷款试点的贴现窗口"污名效应"并不明显，试点商业银行参与信贷资产质押再贷款试点的动机较强。第一，中国人民银行并不公开披露单个再贷款交易对手方信息，商业银行被市场参与者视为财务脆弱性金融机构的可能性较小。第二，国际金融危机背景下商业银行因担心使用美联储贴现窗口会释放财务脆弱信号而避免使用该工具。与此不同，信贷资产质押再贷款试点是正常时期的流动性供给渠道，再贷款融资银行并不会向中国人民银行发出负面信号。第三，和大型商业银行相比，地方性法人金融机构在增加信贷投放时往往面临较大的优质抵押品约束、流动性约束和资本约束。中国人民银行将合格信贷资产纳入其抵押品框架为地方性法人金融机构提供了获取中央银行流动性的新渠道，试点商业银行参与信贷质押再贷款试点的动机较强。据此，本章提出第二个假设：

假设 2：中国人民银行将合格信贷资产纳入其抵押品框架会通过向中国人民银行借款增加试点商业银行信贷供给。

---

① 此外，本章在 6.1.3.4.5 部分实证研究了中国人民银行将合格信贷资产纳入其抵押品框架在降低试点商业银行贷款利率方面的作用。

此外，根据第4章模型推论，中央银行将信贷资产纳入抵押品框架会导致商业银行风险承担水平上升。背后可能的原因在于中央银行将信贷资产纳入抵押品框架可能激励银行发放低质量的信贷资产，从而导致商业银行风险承担水平上升。基于此，本章提出第3个假设。

假设3：中国人民银行将合格信贷资产纳入其抵押品框架可能导致商业银行风险承担水平上升。

6.1.2 数据来源、变量选择与研究设计

6.1.2.1 数据来源

中国人民银行从2012年开始建立抵押品框架并于2018年将信贷资产质押再贷款试点工作推广至全国金融机构。信贷资产质押再贷款试点要求评级为"可接受"及以上等级企业的信贷资产被纳入中国人民银行发放再贷款的合格抵押品范围，可试点商业银行向中国人民银行申请流动性支持。为有效匹配处理组银行的对照组，实证分析部分使用银行2012—2017年的非平衡面板数据。同时，考虑到样本量大小和双重差分方法的特性，本章将第一批试点省份广东省和山东省样本删除，研究中国人民银行第二批次信贷资产质押再贷款试点对银行信贷供给的影响。因此，实证分析部分的处理组为试点省份城商行和农商行，对照组为非试点省份的城商行、农商行、国有银行和股份制银行以及试点省份的国有银行与股份制银行。鉴于数据的质量和可得性，样本银行中不包含民营银行和外资银行。银行财务数据主要来自Wind数据库，小微企业贷款数据由作者依据银行社会责任报告和年度报告进行手工收集，经济增速、通货膨胀和广义货币增速分别来自国家统计局和中国人民银行官网。为防止个别极端值对回归结果的影响，本章对所有连续变量进行上下1%分位数处理。经过删除残缺值和倾向得分匹配初步处理之后，最终获取非平衡面板数据的样本量为520，其中处理组样本262，银行个数为81，具体包含重庆三峡银行、自贡银行和天津银行等34家城商行以及重庆农商行、北京农商行和江苏大丰农商行等47家农商行；对照组样本258，银行个数为127，具体包含龙江银行、贵阳银行和赣州银行等55家城商行，山西尧都农商行、长春发展农商行和安徽马鞍山农商行等59家农商

行，8 家股份制银行以及 5 家国有大型银行。

6.1.2.2 变量选择与描述性统计

考虑到信贷资产质押再贷款试点将银行发放的合格企业贷款纳入中国人民银行抵押品框架，不包含个人贷款，因此，实证分析以银行发放的企业贷款衡量银行信贷供给。具体而言，本章借鉴 Van Bekkum 等（2017）的相关研究，选择银行企业贷款规模自然对数作为银行信贷供给代理变量。同时，参考喻微锋等（2020）的类似做法，选择银行企业贷款占总贷款比例、占总资产比例以及占总负债比例作为被解释变量的另外三个代理指标，其中前两个指标用于基准回归分析，后两个指标用于稳健性检验。另外，本章在研究中央银行抵押品框架扩容对银行小微企业信贷供给的影响时，选择银行小微企业贷款规模自然对数和小微企业贷款占比作为被解释变量的代理指标（盛天翔和范从来，2020）。在检验中央银行抵押品框架扩容对银行风险承担水平的影响时，使用银行不良贷款率作为银行风险承担的代理变量。尽管衡量银行风险承担的指标有 Z 值、风险加权资产和不良贷款率等多个指标，但不良贷款率更为直接地衡量了银行坏账率这一被动风险承担，更加契合本章的研究。为缓解遗漏变量问题对回归结果的干扰，本章在实证回归中加入一些控制变量。借鉴 Van Bekkum 等（2017）的研究，将银行规模、杠杆水平、盈利能力、企业存款占比和流动性比率等指标纳入双重差分模型，并结合银行特征和宏观经济状况在实证回归中引入资本充足率和贷存比（潘敏和张依茹，2013；廉永辉和张琳，2015）等银行微观特征变量和经济增速、通货膨胀和货币政策等宏观经济变量。关于以上变量的具体释义如表 6-1所示。

表 6-1　　　　　　　　　　　　变量释义

变量符号	变量名称	变量释义
LNLOAN	银行企业贷款规模	企业贷款总额自然对数
LOAN _ ratio	银行企业贷款占比	企业贷款/总贷款
Treat	试点商业银行虚拟变量	试点省份地方性银行取 1，其他取 0

续表

变量符号	变量名称	变量释义
After	中央银行抵押品框架扩容虚拟变量	2015 年及其之后取 1，其他取 0
SIZE	银行规模	银行总资产自然对数
LEV	净杠杆	权益/总资产
DEP_ratio	企业存款占比	企业存款/总负债
ROA	盈利能力	净利润/总资产
LD_ratio	贷存比	总贷款/总负债
CAR	资本充足率	资本总额/风险加权资产
LIQ_RATIO	流动性比率	流动性资产/总资产
GDP	经济增速	GDP 增速
CPI	通货膨胀	CPI 增速
M_2	广义货币供给	M_2 增速
LOANA_ratio	银行企业贷款占总资产比例	企业贷款/总资产
LOANL_ratio	银行企业贷款占总负债比例	企业贷款/总负债
LNSLOAN	银行小微企业贷款规模	小微企业贷款总额自然对数
SLOAN_ratio	银行小微企业贷款占比	小微企业贷款/总贷款
NPL	银行风险承担	不良贷款率
LNCB	中央银行贷款规模	中央银行借款自然对数
CB_ratio	中央银行借款占比	中央银行借款/总贷款

表 6-2 给出了变量的描述性统计结果。子样本数据显示，处理组银行企业贷款规模对数在信贷资产质押再贷款试点前后的均值分别为 5.260 和 5.726，增幅为 0.466，而对照组银行企业贷款规模对数在信贷资产质押再贷款试点前后均值分别为 5.163 和 5.270，增幅为 0.107，因此中央银行抵押品框架扩容对银行企业贷款规模均值的影响约为 0.359（0.466－0.107），影响幅度较大。同理，中央银行抵押品框架扩容对银行企业贷款占比均值的影响约为 0.05。从描述性统计结果可以粗略看出，平均而言，中央银行抵押品框架扩容对银行信贷供给产生一定的正向影响，而该影响是否具有显著的经济意义和统计意义需经过后文严格的因果推断进行验证。另外，子样本数据显示，无论是在中央银行抵押品框架扩容前后还是处理组与对照组之间，样本分布相对均匀，体现了良好的样本分布特征。全样本数据显示，银行企业贷款自然对数的均值和方差分别为 5.359 和 1.71，银行企业贷款占比的均

值和方差分别为 0.656 和 0.196。

表 6-2 描述性统计分析

变量符号	样本量	均值	标准差	最小值	最大值
子样本：2012—2014 年					
处理组					
LNLOAN	133	5.260	1.491	2.308	8.539
LOAN_ratio	133	0.715	0.177	0.241	0.983
对照组					
LNLOAN	104	5.163	2.119	0.627	11.16
LOAN_ratio	104	0.632	0.203	0.0740	0.983
子样本：2015—2017 年					
处理组					
LNLOAN	129	5.726	1.398	2.835	8.930
LOAN_ratio	129	0.708	0.166	0.200	0.980
对照组					
LNLOAN	154	5.270	1.785	1.850	11.22
LOAN_ratio	154	0.575	0.202	0.0890	0.998
全样本：2012—2017 年					
LNLOAN	520	5.359	1.710	0.627	11.220
LOAN_ratio	520	0.656	0.196	0.111	0.983
Treat	520	0.504	0.500	0	1
After	520	0.544	0.499	0	1
SIZE	520	6.654	1.617	3.650	12.31
LEV	520	0.074	0.019	0.022	0.175
DEP_ratio	520	0.324	0.134	0.025	0.746
ROA	520	1.101	0.391	0.068	2.405
LD_ratio	520	63.19	10.77	16.69	89
CAR	520	0.134	0.023	0.001	0.249
LIQ_RATIO	520	0.285	0.102	0.095	0.698
GDP	520	0.073	0.004	0.068	0.079
CPI	520	0.020	0.004	0.014	0.026
M_2	520	0.120	0.019	0.082	0.138
LOANA_ratio	520	0.297	0.109	0.042	0.639

续表

变量符号	样本量	均值	标准差	最小值	最大值
LOANL _ ratio	520	0.321	0.119	0.045	0.697
LNSLOAN	172	5.963	1.504	0.255	9.836
SLOAN _ ratio	172	0.389	0.179	0.003	0.796
NPL	520	0.159	0.010	0.000	0.150
LNCB	331	1.558	1.996	-4.828	8.057
CB _ ratio	331	0.027	0.048	0.00002	0.505

6.1.2.3 研究设计

6.1.2.3.1 双重差分模型

为缓解处理组和对照组银行自身特征差异对回归结果的潜在干扰，本章借鉴郭晔和房芳（2021）的做法，使用倾向得分作为距离函数进而为处理组银行匹配到最为"近似"的对照组。在借鉴现有研究的基础上，选取银行规模、杠杆水平、企业存款占比、盈利能力、贷存比和资本充足率六个银行层面特征变量作为匹配变量，使用较为常用的一对一近邻匹配对数据进行初步处理。表6-3体现了倾向得分匹配的平衡性检验结果。在以企业贷款占比作为结果变量进行一对一近邻匹配之后，偏差率显著下降，且均在10%以内，偏差最大降幅为83.6%。T检验说明倾向匹配得分之后，处理组企业和对照组银行之间并不存在系统性差异，匹配效果较好。

表6-3　　　　　　　　　　倾向得分匹配平衡性检验

匹配变量		均值		偏差		T检验	
		处理组	对照组	标准偏差（%）	降幅（%）	T值	P值
SIZE	匹配前	6.575	6.855	-16.5		-2.54	0.011
	匹配后	6.575	6.499	4.5	72.8	0.68	0.498
LEV	匹配前	0.073	0.077	-20.2		-3.16	0.002
	匹配后	0.073	0.0722	4.1	79.6	0.65	0.517
DEP _ ratio	匹配前	0.312	0.341	-21.6		-3.40	0.001
	匹配后	0.312	0.306	4.7	78.3	0.68	0.499

匹配变量		均值		偏差		T 检验	
		处理组	对照组	标准偏差（%）	降幅（%）	T 值	P 值
ROA	匹配前	1.028	1.173	−35.8		−5.57	0.000
	匹配后	1.028	1.060	−8.0	77.8	−1.18	0.240
LD _ ratio	匹配前	64.224	63.212	9.3		1.46	0.144
	匹配后	64.224	63.77	4.2	55.1	0.62	0.534
CAR	匹配前	0.133	0.136	−10.9		−1.68	0.092
	匹配后	0.133	0.134	−1.8	83.6	−0.26	0.796

经过上述处理并借鉴 Van Bekkum 等（2017）以及郭晔和房芳（2021）的研究，本章构建以下双重差分模型研究中央银行抵押品框架扩容对银行信贷供给的影响：

$$Y_{it} = \theta Treat_i \times After_t + \gamma X_{it} + u_i + \lambda_t + \xi_{it} \qquad (6.1)$$

其中，Y 表示银行信贷供给，在主回归中表示银行企业贷款规模和占比。在研究中央银行抵押品框架扩容影响小微企业信贷的分析中，Y 表示银行小微企业贷款规模和占比，在验证中央银行抵押品框架扩容可能提高银行风险承担水平的分析中表示不良贷款率，在稳健性检验部分表示银行企业贷款占总资产和总负债的比例。$Treat$ 表示处理组变量，即试点银行虚拟变量。$After$ 表示中国人民银行信贷资产质押再贷款试点虚拟变量，位于上海、天津等九省（市）的地方性法人银行为处理组，其他银行为控制组。X 表示银行微观特征变量和宏观经济变量。u 表示银行个体固定效应，该部分吸收了处理组银行 $Treat$ 的固定效应。λ 表示 2012—2017 年的年度固定效应，该部分吸收了中央银行抵押品框架扩容虚拟变量 $After$ 的固定效应。ξ 表示不可观测的扰动因素，假设 $\{\xi_{it}\}$ 独立同分布且与 u_i 不相关。

6.1.2.3.2 动态边际影响效应

双重差分模型目的在于研究中央银行抵押品框架扩容影响银行信贷供给的平均处理效应，但无法获取政策冲击后中央银行抵押品框架扩容对银行信贷供给的动态边际影响。中央银行抵押品框架扩容在政策冲击后的样本期间内是否只发挥短暂的政策效力，还是能够持续增加银行信贷供给？这些细节需要进一步研究。本章采用张晓慧等（2020）的类似做法，构建动态边际影响效应模型以分析中央银行抵押品框架扩容对银行信贷供给的动态边际效应：

$$Y_{it} = \sum_{t=2015}^{2017} \theta_t Treat_i \times After_t + \gamma X_{it} + u_i + \lambda_t + \xi_{it} \qquad (6.2)$$

其中，Y 表示银行企业贷款规模和占比，样本期间 t 为 2015—2017 年，其他变量与（6.1）式一致，具体释义见表 6-1。

6.1.3　实证分析

6.1.3.1　平行性趋势

使用双重差分方法研究中央银行抵押品框架扩容与银行信贷供给的因果关系需要满足一个重要前提：平行性趋势（Parallel Trend），即处理组银行如果未受到中央银行抵押品框架扩容的冲击，其信贷供给变化趋势应与对照组基本一致。图 6-1 和图 6-2 表示处理组和对照组银行信贷供给在信贷资产质押再贷款试点前后的变化趋势。图 6-1 纵轴表示银行发放的企业贷款对数均值，图 6-2 纵轴表示银行发放的企业贷款占比均值，横轴表示样本区间 2012—2017 年。不难看出，在中国人民银行信贷资产质押再贷款试点政策推广之前，处理组和对照组银行发放的企业贷款规模和占比走势基本一致，表明不存在其他的因素对两者产生非对称冲击。2015 年当年及其之后，图 6-1 中的处理组银行企业贷款规模均值出现较为明显的上升，并且增幅明显大于对照组；与此类似，图 6-2 中的处理组银行企业贷款占比均值在 2015 年之后增加，而对照组银行企业贷款占比均值继续下降，延续了 2012—2014 年的走势。

6.1.3.2　平均处理效应

表 6-4 前四列展示了基准回归结果，在加入银行特征和宏观因素等控制变量之后，双重差分估计系数在 1% 的显著性水平上显著。第（2）列和第（4）列回归结果显示，相对于对照组银行，处理组银行企业贷款的规模增加约 12%，企业贷款占比提高 5%，经济意义和统计意义均显著，表明中

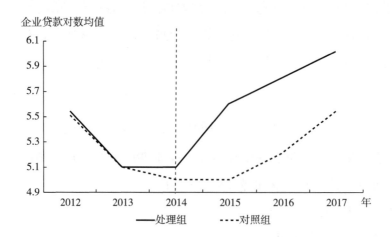

图 6 - 1   银行企业贷款规模均值变化趋势

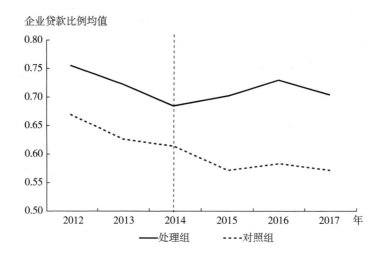

图 6 - 2   银行企业贷款占比均值变化趋势

央银行抵押品框架扩容显著增加了试点银行信贷供给，验证了前文的假设 1。控制变量方面，银行资产规模越大，表明其市场份额越大，获取流动性的能力越强，因而增加信贷供给的流动性约束较弱。净杠杆水平越高的银行，其受到的资本约束越小，信贷供给能力越强。广义货币供给 M_2 与银行信贷供给不显著相关，表明传统总量型货币政策并未显著增加银行信贷供给，数量型货币政策的效力有所减弱。此外，考虑到地方性法人金融机构是服务小微企业的主体以及中央银行抵押品框架扩容的政策倾向，本章进一步分析中央银行抵押品框架对银行小微企业信贷供给的影响。表6－4第（5）（6）两列显示，中央银行抵押品框架扩容显著增加了试点银行小微企业贷款规模和贷款占比，表明中央银行抵押品框架扩容有效发挥了定向调控功能。

表6－4　　　　　中央银行抵押品框架扩容的平均处理效应

变量	LNLOAN		LOAN _ ratio		LNSLOAN	SLOAN _ ratio	NPL
	（1）	（2）	（3）	（4）	（5）	（6）	（7）
Treat × After	0.362 ***	0.118 ***	0.044 **	0.050 ***	0.408 *	0.087 **	0.001 *
	(0.024)	(0.040)	(0.018)	(0.018)	(0.232)	(0.037)	(0.001)
SIZE		0.809 ***		0.082 ***	0.436	−0.059	0.001
		(0.069)		(0.031)	(0.325)	(0.061)	(0.001)
LEV		1.916 *		1.618 ***	−25.475	−4.068	0.005
		(0.976)		(0.473)	(18.049)	(2.626)	(0.027)
DEP _ ratio		0.707 ***		−0.040	2.777 *	0.091	0.002
		(0.223)		(0.108)	(1.496)	(0.251)	(0.005)
ROA		0.048		−0.000	0.437	0.085 *	−0.006 ***
		(0.063)		(0.028)	(0.280)	(0.050)	(0.001)
LD _ ratio		0.019 ***		0.001	0.044 **	0.004	0.000 **
		(0.002)		(0.001)	(0.020)	(0.003)	(0.000)
CAR		−2.119 **		−0.801 **	6.080	1.036	0.017
		(0.929)		(0.398)	(6.258)	(1.031)	(0.016)
LIQ _ ratio		0.073		0.123 *	−0.338	−0.122	−0.005
		(0.157)		(0.070)	(0.856)	(0.159)	(0.004)
GDP		9.278		10.636 ***	−17.851	0.271	−0.124
		(5.651)		(2.789)	(23.239)	(4.657)	(0.139)
CPI		4.901		3.802 **	−16.904	−1.898	0.047
		(4.689)		(1.759)	(12.915)	(2.210)	(0.074)
M_2		−0.226		0.405	−3.346	−0.716	−0.003
		(0.765)		(0.361)	(2.461)	(0.481)	(0.016)
常数项	5.178 ***	−2.138 **	0.706 ***	−0.910 **	1.159	0.712	(0.016)
	(0.121)	(0.941)	(0.009)	(0.460)	(3.639)	(0.783)	(0.019)
样本量	520	520	520	520	172	172	520

续表

变量	LNLOAN		LOAN_ratio		LNSLOAN	SLOAN_ratio	NPL
	(1)	(2)	(3)	(4)	(5)	(6)	(7)
银行数	208	208	208	208	71	71	208
R^2	0.250	0.757	0.153	0.200	0.626	0.347	0.425
年份固定效应	NO	YES	YES	YES	YES	YES	YES
个体固定效应	NO	YES	YES	YES	YES	YES	YES

注：括号内为（聚类）稳健标准误，*、**、*** 分别表示在 10%、5%、1% 的水平下显著。

基于中介效应模型，本章进一步验证了中央银行借款在中央银行抵押品框架扩容影响银行信贷供给中的中介作用。尽管表 6-5 第（1）（2）列中的解释变量（*Treat* × *After*）和中介变量（*LNCB*）不显著，但回归系数方向为正。表 6-5 第（3）（4）列显示，在 10% 的显著水平下，中央银行抵押品框架扩容有效增加了银行向中央银行的借款（0.011），并进一步增加了银行信贷供给（0.412）。经济意义和统计意义均显著，表明中央银行借款在中央银行抵押品框架扩容促进银行信贷供给方面发挥了一定的作用，验证了假设 2。另外，与 Van Bekkum 等（2017）的实证结论基本一致，表 6-4 第（7）列的回归结果表明，在 10% 的显著性水平下，中国人民银行将合格信贷资产纳入其抵押品框架，使试点银行的不良贷款率增加 0.1%，试点银行的风险承担水平上升，验证了假设 3。

表 6-5　中央银行抵押品框架扩容影响银行信贷供给的机制检验：中介效应

变量	LNCB	LNLOAN	CB_ratio	LOAN_ratio
	(1)	(2)	(3)	(4)
Treat × *After*	0.547	0.041	0.011 *	0.023
	(-0.536)	(-0.047)	(-0.006)	(-0.016)
LNCB		0.014		
		(-0.009)		
CB_ratio				0.412 *
				(-0.176)
SIZE	0.684	0.879 ***	0.004	0.02
	(-1.099)	(-0.086)	(-0.017)	(-0.044)

续表

变量	LNCB	LNLOAN	CB_ratio	LOAN_ratio
	（1）	（2）	（3）	（4）
LEV	11.403	5.914***	-0.087	2.536***
	（-12.853）	（-1.639）	（-0.245）	（-0.653）
DEP_ratio	-3.647	0.846**	-0.102***	-0.04
	（-2.826）	（-0.332）	（-0.036）	（-0.147）
ROA	0.853	-0.099*	0.016*	-0.032
	（-0.593）	（-0.055）	（-0.009）	（-0.028）
LD_ratio	0.023	0.010***	0.001**	-0.001
	（-0.021）	（-0.003）	（0）	（-0.001）
CAR	0.272	-2.637***	0.166	-0.991**
	（-7.771）	（-0.885）	（-0.158）	（-0.449）
LIQ_ratio	-1.904	0.038	-0.014	0.155*
	（-2.136）	（-0.185）	（-0.031）	（-0.087）
GDP	-86.524	18.155**	-1.16	8.285**
	（-108.425）	（-8.876）	（-1.377）	（-4.19）
CPI	-28.651	-0.291	1.728***	0.107
	（-30.089）	（-2.32）	（-0.646）	（-1.241）
M_2	-18.049**	0.525	-0.452**	0.258
	（-8.416）	（-0.817）	（-0.174）	（-0.397）
常数项	3.957	-2.732**	0.04	-0.088
	（-16.204）	（-1.273）	（-0.216）	（-0.643）
样本量	331	331	331	331
银行数	143	143	143	143
R^2	0.433	0.853	0.286	0.3259
年份固定效应	YES	YES	YES	YES
个体固定效应	YES	YES	YES	YES

注：括号内为（聚类）稳健标准误，*、**、***分别表示在10%、5%、1%的水平下显著。

6.1.3.3 动态效应、异质性分析

尽管中央银行抵押品框架扩容显著增加试点商业银行信贷供给，但该政策效果在样本期间内是否具有一定的持续性需要进一步分析。本章试图研究中央银行抵押品框架扩容对试点商业银行信贷供给的边际动态效应。表6-

6 第（2）（4）列显示，中央银行抵押品框架扩容实施之后的每一年，试点商业银行信贷供给规模和占比都显著增加，表明中央银行抵押品框架扩容对试点商业银行信贷供给的边际动态效应较为明显。

表6-6　中央银行抵押品框架扩容影响银行信贷供给的边际动态效应

变量	LNLOAN		LOAN _ ratio	
	（1）	（2）	（3）	（4）
$Treat \times t2015$	0. 260 ***	0. 119 *	0. 050 *	0. 052 **
	(0. 021)	(0. 063)	(0. 026)	(0. 025)
$Treat \times t2016$	0. 381 ***	0. 112 ***	0. 033 *	0. 041 **
	(0. 032)	(0. 040)	(0. 019)	(0. 019)
$Treat \times t2017$	0. 522 ***	0. 125 **	0. 051 **	0. 058 **
	(0. 039)	(0. 049)	(0. 025)	(0. 024)
SIZE		0. 809 ***		0. 081 **
		(0. 071)		(0. 032)
LEV		1. 928 **		1. 637 ***
		(0. 967)		(0. 472)
DEP _ ratio		0. 706 ***		− 0. 042
		(0. 227)		(0. 110)
ROA		0. 047		− 0. 001
		(0. 062)		(0. 027)
LD _ ratio		0. 019 ***		0. 001
		(0. 002)		(0. 001)
CAR		− 2. 126 **		− 0. 810 **
		(0. 905)		(0. 387)
LIQ _ ratio		0. 069		0. 118 *
		(0. 150)		(0. 068)
GDP		8. 417		9. 382 ***
		(7. 461)		(3. 331)
CPI		5. 485		4. 713
		(8. 096)		(2. 980)
M_2		− 0. 132		0. 514
		(1. 172)		(0. 504)

变量	LNLOAN		LOAN _ ratio	
	（1）	（2）	（3）	（4）
常数项	5. 174 ***	− 2. 089 **	0. 706 ***	− 0. 835 *
	（0. 122）	（1. 027）	（0. 009）	（0. 486）
样本量	520	520	520	520
银行数	208	208	208	208
R^2	0. 293	0. 757	0. 155	0. 202
年份固定效应	NO	YES	YES	YES
个体固定效应	NO	YES	YES	YES

注：括号内为（聚类）稳健标准误，* 、** 、*** 分别表示在10%、5%、1%的水平下显著。

本章进一步分析了中央银行抵押品框架扩容对不同类型试点商业银行信贷供给的平均处理效应。表6－7显示，无论是双重差分变量估计系数的数值还是显著性水平，相对于城商行，中央银行抵押品框架扩容对农商行企业贷款规模和占比的正向作用更大。可能的原因在于，和城商行相比，农商行的风险较高，向中央银行申请流动性支持可用的合格抵押品较少，因而面临的流动性约束和资本约束较高。信贷资产质押再贷款试点将合格信贷资产纳入中央银行抵押品框架，会激励农商行使用信贷资产向中国人民银行进行抵押获取流动性。

表6－7　　中央银行抵押品框架扩容影响银行信贷供给的异质性分析

变量	LNLOAN		LOAN _ ratio	
	（1）	（2）	（3）	（4）
	农商行	城商行	农商行	城商行
Treat × After	0. 197 ***	0. 050	0. 079 **	0. 030 *
	（0. 072）	（0. 039）	（0. 031）	（0. 018）
SIZE	0. 813 ***	0. 825 ***	0. 115 *	0. 066 **
	（0. 128）	（0. 083）	（0. 061）	（0. 028）
LEV	0. 701	1. 261	1. 224	1. 498 ***
	（2. 592）	（1. 063）	（1. 273）	（0. 483）
DEP _ ratio	0. 509	0. 882 ***	− 0. 203	0. 051
	（0. 382）	（0. 229）	（0. 209）	（0. 106）

续表

变量	LNLOAN		LOAN _ ratio	
	（1）	（2）	（3）	（4）
	农商行	城商行	农商行	城商行
ROA	0. 175	− 0. 040	0. 072	− 0. 050 *
	(0. 142)	(0. 056)	(0. 053)	(0. 028)
LD _ ratio	0. 026 ***	0. 015 ***	0. 005 ***	− 0. 001
	(0. 004)	(0. 002)	(0. 002)	(0. 001)
CAR	− 3. 066 *	− 0. 898	− 1. 194 *	− 0. 447
	(1. 738)	(0. 747)	(0. 689)	(0. 328)
LIQ _ ratio	0. 205	− 0. 128	0. 112	0. 078
	(0. 259)	(0. 157)	(0. 124)	(0. 054)
GDP	7. 576	10. 892	9. 629 **	11. 513 ***
	(8. 346)	(6. 720)	(4. 476)	(2. 829)
CPI	11. 715	0. 182	7. 417 **	1. 583
	(9. 737)	(2. 385)	(3. 450)	(1. 012)
M_2	− 0. 787	0. 102	0. 277	0. 422
	(1. 148)	(0. 844)	(0. 522)	(0. 423)
常数项	− 2. 645 *	− 1. 944	− 1. 318 *	− 0. 693
	(1. 452)	(1. 215)	(0. 743)	(0. 473)
样本量	280	265	280	265
银行数	119	102	119	102
R^2	0. 631	0. 906	0. 267	0. 315
年份固定效应	YES	YES	YES	YES
个体固定效应	YES	YES	YES	YES

注：括号内为（聚类）稳健标准误，*、**、*** 分别表示在10%、5%、1%的水平下显著。

6.1.3.4 稳健性检验

6.1.3.4.1 共同趋势假设检验

前文对于中央银行抵押品框架扩容影响银行信贷供给的平行趋势假设和动态效应进行了细致分析，本章借鉴 Jacobson 等（1993）的事件研究法研究中央银行抵押品框架扩容影响银行信贷供给的平行性趋势和动态效应。图6-3和图6-4的共同趋势图描述了银行企业贷款规模和占比在中央银行抵押品框架扩容前后的动态变化，其中系数估计置信水平为95%。可以看出，2015年之前双重差分估计系数不显著，2015年之后双重差分估计系数在5%的显著性水平上均显著，进一步证明了回归结果的稳健性。

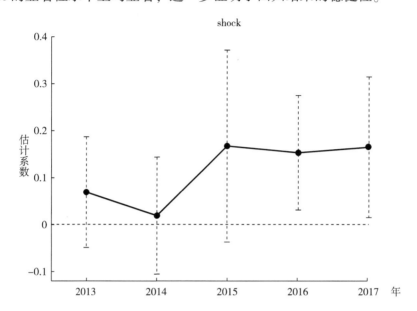

图 6-3　中央银行抵押品框架扩容影响银行企业贷款规模的共同趋势

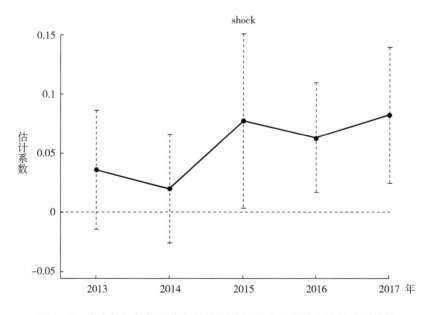

图 6-4　中央银行抵押品框架扩容影响银行企业贷款占比的共同趋势

6.1.3.4.2 安慰剂检验和变更被解释变量

本章构建了一个虚假的政策冲击变量，将原政策冲击的时间点提前一期，即 2014 年以后，After 为 1，其他为 0。表 6 - 8 第（1）（2）列显示双重差分变量的估计系数均不显著，验证了回归结果的稳健性。另外，本章将基准回归中的被解释变量替换为银行企业贷款与总资产之比和银行企业贷款与总负债之比。表 6 - 8 第（3）（4）列显示，重新回归之后，双重差分变量的估计系数依然显著，表明本章的基准回归结果是可靠的。

表 6 - 8 安慰剂检验和变更被解释变量

变量	安慰剂检验		变更被解释变量	
	LNLOAN	LOAN_ratio	LOANA_ratio	LOANL_ratio
	（1）	（2）	（3）	（4）
Treat × After	0.072	0.034	0.020 *	0.022 *
	(0.047)	(0.021)	(0.011)	(0.012)
SIZE	0.798 ***	0.078 **	- 0.032	- 0.033
	(0.072)	(0.032)	(0.023)	(0.025)
LEV	1.991 **	1.676 ***	0.654 **	1.085 ***
	(0.992)	(0.493)	(0.302)	(0.328)
DEP_ratio	0.698 ***	- 0.040	0.211 ***	0.227 ***
	(0.229)	(0.111)	(0.060)	(0.065)
ROA	0.047	0.000	0.008	0.008
	(0.065)	(0.029)	(0.016)	(0.017)
LD_ratio	0.018 ***	0.001	0.005 ***	0.005 ***
	(0.002)	(0.001)	(0.001)	(0.001)
CAR	- 2.150 **	- 0.815 **	- 0.568 **	- 0.625 **
	(0.946)	(0.410)	(0.242)	(0.264)
LIQ_ratio	0.092	0.129 *	0.050	0.060
	(0.156)	(0.070)	(0.049)	(0.053)
GDP	6.186	9.563 ***	3.324 *	3.607 *
	(5.714)	(2.886)	(1.862)	(2.014)
CPI	3.941	3.518 *	1.272	1.454
	(4.754)	(1.816)	(1.043)	(1.155)

续表

变量	安慰剂检验		变更被解释变量	
	LNLOAN	*LOAN_ratio*	*LOANA_ratio*	*LOANL_ratio*
	（1）	（2）	（3）	（4）
M_2	-0.289	0.372	0.071	0.080
	(0.785)	(0.372)	(0.191)	(0.207)
常数项	-1.757*	-0.781	-0.151	-0.201
	(0.979)	(0.478)	(0.308)	(0.331)
样本量	520	520	520	520
银行数	208	208	208	208
R^2	0.750	0.718	0.526	0.540
年份固定效应	YES	YES	YES	YES
个体固定效应	YES	YES	YES	YES

注：括号内为（聚类）稳健标准误，*、**、***分别表示在10%、5%、1%的水平下显著。

6.1.3.4.3 删除跨省经营样本和控制区域—时间联合固定效应

如果信贷资产质押再贷款试点省份的地方性银行在省外有分支机构，则试点省份地方金融机构信贷供给增加可能受到省外分支机构信贷供给增加（减少）的影响，导致回归结果的高估（低估）。因此，本章将试点省份跨省经营的城商行和农商行样本进行删除，然后重新回归。表6-9第（1）（2）列显示，删除跨省经营试点银行样本之后，中央银行抵押品框架扩容对试点银行信贷供给的正向因果效应更大。另外，本章在基准回归中只控制了银行个体固定效应和时间固定效应，而银行所在城市和省份随时间变化的一些政策或其他因素可能对银行信贷供给产生影响，如果遗漏这些区域差异或者区域政策差异，可能带来严重的内生性问题，导致回归结果偏误。因此，本章在回归中加入银行所在城市、省份与时间的交互项。表6-9第（3）（4）列显示在加入城市—时间和省份—时间交叉项之后，回归结果基本不变。

表 6 - 9　　　　　　　　删除跨省经营银行样本和控制区域时变差异

变量	删除跨省经营银行样本		控制区域时变差异	
	LNLOAN	LOAN _ ratio	LNLOAN	LOAN _ ratio
	(1)	(2)	(3)	(4)
Treat × After	0.151 ***	0.062 ***	0.118 ***	0.049 ***
	(0.041)	(0.020)	(0.040)	(0.018)
SIZE	0.795 ***	0.085 **	0.814 ***	0.083 ***
	(0.075)	(0.035)	(0.068)	(0.031)
LEV	2.654 **	2.002 ***	2.008 **	1.652 ***
	(1.087)	(0.515)	(0.982)	(0.480)
DEP _ ratio	0.572 **	− 0.105	0.743 ***	− 0.034
	(0.249)	(0.124)	(0.223)	(0.107)
ROA	0.049	0.002	0.061	0.002
	(0.072)	(0.032)	(0.063)	(0.028)
LD _ ratio	0.020 ***	0.002	0.019 ***	0.001
	(0.002)	(0.001)	(0.002)	(0.001)
CAR	− 2.639 ***	− 1.020 **	− 2.252 **	− 0.840 **
	(0.980)	(0.413)	(0.919)	(0.397)
LIQ _ ratio	0.116	0.138 *	0.104	0.126 *
	(0.171)	(0.078)	(0.157)	(0.072)
GDP	8.051	10.657 ***	13.599 **	11.175 ***
	(6.083)	(3.099)	(5.800)	(2.753)
CPI	6.301	4.484 **	5.745	3.912 **
	(5.354)	(2.021)	(4.824)	(1.799)
M_2	− 0.503	0.356	0.448	0.502
	(0.847)	(0.401)	(0.801)	(0.369)
常数项	− 2.038 **	− 0.942 *	− 41.112 *	− 6.179
	(0.986)	(0.501)	(23.482)	(12.293)
样本量	454	454	520	520
银行数	193	193	208	208
R^2	0.740	0.207	0.759	0.202
年份固定效应	YES	YES	YES	YES
个体固定效应	YES	YES	YES	YES
城市 & 年份	NO	NO	YES	YES
省份 & 年份	NO	NO	YES	YES

注：括号内为（聚类）稳健标准误，* 、** 、*** 分别表示在 10% 、5% 、1% 的水平下显著。

6.1.3.4.4　更改中国人民银行抵押品扩容事件和增广样本

考虑到双重差分方法的适用条件，本章的样本区间限定在 2012—2017年，可能带来样本时间较早和样本量较少等问题。因此，本章尝试更改中国人民银行抵押品框架扩容事件，研究中国人民银行于 2018 年 6 月 1 日将小微企业贷款纳入中期借贷便利抵押品框架对提高小微企业信贷可获得性（或商业银行增加小微企业信贷供给）的影响。实际上，将合格信贷资产纳入中国人民银行抵押品框架与将小微企业信贷资产纳入中国人民银行抵押品框架的本质逻辑是一样的。在更改中国人民银行抵押品扩容事件的回归中，本章使用新三板上市企业财务数据，并根据小微企业划型标准（工信部联企业〔2011〕300 号）界定小微企业，以研究将小微企业信贷资产纳入中期借贷便利抵押品框架对提高小微企业信贷可获得性的政策效果。鉴于商业银行报表中的小微企业贷款数据缺失较为严重，本章使用小微企业的信贷可获得性间接表示商业银行小微企业信贷供给。具体而言，企业信贷可获得性使用企业银行贷款比率〔（长期借款 + 短期借款）/总资产〕表示，短期信贷可获得性使用短期贷款比例（短期借款/总资产）表示。表 6 – 10 第（1）（2）列显示中国人民银行将小微企业信贷资产纳入中期借贷便利抵押品框架显著提高了小微企业的信贷可获得性，达到了预期政策效果。

表 6 – 10　　　　　更改中国人民银行抵押品扩容事件和增广样本

变量	小微企业信贷纳入 MLF 抵押品框架		增广样本（抽样 2000 次）	
	信贷可获得性	短期信贷可获得性	*LNLOAN*	*LOAN_ratio*
	（1）	（2）	（3）	（4）
Treat × After	0.034 **	0.035 **	0.118 **	0.050 **
	(0.017)	(0.017)	(0.049)	(0.022)
SIZE	− 0.015	0.003	0.809 ***	0.082 **
	(0.018)	(0.022)	(0.087)	(0.038)
LEV	0.133 ***	0.101 ***	1.916	1.618 ***
	(0.032)	(0.038)	(1.259)	(0.577)
DEP_ratio			0.707 ***	− 0.040
			(0.269)	(0.127)

续表

变量	小微企业信贷纳入 MLF 抵押品框架		增广样本（抽样 2000 次）	
	信贷可获得性	短期信贷可获得性	LNLOAN	LOAN _ ratio
	(1)	(2)	(3)	(4)
ROA	-0.011	-0.061	0.048	-0.000
	(0.052)	(0.061)	(0.086)	(0.037)
LD _ ratio			0.019***	0.001
			(0.002)	(0.001)
CAR			-2.119*	-0.801
			(1.189)	(0.521)
LIQ _ ratio			0.073	0.123
			(0.190)	(0.088)
Fixed	-0.038	-0.009		
	(0.046)	(0.049)		
Growth	0.006	0.001		
	(0.006)	(0.007)		
CFO	-0.142***	-0.092**		
	(0.038)	(0.045)		
GDP	-1.436	-2.283*	9.278	10.636***
	(1.134)	(1.385)	(9.579)	(4.045)
M_2	0.422	0.278	-0.226	0.405
	(0.423)	(0.457)	(0.887)	(0.405)
CPI			4.901	3.802*
			(5.301)	(2.076)
常数项	0.393	0.138	-2.138*	-0.910*
	(0.345)	(0.404)	(1.242)	(0.552)
样本量	1423	1423	520	520
银行数			208	208
R^2	0.202	0.125	0.757	0.200

续表

变量	小微企业信贷纳入 MLF 抵押品框架		增广样本（抽样 2000 次）	
	信贷可获得性	短期信贷可获得性	*LNLOAN*	*LOAN_ratio*
	(1)	(2)	(3)	(4)
年份固定效应	YES	YES	YES	YES
个体固定效应	YES	YES	YES	YES
城市 & 年份	NO	NO	YES	YES
省份 & 年份	NO	NO	YES	YES

注：（1）括号内为（聚类）稳健标准误，*、**、***分别表示在10%、5%、1%的水平下显著。（2）第（1）（2）列的回归结果中，解释变量为 *Treat × After*，其中若新三板上市企业为小微企业则 *Treat* = 1，2018 年 6 月 1 日之后 *After* = 1；控制变量包含企业规模（*SIZE*）、企业财务杠杆（*LEV*）、企业盈利水平（*ROA*）、企业抵押担保能力（*Fixed*）、企业成长能力（*Growth*）、企业经营能力（*CFO*）、经济增长（*GDP*）和货币供给量增速（M_2）。在以企业规模、抵押担保能力、盈利水平和财务杠杆作为匹配变量进行倾向得分匹配之后，最终的回归样本为 1423。

此外，针对实证环节的小样本问题，本章使用 Bootstrap 方法有放回抽样 2000 次，然后根据抽样后自助样本统计特征对总体进行统计推断。表 6 – 10 第（3）（4）列显示的 Bootstrap 回归结果和主回归结果基本一致，表明正文中的小样本回归结果较为稳健。

6.1.3.4.5　中央银行抵押品框架改革对银行信贷成本的影响

本章进一步探讨中国人民银行信贷资产质押再贷款试点对试点商业银行信贷成本的影响。考虑到我国商业银行并不披露逐笔信贷数据，本章借鉴邓伟等（2021）的相关研究，使用商业银行发放的企业贷款利息收入与企业贷款之比（Loanrate1）、企业贷款利息收入与银行贷款之比（Loanrate2）和商业银行利息收入与银行贷款之比（Loanrate3）三个指标衡量商业银行发放贷款的利率成本，即信贷成本。表 6 – 11 显示了中国人民银行信贷资产质押再贷款试点影响试点商业银行信贷成本的回归结果。整体而言，中国人民银行信贷资产质押再贷款试点降低了试点商业银行的贷款利率，回归系数具有一定的统计意义和经济意义。平均而言，中国人民银行信贷资产质押再贷款试点政策实施之后，试点商业银行企业贷款利息收入与企业贷款之比下降约

0.5 个百分点，试点银行利息收入与银行贷款之比（Loanrate3）下降约 0.5 个百分点。考虑到我国商业银行贷款利率平均为 4% ~ 6%，0.5% 的下降幅度具有较为显著的经济含义。

表 6 – 11　中央银行抵押品框架改革影响银行信贷成本的平均处理效应①

变量	Loanrate1		Loanrate2		Loanrate3	
	（1）	（2）	（3）	（4）	（5）	（6）
$Treat \times After$	– 0.010 ***	– 0.005 *	– 0.005 **	– 0.003	– 0.011 ***	– 0.005 *
	（0.002）	（0.003）	（0.002）	（0.004）	（0.003）	（0.003）
SIZE		– 0.001		– 0.011 *		– 0.005 ***
		（0.001）		（0.006）		（0.002）
LEV		0.029		0.431 **		0.068
		（0.176）		（0.172）		（0.159）
DEP _ ratio		– 0.009		– 0.052		– 0.005
		（0.017）		（0.036）		（0.015）
ROA		0.001		0.011 **		0.002
		（0.006）		（0.004）		（0.005）
LD _ ratio		– 0.000 *		0.000 *		– 0.000 ***
		（0.000）		（0.000）		（0.000）
CAR		0.015		– 0.044		– 0.039
		（0.079）		（0.083）		（0.061）
LIQ _ ratio		—		0.012		0.000
		—		（0.020）		（0.012）
GDP		1.574 **		– 0.582		—
		（0.638）		（0.778）		
CPI		– 1.066		0.182		—
		（0.657）		（0.302）		
M_2		0.103		0.069		—
		（0.068）		（0.044）		
常数项	0.062 ***	– 0.025	0.043 ***	0.137	0.062 ***	0.131 ***
	（0.000）	（0.032）	（0.000）	（0.109）	（0.001）	（0.014）
样本量	45	45	45	45	42	42
银行数	21	21	21	21	20	20

① 表格中的"—"主要是多重共线性导致个别变量被删除。

变量	Loanrate1		Loanrate2		Loanrate3	
	(1)	(2)	(3)	(4)	(5)	(6)
R^2	0.192	0.643	0.088	0.830	0.171	0.792
年份固定效应	NO	NO	NO	YES	NO	YES
银行固定效应	YES	YES	YES	YES	YES	YES

注：括号内为（聚类）稳健标准误，＊、＊＊、＊＊＊分别表示在10%、5%、1%的水平下显著。

考虑到表6-11中的样本是通过倾向得分匹配（一对一匹配）后得到的样本，而且在匹配后的样本中试点商业银行信贷成本三个指标的缺失值比较严重，所以表6-11中的样本量较少，仅为40多个样本量，可能导致回归结果偏误。因此，本章使用倾向得分匹配之前的样本进行回归。一方面，倾向得分匹配之前的样本量较大，一定程度上可以缓解样本量过少导致的回归结果偏误；另一方面，直接使用双重差分模型进行回归在现有文献中应用得更加成熟。表6-12的回归结果与表6-11的回归结果基本一致，但是当使用商业银行利息收入与银行贷款之比（Loanrate3）衡量试点商业银行信贷成本时，中国人民银行信贷资产质押再贷款试点政策对降低试点商业银行贷款利率的效果更加明显，回归系数在5%的显著性水平下通过检验。

表6-12　中央银行抵押品框架改革影响银行信贷成本的平均处理效应①

变量	Loanrate1		Loanrate2		Loanrate3	
	(1)	(2)	(3)	(4)	(5)	(6)
Treat × After	-0.011***	-0.003*	-0.005**	-0.001	-0.011***	-0.002**
	(0.002)	(0.001)	(0.001)	(0.002)	(0.001)	(0.001)
SIZE		-0.002***		—		-0.002***
		(0.001)		—		(0.000)
LEV		0.082		-0.057		0.075
		(0.062)		(0.155)		(0.056)
DEP_ratio		0.003		0.017		-0.005
		(0.006)		(0.020)		(0.004)

① 表格中的"—"主要是多重共线性导致个别变量被删除。

续表

变量	Loanrate1		Loanrate2		Loanrate3	
	（1）	（2）	（3）	（4）	（5）	（6）
ROA		0.003		0.008		0.006 ***
		(0.002)		(0.005)		(0.002)
LD _ ratio		-0.000 **		-0.000		-0.000 **
		(0.000)		(0.000)		(0.000)
CAR		-0.051		-0.068		-0.078 ***
		(0.044)		(0.060)		(0.018)
LIQ _ ratio		0.009		0.041 ***		0.008
		(0.006)		(0.010)		(0.005)
GDP		1.401 ***		—		—
		(0.245)		—		—
CPI		-0.781 ***		—		—
		(0.189)		—		—
M_2		0.109 ***		—		—
		(0.029)		—		—
常数项	0.060 ***	-0.025	0.040 ***	0.027 **	0.061 ***	0.093 ***
	(0.000)	(0.032)	(0.000)	(0.012)	(0.000)	(0.005)
样本量	140	140	140	140	235	235
银行数	36	36	36	36	64	64
R^2	0.109	0.747	0.041	0.509	0.180	0.755
年份固定效应	NO	NO	NO	YES	NO	YES
银行固定效应	YES	YES	YES	YES	YES	YES

注：括号内为（聚类）稳健标准误，＊、＊＊、＊＊＊分别表示在10%、5%、1%的水平下显著。

比较表6-4和表6-11、表6-12的回归结果可以看出，无论是显著性水平还是双重差分估计系数大小，中国人民银行信贷资产质押再贷款试点政策对增加试点商业银行信贷供给的作用要大于降低试点商业银行贷款利率的作用。背后的原因在于中国人民银行货币政策传导机制中的银行信贷渠道较为通畅，而利率传导渠道在信贷市场存在一定的阻碍。利率传导渠道在信贷市场存在一定阻碍的主要原因是贷款利率隐性下限的存在，这也导致2019年8月17日LPR改革。LPR改革以中期借贷便利利率作为政策利率，LPR

作为银行发放贷款的定价基准，从而实现中央银行政策利率、LPR 和银行贷款利率的有效传导，促进货币政策有效传导至信贷市场。因此，中国人民银行抵押品框架改革需要与其他货币政策工具有效配合，实现更加有效疏通货币政策传导机制和支持实体经济的目标。

6.2　中央银行抵押品框架改革与结构性效果

除了研究信贷资产质押再贷款试点对商业银行信贷供给的影响外，本章进一步研究中国人民银行抵押品框架改革的结构性效果。鉴于 2018 年 6 月 1 日中国人民银行将小微企业信贷资产纳入其抵押品框架，具有明显的"结构性"特征，本章尝试通过实证研究来验证中国人民银行将小微企业信贷资产纳入其抵押品框架对小微企业信贷可获得性和信贷融资成本的政策效果。

6.2.1　机制分析与研究假设

根据第 3 章的相关内容，中央银行将合格金融资产纳入抵押品框架（或降低合格金融资产折扣率、提高合格金融资产信用评级）会通过"资格溢价"渠道和"结构性"渠道降低合格金融资产的收益率，并增加合格金融资产的供给（证券发行和信贷供给）。因此，中国人民银行将小微企业贷款纳入抵押品框架首先会带来抵押品"资格溢价"，具体可分为合格抵押品信用溢价和流动性溢价两个部分。一方面，将小微企业贷款纳入中央银行抵押品框架本质上是中央银行为商业银行小微企业贷款进行信用背书和增信，会降低商业银行小微企业贷款利率中的信用溢价。另一方面，中央银行将小微企业贷款纳入抵押品框架提高了小微企业贷款的流动性，会降低小微企业贷款利率中的流动性溢价。因此，小微企业贷款利率中信用溢价和流动性溢价补偿会降低小微企业的信贷融资成本。另外，商业银行使用小微企业贷款向中国人民银行申请的中期借贷便利、常备借贷便利和再贷款资金成本较低，较低的资金成本会转移到小微企业贷款利率上，进而降低小微企业信贷资金成本。中国人民银行将小微企业贷款纳入其抵押品框架使小微企业贷款的可抵押性提高，直接增强商业银行调整资产配置结构、发放小微企业贷款的意愿和动机，这对缺乏优质抵押品的中小银行来讲，激励作用会更大。

综上所述，根据理论分析和第 4 章的模型推导结果，本章提出如下假设：

假设 1：中国人民银行将小微企业贷款纳入其抵押品框架会显著增加小微企业的信贷可获得性。

假设 2：中国人民银行将小微企业贷款纳入其抵押品框架会显著降低小微企业的信贷融资成本。

6.2.2　数据来源、变量选择和研究设计

6.2.2.1　数据来源和样本说明

考虑到商业银行披露的小微企业贷款数据有限，本节选取在新三板（中小企业股份转让系统）挂牌的企业样本作为研究对象，原因如下：（1）主板上市公司的规模大，营业收入高，满足小微企业标准的样本极少，难以支撑本章的实证研究。（2）在新三板挂牌的企业中，小微企业的半年度财务数据较为健全，为本节的定量研究提供了较为可信的数据基础。2013—2015年是定向降准等结构性货币政策调整和实施的密集期，且 2020 年新冠疫情期间中国人民银行创设并执行多项支持小微企业的货币政策。考虑到这些结构性货币政策可能对小微企业信贷可获得性和信贷融资成本产生影响，为保证研究结果的可靠性，本节选取 2016—2019 年新三板小微企业半年度非平衡面板数据作为研究样本。数据来源为 Wind 数据库。

借鉴现今主流文献的做法，本书对新三板企业样本进行了如下处理：（1）剔除金融行业样本；（2）剔除企业特征变量缺失严重的样本；（3）剔除企业财务指标不符合逻辑的样本；（4）为了避免极端值对回归结果的影响，借鉴祝继高等（2015）的研究，对主要连续变量上下 1% 分位数进行缩尾处理。另外，2018 年 6 月中国人民银行将绿色贷款和符合一定条件的债券纳入抵押品框架，可能对小微企业信贷产生影响。因此，本书删除了生态保护和环境治理等绿色企业样本以及在样本期间发行过债券的企业样本。

6.2.2.2　变量选择

中央银行抵押品框架的普惠效应主要包含两个方面，一个是小微企业信

贷可获得性，另一个是小微企业信贷融资成本。因此，被解释变量分别是小微企业信贷可获得性和小微企业信贷融资成本两个大类指标，其中小微企业信贷可获得性又进一步细分为短期信贷可获得性和长期信贷可获得性两个小类指标。为避免遗漏可观测的企业特征带来的回归结果偏误，本章将企业规模、抵押担保能力、财务杠杆、盈利能力、成长能力和经营能力作为企业层面控制变量纳入双重差分模型。同时，为了控制货币政策环境和宏观经济环境对回归结果的影响，将经济增速和广义货币供给量 M_2 增速作为控制变量纳入实证模型。各变量的具体释义见表 6 – 13。

表 6 – 13　　　　　　　　　变量说明

变量符号	变量名称	变量计算
Loan _ ratio	信贷可获得性：银行贷款比例	（长期借款 + 短期借款）/总资产
SLoan _ ratio	短期信贷可获得性：短期贷款比例	短期借款/总资产
LLoan _ ratio	长期信贷可获得性：长期贷款比例	长期借款/总资产
LNLoan	信贷可获得性：银行贷款对数	长短期借款之和取对数
Loan _ ratio _ r	信贷可获得性：银行贷款负债比例	（长期借款 + 短期借款）/总负债
Loan _ cost	信贷融资成本：利息负债比例	财务费用/总负债
Loan _ cost _ r	信贷融资成本：利息资产比例	财务费用/总资产
Treat	小微企业虚拟变量	小微企业取 1，其他企业取 0
Post	中央银行抵押品框架虚拟变量	2018 年 6 月之后取 1，其他取 0
Size	企业规模	总资产自然对数
Fixed	抵押担保能力	固定资产/总资产
Lev	财务杠杆	总负债/总资产
Roa	盈利能力	资产报酬率
Growth	成长能力	营业收入增长率
Cash _ ratio	经营能力	经营活动现金流量净额/总资产
M_2	货币政策环境	广义货币供给量 M_2 增速
GDP	宏观经济环境	GDP 增长率

6.2.2.3　研究设计与模型设定

为研究中央银行抵押品框架改革对小微企业信贷可获得性和信贷融资成本的影响，有必要事先确定小微企业的划型标准。我国中小企业划型标准对中型、小型和微型企业界定了明确的划型标准。由于小微企业从业人员数据缺失较为严重，本节借鉴孔东民等（2021）的相关研究，依据营业收入对小微企业进行划型，划型的时间节点为 2017 年底。

另外，考虑到信贷资产作为一种非市场化资产（No - marketable Assets），流动性溢价和信用溢价较高，中央银行将信贷资产纳入抵押品框架会使交易对手方优先使用低质量小微企业贷款向中央银行抵押申请贷款，可能带来道德风险甚至损害中央银行资产负债表和金融稳定（Nyborg，2017）。基于道德风险对中央银行资产负债表带来的负面影响，我国中央银行倾向于选取高质量的小微企业信贷资产纳入抵押品框架，可能带来样本选择偏误问题。况且，前文在原始数据的基础上删除了较多的企业特征变量缺失值，也可能带来样本选择的非随机性。因此，为缓解样本选择性偏误问题，本章基于 Rosenbaum 和 Rubin（1983）提出的倾向得分匹配（PSM）方法，选取企业规模、抵押担保能力、财务杠杆、成长能力和经营能力等指标作为匹配变量，将信贷可获得性作为结果变量对样本数据进行进一步处理。在具体匹配过程中，采取一对一近邻匹配，最终获取的样本量为 686。基于倾向得分匹配处理后的样本，本章将小微企业作为处理组，非小微企业作为对照组，使用双重差分模型研究中央银行抵押品框架对小微企业信贷可获得性和信贷融资成本的平均处理效应。

本章借鉴 Van Bekkum 等（2017）的研究方法，建立以下模型研究我国中央银行抵押品框架对小微企业信贷可获得性和信贷融资成本的因果效应：

$$Y_{it} = \delta_0 + \delta_1 Treat_i \times Post_t + \gamma X_{it} + \lambda_t + u_i + \xi_{it} \qquad (6.3)$$

上述模型中，被解释变量 Y 表示信贷可获得性和信贷融资成本。借鉴祝继高等（2015）的相关研究，本章选取（长期借款 + 短期借款）/总资产、短期借款/总资产和长期借款/总资产作为信贷可获得性的衡量指标。在稳健性检验部分，使用企业总借款自然对数和总借款与总资产之比替代信贷可获得性指标。借鉴李广子和刘力（2009）的研究，选择财务费用/总负债作为信贷融资成本的衡量指标。财务费用主要包含利息支出、利息收入、手续费、其他财务费用和汇兑损益五项明细科目（李广子和刘力，2009），具体计算公式为：财务费用 = 利息支出 - 利息收入 + 手续费 + 其他财务费用 + 汇兑收益 - 汇兑损失。在稳健性检验部分，选择财务费用/总负债替代信贷融资成本。$Treat$ 表示分组变量，处理组取值为 1，对照组取值为 0，个体固定效应吸收了 $Treat$。$Post$ 表示中央银行抵押品框架虚拟变量，2018 年第二季度（含）之后取值为 1，其他取值为 0，时间固定效应吸收了 $Post$。模型中的交乘项系数 δ_1 是本章关注的抵押品框架带来的普惠效应。X 是一系列随时间变化且影响中央银行抵押品框架普惠效应的控制变量。λ_t 是时间固定效应，u_i 是不随时间变化且不可观测的企业固定效应。ξ_{it} 表示不可观测扰动因素，假设 $\{\xi_{it}\}$ 独立同分布且与 u_i 不相关。

此外，在稳健性检验部分，本章尝试使用断点回归对双重差分的回归结果进行稳健性检验。模糊断点回归模型的具体表达式如下：

$$y_{it} = \alpha + \delta D_i + \beta Z_{jit} + \gamma Z_{jit} D_i + covvariables_{it} + \varepsilon_{it} \quad c_j - h < x_{it} < c_j + h$$

$$(6.4)$$

其中，y_{it} 表示第 i 个企业在 t 期的信贷可获得性和信贷融资成本；D_i 为虚拟变量，实验组取值为 1，控制组取值为 0，即 $D_i = \begin{cases} 1, c_j - x_{it} \geq 0 \\ 0, c_j - x_{it} < 0 \end{cases}$；$Z_{jit} = c_j - x_{it}$，$c_j -$

x_{it} 表示对 x_{it} 的标准化；c_j 表示第 j 个行业的门槛值；x_{it} 表示第 i 个企业在 t 期的年营业收入；h 表示带宽；$covvariables_{it}$ 表示协变量；i 表示企业，t 表示季度；ε_{it} 表示残差项。δ 为重要的回归系数，表示在 $c_j = x_{it}$ 处局部平均处理效应 $LATE$ 的估计量，回归系数的大小和方向也可以通过断点回归图形进行判别。除此之外，还需要考察协变量 $convariables_{it}$ 在断点两侧的分布是否有显著性差异来检验"准自然实验"的随机性。需要注意的是将 $convariables_{it}$ 纳入断点回归的前提条件是协变量的条件密度在断点 c_j 处需保持连续，并且加入协变量的好处在于这些协变量对于被解释变量有解释力，可以减少扰动项方差，使估计更加准确。在具体的断点回归中，由于 h 并不好确定，因此使用非参数估计方法对 $LATE$ 进行估计，h 的选择可以使用最小化均方误差 MSE 来确定。h 越小，则偏差越小，但是离 $c_j = x_{it}$ 很近的点可能取值较少，导致方差变大；反之 h 越大，则方差越大。常用的非参数方法为核回归（$kernelregression$），即以核函数计算权重，对带宽 h 范围内的观测值进行加权平均，但是核回归的边界性质并不理想，无法有效估计回归函数在端点（c_j）处的取值。因此，在断点回归中一般使用局部线性回归（*local linear regression*）估计 *LATE*，即最小化如下目标函数：

$$\min_{|\alpha, \beta, \delta, \gamma|} \sum_{i=1}^{n} K\left[\frac{(c_j - x_{it})}{h}\right] \left[y_{it} - \alpha - \delta D_i - \beta Z_{jit} - \gamma Z_{jit} D_i - covvariables_{it}\right]^2$$

(6.5)

其中，$K(h)$ 表示核函数。局部线性回归的实质是在 $(c_j - h, c_j + h)$ 内进行加权最小二乘法估计，此权重由核函数来计算，距离 c_j 越近的点权重越大。针对断点回归，常用的核函数有三角核与矩形核。利用局部线性回归估计的 δ 也被称为"局部沃尔德估计量"（Local Wald Estimator）。（6.5）式中 h 的确定可参考 Imbens 和 Kalyanaraman（2009）的相关研究。

工信部联企业〔2011〕300 号文对小微企业划型进行了标准界定，为断点回归方法提供了"准自然实验"的现实场景。具体而言，本章依据工信部联企业〔2011〕300 号文将农林牧渔业和零售业年营业收入低于 500 万元；仓储业，信息传输业，软件和信息技术服务业，物业管理，房地产开发经营，租赁和商务服务业，科学研究和技术服务业，水利、环境和公共设施管理业，居民服务、修理和其他服务业，社会工作，文化、体育和娱乐业，房地产中介服务，其他房地产业年营业收入低于 1000 万元；采矿业，制造业，电力、热力、燃气及水生产和供应业，邮政业，住宿业，餐饮业年营业收入低于 2000 万元；交通运输业（道路运输业、水上运输业、航空运输业、管道运输业、装卸搬运和运输代理业）年营业收入低于 3000 万元；批发业年营业收入低于 5000 万元；建筑业年营业收入低于 6000 万元的企业定义为小微企业。同时，根据各行业的小微企业年营业收入门槛（500 万元、1000 万元、2000 万元、3000 万元、5000 万元和 6000 万元），将年营业收入低于各自行业门槛值的企业定义为实验组，取值为 1，将年营业收入高于各自行业门槛值的企业定义为实验组，取值为 0。因此，在具体的实证环节中使用精确断点回归方法。考虑到中国人民银行于 2018 年第二季度将小微企业信贷资产纳入期抵押品框架，本节将断点回归的样本周期划定为 2018 年第二季度至 2019 年第四季度，样本量为 5844。

6.2.3　实证分析

6.2.3.1　平衡性检验与描述性统计

表 6 - 14 显示了倾向得分匹配的平衡性检验结果。在以信贷可获得性呈作为结果变量进行一对一近邻匹配之后，偏差率显著下降，且均在 10% 以内，偏差最大降幅为 100%。T 检验说明倾向匹配得分之后，处理组企业和对照组企业之间并不存在系统性差异，匹配效果较好。表 6 - 15 为样本的描述性统计。可以看出，样本企业的信贷可获得性呈均值为 19.1%，其中短期信贷可获得性均值为 14.2%，长期信贷可获得性均值为 4.9%，表明企业的信贷融资结构中短期信贷融资较高，可能的原因在于银行对样本企业的信贷投放以短期贷款为主。样本企业的信贷融资成本存在较大差异，均值为 2.2%，最大值为 11.3%。另外，本章计算了原始样本的信贷可获得性（Loan_ratio）和信贷融资成本（Loan_cost）统计特征，其中均值分别为 0.191 和 0.022，标准差分别为 0.114 和 0.016，接近于表 6 - 15 中的 0.191 和 0.022 以及 0.124 和 0.000，说明本章实证环节的数据样本具备良好的总体统计分布特征。

表 6 - 14　　　　　　　　处理组与对照组匹配平衡性检验结果

匹配变量		均值		偏差		T 检验	
		处理组	对照组	标准偏差（%）	偏差降幅（%）	T 值	P 值
Size	匹配前	17.421	18.909	- 158.0	100.0	- 28.64	0.000
	匹配后	17.588	17.571	- 0.1		- 0.010	0.993
Fixed	匹配前	0.199	0.212	- 7.7	66.3	- 1.610	0.108
	匹配后	0.203	0.196	2.6		0.370	0.712
Lev	匹配前	0.488	0.496	- 4.4	57.4	- 0.940	0.347
	匹配后	0.495	0.492	- 1.9		- 0.250	0.800
Roa	匹配前	- 0.013	0.0401	- 60.9	85.6	- 13.720	0.000
	匹配后	0.000	- 0.005	8.8		1.040	0.298
Growth	匹配前	0.215	0.179	5.9		1.460	0.144
	匹配后	0.387	0.221	5.8	2.6	0.780	0.438
CFO	匹配前	- 0.245	0.011	- 34.2		- 7.400	0.000
	匹配后	- 0.016	- 0.016	0.2	99.4	0.030	0.979

表 6 – 15   描述性统计

变量	样本量	均值	标准差	最小值	中位数	最大值
$Loan\_ratio$	686	0.191	0.124	0.000	0.167	0.765
$SLoan\_ratio$	686	0.142	0.114	0.000	0.116	0.765
$LLoan\_ratio$	686	0.049	0.074	0.000	0.009	0.466
$LNLoan$	686	6.462	1.131	0.642	6.510	9.398
$Loan\_ratio\_r$	686	0.399	0.205	0.000	0.404	0.956
$Loan\_cost$	686	0.022	0.016	0.000	0.018	0.113
$Loan\_cost\_r$	686	0.011	0.010	0.000	0.008	0.067
$Treat$	686	0.506	0.500	0	1	1
$Post$	686	0.703	0.457	0	1	1
$Size$	686	17.58	0.792	15.290	17.520	20.570
$Fixed$	686	0.199	0.181	0.000	0.161	0.873
Lev	686	0.494	0.193	0.065	0.496	0.980
Roa	686	−0.002	0.115	−0.621	0.011	0.761
$Growth$	686	0.305	1.720	−0.998	0.080	36.440
$Cash\_ratio$	686	−0.016	0.125	−1.206	−0.009	0.393
M_2	686	0.087	0.010	0.081	0.082	0.113
GDP	686	0.064	0.004	0.058	0.065	0.069

6.2.3.2　中国人民银行抵押品框架改革对小微企业信贷可获得性的影响

基于合格抵押品的结构性渠道，本章首先检验中国人民银行抵押品框架改革对小微企业信贷可获得性的影响。表 6 – 16 前三列显示了依次加入各类控制变量的回归结果，可以发现中国人民银行抵押品框架改革的双重差分估计系数都显著且方向一致为正，表明实证结果的稳健性。第（3）列显示，将小微企业贷款纳入中国人民银行抵押品框架后，小微企业借款在总资产中的占比高出非小微企业约 3.6 个百分点。因此，中央银行将小微企业贷款纳入抵押品框架发挥了一定的普惠效应，验证了假设 1。同时，各控制变量对小微企业信贷可获得性的影响存在差异，并与现有研究基本一致。表 6 – 16 第（3）列的回归结果显示，小微企业规模、抵押担保能力、总资产报酬率和营业收入增长率的估计系数不显著，这可能是由小微企业自身的特点决定的。和非小微企业相比，小微企业向来资产规模较小，抵押品缺乏，小微企业的资产规模和抵押担保能力难以成为其获取商业银行信贷的重要因素。由于小微企业盈利能力和成长能力往往难以覆盖自身的违约风险，因此，商业银行对小微企业的信贷供给动力不足。小微企业经营能力指标与小微企业的信贷可获得性呈显著负相关。根据优序融资理论（Myers 和 Majluf，1984），当投融资双方存在信息不对称时，为降低外部融资成本，融资企业更偏好内部融资。因此，现金流量越充裕的小微企业越倾向于使用自有资金替代信贷资金。资产负债率与小微企业信贷可获得性呈显著正相关，可能的原因是相对稳定的银企关系（何韧等，2012），小微企业与银行保持的关系越紧密，越可能获得更多的信贷资源。货币政策变量 M_2 与小微企业信贷可获得性呈显著正相关，表明传统总量型货币政策在支持小微企业发展方面发挥了一定的作用。经济增速估计系数呈显著正相关，表明小微企业信贷融资与经济周期关系紧密。

表 6-16　　中国人民银行抵押品框架改革与小微企业信贷可获得性

变量	Loan _ ratio			SLoan _ ratio	LLoan _ ratio
	（1）	（2）	（3）	（4）	（5）
Treat × Post	0. 040 **	0. 040 **	0. 036 **	0. 018	0. 024 *
	（0. 012）	（0. 019）	（0. 018）	（0. 022）	（0. 014）
Size			− 0. 006	0. 012	− 0. 021
			（0. 031）	（0. 040）	（0. 015）
Fixed			0. 075	0. 018	0. 045
			（0. 077）	（0. 089）	（0. 058）
Lev			0. 166 **	0. 115	0. 044
			（0. 069）	（0. 073）	（0. 034）
Roa			0. 001	− 0. 043	0. 031
			（0. 057）	（0. 067）	（0. 035）
Growth			− 0. 005	− 0. 007	0. 004
			（0. 006）	（0. 006）	（0. 004）
CFO			− 0. 111 **	− 0. 063	− 0. 059 **
			（0. 044）	（0. 046）	（0. 028）
M_2		2. 769 ***	2. 698 ***	0. 617	1. 230 ***
		（0. 664）	（0. 692）	（1. 222）	（0. 440）

续表

变量	Loan _ ratio			SLoan _ ratio	LLoan _ ratio
	（1）	（2）	（3）	（4）	（5）
GDP		2. 750 **	3. 407 ***	0. 111	2. 530 ***
		（1. 393）	（1. 218）	（1. 437）	（0. 835）
Constant	0. 257 ***	− 0. 246 **	− 0. 266	− 0. 191	0. 104
	（0. 016）	（0. 112）	（0. 596）	（0. 794）	（0. 298）
Firm FE	YES	YES	YES	YES	YES
Time FE	YES	YES	YES	YES	YES
Observations	686	686	686	686	686
R^2	0. 119	0. 119	0. 189	0. 071	0. 203

注：＊＊＊表示在1%的水平显著，＊＊表示在5%的水平显著，＊表示在10%的水平显著，括号内的数字为聚类标准误。

此外，本章进一步分析了中央银行抵押品框架对小微企业信贷可获得性结构的影响。表6 - 16 后两列显示了回归结果。将小微信贷资产纳入中央银行抵押品框架显著增加了小微企业长期借款在总资产中的占比，对小微企业短期信贷可获得性而言影响并不显著。该结论与郭晔和房芳（2021）的研究类似，理论依据为债务期限结构的契约理论，即在信息不对称问题较为严重的情况下，商业银行倾向于发放短期贷款。将小微企业信贷资产纳入中央银行抵押品框架可以有效缓解信息不对称问题，降低银行与小微企业之间的代理成本，商业银行发放长期贷款的动机增强。

6.2.3.3　中国人民银行抵押品框架改革对小微企业信贷融资成本的影响

通过对小微企业贷款的增信和流动性补偿，中国人民银行将小微企业贷款纳入其抵押品框架会通过降低小微企业贷款的信用风险溢价和流动性溢价，进一步降低小微企业信贷融资成本。如表6 - 17 所示，中央银行抵押品框架改革的双重差分估计系数都显著且方向一致为负，且随着不同类型控制变量的依次加入，双重差分估计系数绝对值增大，显著性也不断增强，表明实证结果的准确性。第（3）列显示，和非小微企业相比，将小微企业贷款纳入中国人民银行抵押品框架显著降低了借款企业的信贷融资成本，表明中国人民银行抵押品框架改革有效缓解了小微企业融资贵问题，验证了假设2。部分企业特征变量的估计系数从侧面反映出商业银行对小微企业"信贷歧视"现象的存在。货币供给增速 M_2 与小微企业信贷融资成本不相关，表明总量型货币政策难以缓解小微企业融资贵问题。与小微企业信贷可获得性类似，小微企业信贷融资成本和经济周期具有一定的相关性。

表6－17　中国人民银行抵押品框架改革与小微企业信贷融资成本的关系

变量	Loan _ cost		
	（1）	（2）	（3）
Treat × Post	－ 0. 006 *	－ 0. 006 *	－ 0. 007 **
	（0. 003）	（0. 003）	（0. 003）
Size			0. 001
			（0. 003）
Fixed			0. 028 **
			（0. 011）
Lev			－ 0. 003
			（0. 010）
Roa			－ 0. 011
			（0. 011）
Growth			－ 0. 001
			（0. 001）
CFO			0. 025 ***
			（0. 008）
M_2		0. 040	0. 069
		（0. 084）	（0. 098）
GDP		－ 0. 466 **	－ 0. 495 **
		（0. 187）	（0. 203）
Constant	0. 022 ***	0. 049 ***	0. 036
	（0. 002）	（0. 014）	（0. 064）
Firm FE	YES	YES	YES
Time FE	YES	YES	YES
Observations	686	686	686
R^2	0. 050	0. 050	0. 124

注：＊＊＊表示在1%的水平显著，＊＊表示在5%的水平显著，＊表示在10%的水平显著，括号内的数字为聚类标准误。

6.2.4 异质性分析与稳健性检验

6.2.4.1 异质性分析

本章将数字金融发展和地理区域差异纳入实证模型，分析中国人民银行抵押品框架改革在不同数字金融发展程度和不同地理区域方面对小微企业信贷可获得性和信贷融资成本的异质性特征。

6.2.4.1.1 数字金融发展的异性质

基于合格抵押品结构性渠道和资格溢价渠道，将小微企业贷款纳入中国人民银行抵押品框架会提高小微企业信贷可获得性并降低小微企业信贷融资成本，而数字金融发展可能对中国人民银行抵押品框架改革普惠效应的效果产生异质性影响。以互联网、大数据为支撑的数字金融能够通过缓解信息不对称、降低信贷违约风险、提高运营效率来增加商业银行发放小微企业信贷的动机。中国人民银行抵押品框架扩容之后，商业银行可以通过向中国人民银行抵押小微企业贷款获取更多的低成本资金，而低成本资金的投向和小微企业贷款配置比例还要依赖商业银行偏好小微企业的程度。对于数字金融发展水平较高的地区，商业银行可以依托互联网、大数据等数字金融技术充分挖掘小微企业的"软"信息和信贷需求，通过对小微企业精准画像提高小微企业信贷可获得性，降低融资成本。本章依据《北京大学数字普惠金融指数（2011—2020）》[①] 将数字金融发展位列第一梯队的省份设定为高水平数字金融发展地区，而将位列第二、第三梯队的省份设定为中低水平数字金融发展地区。如表 6 – 18 所示，无论是从显著性水平还是数值大小来看，数字金融发展水平越高的地区，中央银行抵押品框架的普惠效应越明显。

---

① 《北京大学数字普惠金融指数（2011—2020）》将北京、上海和浙江定义为数字金融发展的第一梯队，江苏、福建等 19 个省份为第二梯队，西藏、宁夏等 9 个省份为第三梯队。排序越靠前，数字金融发展水平越高。具体内容详见 https：//idf. pku. edu. cn/yjcg/zsbg/index. htm。

表 6-18　中国人民银行抵押品框架改革与小微企业融资：数字金融发展

变量	信贷可获得性		信贷融资成本	
	高	中低	高	中低
$Treat \times Post$	0.067 **	0.031	-0.008 **	-0.007 **
	(0.029)	(0.020)	(0.004)	(0.003)
$Size$	-0.021	-0.002	0.019	-0.000
	(0.050)	(0.032)	(0.013)	(0.003)
$Fixed$	-0.185 *	0.144	0.034 ***	0.029 **
	(0.109)	(0.102)	(0.010)	(0.011)
Lev	-0.090	0.212 ***	-0.020	-0.001
	(0.178)	(0.076)	(0.023)	(0.010)
Roa	-0.161	0.040	-0.071 *	-0.002
	(0.101)	(0.059)	(0.041)	(0.010)
$Growth$	-0.009	-0.007	0.007 *	-0.002 ***
	(0.013)	(0.007)	(0.004)	(0.001)
CFO	-0.111	-0.109 **	0.035	0.026 **
	(0.089)	(0.049)	(0.023)	(0.011)
M_2	2.333	2.457 ***	0.020	0.076
	(1.438)	(0.805)	(0.137)	(0.105)
GDP	-0.686	3.289 **	-0.449	-0.481 ***
	(5.015)	(1.283)	(0.522)	(0.179)
$Constant$	0.458	-0.354	-0.274	0.047
	(0.802)	(0.617)	(0.228)	(0.062)
$Firm\ FE$	YES	YES	YES	YES
$Time\ FE$	YES	YES	YES	YES
$Observations$	143	543	143	543
R^2	0.484	0.199	0.332	0.134

注：***表示在1%的水平显著，**表示在5%的水平显著，*表示在10%的水平显著，括号内的数字为聚类标准误。

6.2.4.1.2　地区异质性

关于货币政策的区域非对称效应也得到了较多学者的研究。由于不同区域的地域资源禀赋、经济结构和金融结构差异，货币政策效果往往存在区域性差异。中央银行抵押品框架作为货币政策的重要内容，可能也存在区域性差异（孔丹凤和秦大忠，2007）。因此，本章借鉴于则（2006）的相关研究，将样本企业按照东部、中部和西部地区进行划分，研究中国人民银行抵押品框架改革对东部、中部、西部地区小微企业信贷可获得性和信贷融资成本的影响。表 6 – 19 和表 6 – 20 显示了中国人民银行抵押品框架改革的区域性差异。可以看出，中国人民银行抵押品框架改革对小微企业信贷融资的影响在东部、西部地区表现得更为明显。

表 6 – 19　　　　　　　　　　中国人民银行抵押品框架改革与

小微企业融资：东部、中部、西部信贷可获得性差异

变量	东部			中部			西部		
	$Loan\_ratio$	$SLoan\_ratio$	$LLoan\_ratio$	$Loan\_ratio$	$SLoan\_ratio$	$LLoan\_ratio$	$Loan\_ratio$	$SLoan\_ratio$	$LLoan\_ratio$
$Treat \times Post$	0.031	– 0.010	0.041 ***	– 0.002	0.042	– 0.034	0.076 ***	0.150 ***	– 0.060 ***
	(0.022)	(0.027)	(0.013)	(0.051)	(0.047)	(0.033)	(0.026)	(0.026)	(0.020)
$Size$	0.028	0.058	– 0.024	– 0.084	0.027	– 0.121 ***	– 0.061 ***	– 0.106 ***	0.020
	(0.042)	(0.053)	(0.018)	(0.054)	(0.061)	(0.045)	(0.021)	(0.034)	(0.023)
$Fixed$	0.026	0.052	– 0.028	0.353 *	0.251 *	0.215	– 0.010	– 0.216	0.084
	(0.084)	(0.096)	(0.058)	(0.208)	(0.146)	(0.133)	(0.144)	(0.151)	(0.152)
Lev	0.145 *	0.120	0.019	0.363 ***	0.280 *	0.116	0.095	0.115	– 0.104
	(0.081)	(0.086)	(0.044)	(0.116)	(0.149)	(0.107)	(0.081)	(0.092)	(0.080)
Roa	– 0.002	– 0.016	0.010	0.199	0.068	0.123 **	– 0.447 **	– 0.754 ***	0.259
	(0.071)	(0.083)	(0.039)	(0.123)	(0.109)	(0.061)	(0.206)	(0.199)	(0.163)
$Growth$	– 0.004	– 0.009	0.006	– 0.014	– 0.008	– 0.005	0.005	0.011	– 0.002
	(0.008)	(0.009)	(0.005)	(0.009)	(0.008)	(0.005)	(0.013)	(0.012)	(0.015)
CFO	– 0.111 **	– 0.079	– 0.038	– 0.276	– 0.069	– 0.140	0.141	0.076	0.032
	(0.045)	(0.053)	(0.028)	(0.174)	(0.117)	(0.100)	(0.144)	(0.131)	(0.118)
M_2	2.740 ***	1.812	0.836	– 0.007	2.340	– 1.831	4.534 ***	1.417	1.749 **
	(0.823)	(1.146)	(0.627)	(2.206)	(1.976)	(1.542)	(0.870)	(1.335)	(0.868)
GDP	4.164 ***	1.274	3.596 ***	5.625 ***	3.709	2.621	– 0.548	– 2.441	0.347
	(1.462)	(1.614)	(0.982)	(2.100)	(3.132)	(2.431)	(3.571)	(4.036)	(1.905)
$Constant$	– 0.891	– 1.169	0.146	1.084	– 1.003	2.103 **	0.819 **	1.964 **	– 0.419
	(0.775)	(0.991)	(0.364)	(1.202)	(1.449)	(1.037)	(0.392)	(0.821)	(0.497)
Firm & Time FE	YES	YES	YES	YES	YES	YES	YES	YES	YES
Observations	497	497	497	128	128	128	93	93	93
R^2	0.198	0.119	0.246	0.388	0.301	0.454	0.519	0.704	0.617

　　注：＊＊＊表示在 1% 的水平显著，＊＊表示在 5% 的水平显著，＊表示在 10% 的水平显著，括号内的数字为聚类标准误。

表 6 – 20   中国人民银行抵押品框架改革对小微企业融资的影响：

东部、中部、西部信贷融资成本差异

变量	Loan _ cost _ r		
	东部	中部	西部
$Treat \times Post$	− 0.008 **	− 0.012	− 0.009 ***
	(0.003)	(0.007)	(0.002)
$Size$	0.004	− 0.006	− 0.004
	(0.005)	(0.008)	(0.004)
$Fixed$	0.021 ***	0.113 ***	0.004
	(0.008)	(0.031)	(0.021)
Lev	− 0.003	0.031	0.002
	(0.010)	(0.024)	(0.018)
Roa	− 0.008	0.003	− 0.011
	(0.012)	(0.034)	(0.029)
$Growth$	− 0.001	− 0.003 *	− 0.003
	(0.002)	(0.001)	(0.002)
CFO	0.019 **	0.104 ***	0.030
	(0.009)	(0.023)	(0.037)
M_2	0.047	0.054	0.091
	(0.089)	(0.225)	(0.155)
GDP	− 0.430 **	− 0.958 *	− 0.394
	(0.212)	(0.491)	(0.326)
$Constant$	− 0.023	0.141	0.115
	(0.088)	(0.163)	(0.088)
$Firm\ FE$	YES	YES	YES
$Time\ FE$	YES	YES	YES
$Observations$	497	128	93
R^2	0.289	0.378	0.252

注：＊＊＊表示在1%的水平显著，＊＊表示在5%的水平显著，＊表示在10%的水平显著，括号内的数字为聚类标准误。

6.2.4.2   稳健性检验

6.2.4.2.1   共同趋势检验

使用双重差分模型的前提是满足平行趋势假设，即在政策实施之前，处理组和对照组具有可比性。针对样本期间的各个时点，本章分别设置时间虚拟变量 Pre_4、Pre_3、Pre_2、Pre_1、Current、Post_1、Post_2 和 Post_3，分别表示中央银行抵押品扩容前四个季度、前三个季度、前二个季度、前一个季度、当期、后一个季度、后两个季度和后三个季度。将上述虚拟变量分别与处理组虚拟变量 Treat 相乘后纳入回归方程，回归结果见表6-21。共同趋势检验表明，无论加入控制变量还是不加入控制变量，在将小微企业贷款纳入中国人民银行抵押品框架之前，信贷可获得性双重差分估计系数均不显著，而信贷融资成本双重差分估计系数不显著为负，基本符合共同趋势假设。

表6-21　　　　　　　　　　　共同趋势检验

变量	Loan_ratio		Loan_cost	
	(1)	(2)	(3)	(4)
$Pre\_4 \times Treat$	0.017	0.033	0.002	0.005
	(0.036)	(0.034)	(0.006)	(0.005)
$Pre\_3 \times Treat$	−0.010	−0.006	0.014**	0.014***
	(0.032)	(0.031)	(0.006)	(0.005)
$Pre\_2 \times Treat$	0.003	0.012	−0.009	−0.007
	(0.033)	(0.030)	(0.006)	(0.005)
$Pre\_1 \times Treat$	−0.019	−0.013	0.005	0.006
	(0.033)	(0.028)	(0.005)	(0.004)
$Current \times Treat$	0.042	0.048*	−0.004	−0.005
	(0.028)	(0.026)	(0.004)	(0.003)
$Post\_1 \times Treat$	0.042	0.046*	0.008**	0.007**
	(0.026)	(0.025)	(0.004)	(0.003)
$Post\_2 \times Treat$	0.011	0.008	−0.012***	−0.011***
	(0.012)	(0.011)	(0.002)	(0.002)
$Post\_3 \times Treat$[①]	—	—	—	—
	—	—	—	—
$Constant$	−0.038	−0.005	0.016***	0.158***
	(0.148)	(0.601)	(0.003)	(0.057)

---

① 由于多重共线性，$Post\_3 \times Treat$ 的回归系数被自动删除。

续表

变量	Loan _ ratio		Loan _ cost	
	（1）	（2）	（3）	（4）
Controls	NO	YES	NO	YES
Firm FE	YES	YES	YES	YES
Time FE	YES	YES	YES	YES
Observations	686	686	686	686
R^2	0.127	0.210	0.306	0.393

注：＊＊＊表示在1%的水平显著，＊＊表示在5%的水平显著，＊表示在10%的水平显著，括号内的数字为聚类标准误。

6.2.4.2.2　安慰剂检验、变更被解释变量和小微企业划型基准调整

尽管前文已经进行了平行趋势检验，但政策干预时点之后处理组和对照组趋势的变化是否受到其他政策或者随机性因素的影响需要进一步检验。下文通过虚构一个政策变量，以2016年底作为中国人民银行抵押品框架改革冲击时点进行安慰剂检验。表6－22第（1）（2）列展示了安慰剂检验的回归结果。可以看出，小微企业信贷可获得性和信贷融资成本的双重差分估计系数均不显著，进一步证明了中国人民银行抵押品框架改革支持小微企业信贷可获得性和信贷融资成本的有效性。此外，下文使用企业获得的银行贷款自然对数和银行贷款与总资产之比替代信贷可获得性指标，并使用财务费用与总资产之比衡量信贷融资成本进行稳健性测试。表6－22第（3）（4）（5）列表明回归结果依然显著。最后，小微企业的成长性问题也需要进一步考虑。对小微企业的划型主要依据孔东民等（2021）的做法，将2017年底企业的营业收入作为小微企业的划型基准。然而，现实中的企业可能在不同的年份营业收入变化较大，有的企业在当年是小微企业，在下一年成长为中型或大型企业，也可能倒闭。因此，为了回归结果的稳健性，本节将样本期间内企业每年的营业收入作为企业划型的参考依据。在2016—2019年的样本期内，如果企业每年的营业收入都符合小微企业划型标准，则定义为小微企业，而将每一年营业收入都不满足小微企业划型标准的企业作为控制组。同时，如果企业在四年期间只要有一年营业收入符合小微企业划型标

准，则从样本中予以删除。表6-22第（6）（7）列显示回归结果依然显著，再次验证了前文回归结果的稳健性。

表6-22　　安慰剂检验、变更被解释变量与小微企业划型依据调整

	安慰剂检验	变更被解释变量			小微企业划型依据调整		
	$Loan\_ratio$	$Loan\_cost$	$LNLoan$	$Loan\_ratio\_r$	$Loan\_cost\_r$	$Loan\_ratio$	$Loan\_cost$
	（1）	（2）	（3）	（4）	（5）	（6）	（7）
$Treat \times Post$	0.017	0.003	0.258*	0.080**	-0.004**	0.065*	-0.010*
	(0.030)	(0.003)	(0.139)	(0.037)	(0.002)	(0.034)	(0.005)
$Size$	-0.007	0.000	1.022***	-0.031	-0.000	0.068*	-0.015**
	(0.032)	(0.003)	(0.210)	(0.047)	(0.002)	(0.036)	(0.008)
$Fixed$	0.081	0.024***	0.663	0.184	0.015***	0.186	0.021
	(0.080)	(0.009)	(0.493)	(0.138)	(0.006)	(0.199)	(0.035)
Lev	0.175**	-0.005	1.624*	-0.221	0.017***	0.035	0.013
	(0.070)	(0.009)	(0.840)	(0.146)	(0.006)	(0.080)	(0.019)
Roa	-0.003	-0.010	0.086	0.014	-0.005	-0.284**	-0.030
	(0.060)	(0.011)	(0.441)	(0.124)	(0.006)	(0.124)	(0.021)
$Growth$	-0.005	-0.001	0.012	-0.007	-0.001	-0.003	0.001
	(0.006)	(0.001)	(0.042)	(0.011)	(0.001)	(0.009)	(0.002)
CFO	-0.103**	0.023**	-0.619*	-0.150*	0.010*	-0.110	0.029**
	(0.045)	(0.009)	(0.333)	(0.083)	(0.005)	(0.071)	(0.012)
M_2	2.360***	0.213***	18.966**	6.031***	0.027	4.978***	0.027
	(0.633)	(0.078)	(6.908)	(1.398)	(0.053)	(1.343)	(0.175)
GDP	3.067**	-0.380**	34.437**	5.162*	-0.222**	-2.636	-0.650**
	(1.291)	(0.179)	(12.314)	(2.661)	(0.100)	(2.179)	(0.305)
$Constant$	-0.198	0.015	-16.404*	0.116	0.020	-1.383*	0.314**
	(0.595)	(0.066)	(4.307)	(0.942)	(0.043)	(0.754)	(0.139)
$Firm\ FE$	YES	YES	YES	YES	YES	YES	YES
$Time\ FE$	YES	YES	YES	YES	YES	YES	YES
$Observation$	686	686	686	686	686	352	352
R^2	0.172	0.104	0.289	0.226	0.150	0.377	0.159

注：＊＊＊表示在1%的水平显著，＊＊表示在5%的水平显著，＊表示在10%的水平显著，括号内的数字为聚类标准误。

6.2.4.2.3　更换实证方法：断点回归

图6-5和图6-6展示了中国人民银行将小微企业信贷资产纳入中期借贷便利担保品框架对小微企业信贷可获得性和信贷融资成本的影响，展示的结果与主回归的结果基本一致。

小微企业贷款占比：0.5倍带宽

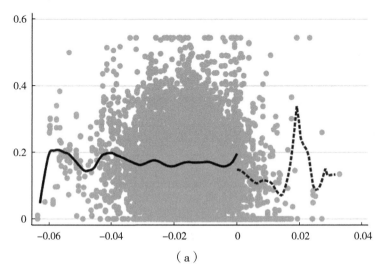

（a）

小微企业贷款占比：1倍带宽

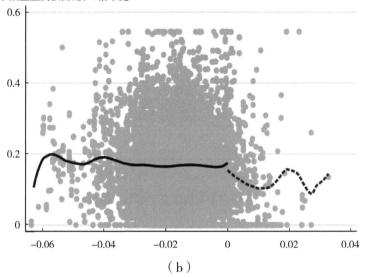

（b）

图6-5　中国人民银行中期借贷便利担保品扩容与小微企业信贷可获得性

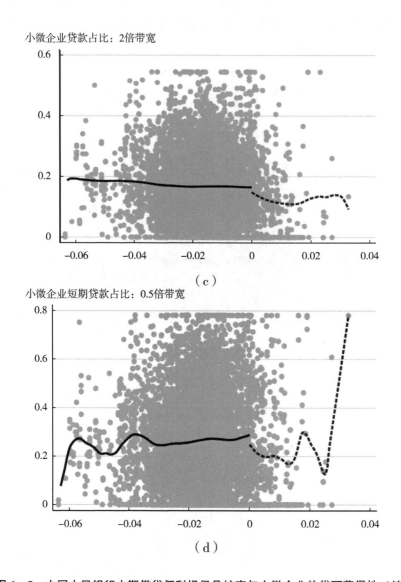

图 6 – 5　中国人民银行中期借贷便利担保品扩容与小微企业信贷可获得性（续）

小微企业短期贷款占比：1倍带宽

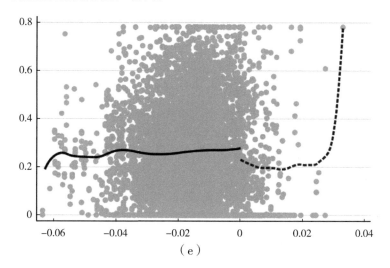

（e）

小微企业短期贷款占比：2倍带宽

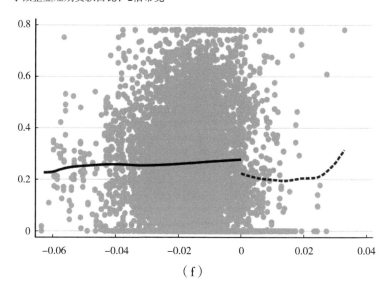

（f）

图6-5 中国人民银行中期借贷便利担保品扩容与小微企业信贷可获得性（续）

小微企业信贷成本：0.5倍带宽

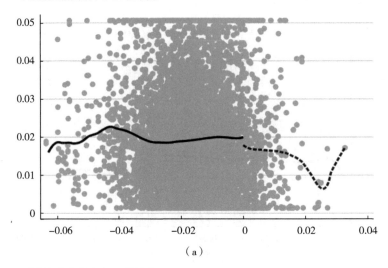

（a）

小微企业信贷成本：1倍带宽

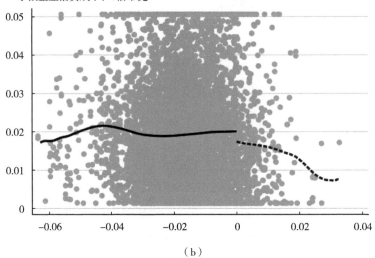

（b）

图 6 - 6　中国人民银行中期借贷便利担保品扩容与小微企业信贷融资成本

小微企业信贷成本：2倍带宽

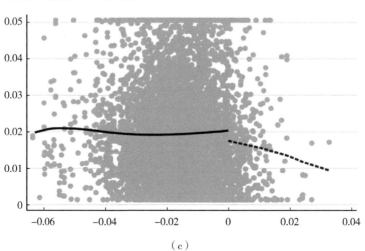

（c）

图6-6 中国人民银行中期借贷便利担保品扩容与小微企业信贷融资成本（续）

断点回归结果的可靠性还依赖协变量是否在断点处连续。因此，需要对协变量的条件概率密度在断点处保持连续这一假设条件进行验证。具体可将每个协变量作为被解释变量，进行断点回归，以考察协变量分布是否在断点处有跳跃点。具体的回归结果如表6-23所示。除了第一列固定资产在10%的显著性水平下显著外，所有的协变量都不显著，表明统计意义上协变量的条件概率在断点处连续，经济意义上协变量在断点两边不存在系统性差异，对LATE估计量不存在较为严重的干扰。

表6-23 协变量分布在断点连续性的检验

变量	Loan _ ratio	SLoan _ ratio	Loan _ cost
	（1）	（2）	（3）
Size	0.091	0.098	0.082
	（0.096）	（0.086）	（0.077）
Fixed	-0.032*	-0.015	-0.003
	（0.019）	（0.017）	（0.015）
Lev	-0.036	-0.009	-0.005
	（0.078）	（0.071）	（0.066）

续表

变量	Loan _ratio	SLoan _ratio	Loan _cost
	(1)	(2)	(3)
Roa	0.009	0.009	0.008
	(0.011)	(0.010)	(0.009)
Growth	0.009	0.011	0.007
	(0.026)	(0.023)	(0.020)
CFO	0.002	−0.000	0.001
	(0.013)	(0.011)	(0.010)
M_2	0.000	0.000	0.000
	(0.000)	(0.000)	(0.000)
GDP	−0.000	−0.000	−0.000
	(0.001)	(0.001)	(0.000)
观测值	5844	5844	5844

注：＊表示在10%的水平显著，括号内数字为聚类标准误。

6.3　小结

本章基于中国人民银行信贷资产质押再贷款试点和中期借贷便利担保品扩容对理论模型的推导结果进行验证。研究结果表明：第一，将合格信贷资产纳入中央银行抵押品框架后，试点商业银行企业贷款规模和占比、小微企业贷款规模和占比显著提高，并且会提高试点商业银行风险承担水平；第二，将合格的小微企业信贷资产纳入中央银行抵押品框架会显著增加小微企业信贷可获得性，并降低小微企业信贷融资成本。

鉴于此，本章提出以下建议：

一要发挥中央银行抵押品框架的总量和结构双重功能。本章发现中央银行抵押品框架的银行信贷传导渠道存在，发挥了类似传统货币政策的总量型调控作用。同时，中央银行可以将小微、"三农"、绿色和扶贫等领域的债券资产和信贷资产纳入中央银行抵押品框架，发挥中央银行抵押品框架扩容的结构性调控作用。

　　二要适时适度、灵活调整中央银行抵押品折扣率。中国人民银行多层次货币政策抵押品框架确立以来发生两次大的变化，共同点是扩大合格抵押品范围，拓宽合格抵押品框架的广度，而对合格抵押品框架的深度（折扣率）并未进行调整。因此，货币当局可以适时适度调低合格债券资产和信贷资产尤其是小微信贷资产和绿色信贷资产的折扣率并与结构性货币政策相结合，发挥中央银行抵押品折扣率政策的定向调控作用。

7

中央银行抵押品框架改革效果：
流动性创造

7.1 研究设计

7.1.1 样本选择

中国人民银行抵押品框架自 2012 年确立以来经历了多次扩容，比较典型的事件是 2014 年、2015 年的信贷资产质押再贷款试点和 2018 年的中期借贷便利担保品范围扩容。其中，前者将合格信贷资产纳入中国人民银行抵押品框架，后者将绿色贷款、小微企业贷款和满足一定条件的债券纳入中期借贷便利合格担保品范围。考虑到中期借贷便利担保品范围扩容适用于所有商业银行，难以有效划分处理组银行和控制组银行，本章以 2015 年实施的信贷资产质押再贷款试点这一准自然实验作为政策冲击，研究中国人民银行将信贷资产纳入其抵押品框架对处理组银行流动性创造行为的影响。鉴于中国人民银行抵押品框架初步设立于 2012 年，样本区间的初始点设定在 2012 年。由于 2018 年（含）之后，中国人民银行将信贷资产质押再贷款试点推广至全国所有的银行金融机构，所以样本区间的截止点设定为 2017 年。根据中国人民银行官网信息，中国人民银行信贷资产质押再贷款试点分为三个时间段：2014 年、2015 年和 2017 年之后。为保障中央银行债权安全，防范金融机构道德风险，解决中小金融机构合格抵押品相对不足的问题，2014 年 4 月，中国人民银行在山东省和广东省开展信贷资产质押再贷款和中央银行内部评级试点。2015 年 9 月，中国人民银行决定在上海、天津、辽宁、江苏、湖北、四川、陕西、北京、重庆九省（市）推广试点。考虑到信贷资产质押再贷款试点政策的试点范围、处理组和控制组银行划分准确性，本章选择第二时间段的信贷资产质押再贷款试点作为实证环节的准自然实验，并将山东省和广东省的银行样本进行删除。

本章所使用的样本频率为年度，样本类型为非平衡面板数据，银行层面数据取自 Wind 数据库。经济增速数据来自国家统计局，货币供给增速数据来源于中国人民银行官网。此外，2015 年的信贷资产质押再贷款试点政策允许符合地方法人机构只能使用优质信贷资产向中国人民银行申请抵押品以获取流动性，可能因"选择优质信贷资产"带来一定的样本选择偏误问题。鉴于此，本章使用一对一倾向得分匹配方法对原始样本进行预处理，平衡性检验结果如表 7 - 1 所示。在以银行流动性创造作为结果变量进行一对一近邻匹配之后，偏差率显著下降，且均在 10% 以内，偏差最大降幅为 97.9%。T 检验说明倾向匹配得分之后，处理组银行和对照组银行之间并不存在系统性差异，匹配效果较好。经过删除残缺值和倾向得分匹配处理之后，最终样本量为 737，其中处理组样本为 370，非处理组样本为 367。处理组银行主要包含北京银行、江苏江阴农商银行、遂宁农商银行等 137 家城商行和农商行，而控制组银行主要包含安徽马鞍山农商银行、浙江磐安农商银行和长沙银行等 202 家农商行、城商行以及 2 家股份制银行等。为避免异常值对回归结果的干扰，本章对所有连续变量进行上下 1% 分位数缩尾处理。

表 7 - 1   处理组与对照组匹配平衡性检验结果

匹配变量		均值		偏差		T 检验	
		处理组	对照组	标准偏差（%）	偏差降幅（%）	T 值	P 值
ASSET	匹配前	24.925	24.112	49.3	96.3	10.11	0.000
	匹配后	24.893	24.863	1.8		0.28	0.780
LEV	匹配前	92.776	92.046	44.1	97.9	8.36	0.000
	匹配后	92.769	92.753	0.9		0.17	0.865
ROE	匹配前	13.076	14.428	− 27.2	81.5	− 5.25	0.000
	匹配后	13.093	12.844	5.0		0.88	0.377
NPLR	匹配前	2.0947	1.9062	18.3	91.3	3.66	0.000
	匹配后	2.0933	2.1097	− 1.6		− 0.27	0.788
CAR	匹配前	13.155	13.686	− 28.5	85.7	1.460	0.144
	匹配后	13.164	13.088	4.1		0.780	0.438
LTD	匹配前	64.584	63.834	8.0	63.8	1.56	0.119
	匹配后	64.479	64.751	− 2.9		− 0.49	0.622

7.1.2 变量释义

为研究中央银行抵押品框架对银行流动性创造行为的影响，本章借鉴 Berger 和 Bouwman（2009）对银行流动性创造的定义，并结合我国银行的经营特点测算样本银行的流动性创造。第一步，将样本银行资产、负债和所有者权益划分为流动性、半流动性和非流动性三类；第二步，按照流动性对样本银行资产负债表的各类科目赋予50%、0 和 –50%的权重；第三步，基于第一步和第二步加总测算样本银行流动性创造。具体测算公式如下：流动性创造＝（0.5×非流动性资产 – 0.5×流动性资产 + 0×半流动性资产）＋（0.5×流动性负债 – 0.5×非流动性负债 + 0×半流动性负债）。为避免银行规模对中央银行抵押品框架扩容的流动性创造效应产生干扰，本章借鉴邓向荣和张嘉明（2018）的研究，使用加总流动性创造与银行总资产之比衡量银行流动性创造。

　　本章的解释变量为中国人民银行抵押品框架扩容政策虚拟变量，具体涉及时间虚拟变量（$Post$）和处理组虚拟变量（$Treat$）。关于处理组虚拟变量，本章将上海、天津和辽宁等九省市的地方法人机构（城商行和农商行）作为处理组，$Treat$ 取值为 1；将其他省市地方法人机构和其他类型的银行（如股份制银行）作为控制组，$Treat$ 取值为 0。关于时间虚拟变量，2015 年之前取值为 0，2015 年（含）之后取值为 1。在借鉴现有研究（郭晔等，2018；李建军等，2023；宋科等，2023）的基础上，本章选择的控制变量包含银行总资产对数（$ASSET$）、资产负债率（LEV）、净资产收益率（ROE）、不良贷款率（$NPLR$）、资本充足率（CAR）和贷存比（LTD）六个银行个体特征变量以及经济增速和货币供给增速两个宏观经济变量。为验证中央银行抵押品框架扩容通过"资产配置"机制和"风险承担"机制作用于银行流动性创造，本章使用贷款与总资产之比和银行风险加权资产占总资产之比作为两个中介变量。本章选择银行主动风险承担行为而非被动风险承担行为作为中介变量的原因有两个：第一，流动性创造从本质上讲是银行的主动行为；第二，本章更加强调中央银行抵押品框架扩容是通过提高银行的主动风险承担行为促进银行的流动性创造。变量的具体释义和描述性统计分别详见表 7 –2和表 7 –3。表 7 –3 的数据特征显示匹配后的样本银行流动性创造均值和标准差分别为0.606 和0.107，与匹配前的样本银行均值（0.609）和标准差（0.103）极为接近，表明匹配后的银行样本分布与原始银行样本的总体分布较为一致，具有良好的代表性。

表 7-2 变量说明

变量符号	变量名称	变量释义
LC	单位资产流动性创造	流动性创造加总值/总资产
Treat	处理组银行虚拟变量	适用信贷资产质押再贷款试点政策的 地方法人金融机构取值为1，其他取值为0
Post	中央银行抵押品框架扩容虚拟变量	2015年之前取值为0，2015年（含）之后取值为1
ASSET	银行规模	银行总资产自然对数
LEV	杠杆水平（%）	银行总负债/总资产
ROE	盈利能力（%）	银行总收益/净资产
NPLR	不良贷款率（%）	不良贷款余额/总资产
CAR	资本充足率（%）	资本总额/风险加权资产
LTD	贷存比（%）	银行存款/贷款
Loanratio	资产配置	贷款/总资产
RWA	主动风险承担	银行风险加权资产/总资产
M_2	货币政策环境	广义货币供给量 M_2 增速
GDP	宏观经济环境	GDP增长率

表 7-3 描述性统计

变量	样本量	均值	标准差	最小值	中位数	最大值
LC	737	0.606	0.107	0.035	0.626	0.818
Treat	737	0.502	0.500	0	1	1
Post	737	0.685	0.465	0	1	1
Asset	737	2.34×10^{11}	1.06×10^{12}	2.79×10^9	2.92×10^{10}	1.53×10^{13}
ASSET	737	24.400	1.537	21.750	24.100	30.360
LEV（%）	737	92.390	3.202	26.930	92.730	98.660
ROE（%）	737	13.390	6.420	-17.980	12.880	97.730
NPLR（%）	737	2.246	1.695	0	1.820	14.960
CAR（%）	737	13.600	5.064	0.050	13.040	109.00
LTD（%）	737	63.490	10.900	8.323	64.220	110.900
Loanratio	718	0.483	0.116	0.005	0.489	0.802
RWA	737	0.562	0.092	0.394	0.560	0.730
M_2	737	0.114	0.020	0.082	0.122	0.138
GDP	737	0.072	0.003	0.068	0.070	0.079

7.1.3 模型设定

本章借鉴 Van Bekkum 等（2017）的方法，建立以下模型，研究中央银行抵押品框架扩容对银行流动性创造的因果效应：

$$LC_{it} = \rho_0 + \rho_{it}Treat_i \times Post_t + \theta_{it}X_{it} + \lambda_t + \mu_i + \varepsilon_{it} \qquad (7.1)$$

其中，被解释变量 LC 表示样本银行流动性创造。$Treat$ 表示分组变量，处理组取值为 1，对照组取值为 0。$Post$ 表示中央银行抵押品框架扩容虚拟变量，2015 年（含）之后取值为 1，其他取值为 0。由于个体固定效应（μ_i）吸收了 $Treat$，时间固定效应（λ_t）吸收了 $Post$，在式（7.1）中未放入 $Treat$ 和 $Post$ 两个虚拟变量。交乘项系数 ρ_{it} 是中央银行抵押品框架扩容的流动性创造效应。X 是一系列随时间变化且影响中央银行抵押品框架流动性创造效应的控制变量。λ_t 是时间固定效应，μ_i 是不随时间变化且不可观测的银行固定效应。ε_{it} 表示不可观测扰动因素，假设 $\{\varepsilon_{it}\}$ 独立同分布且与 μ_i 不相关。

7.2　实证分析

7.2.1　基准回归与异质性分析

表 7 - 4 第（1）～（3）列显示了中央银行抵押品框架扩容对银行流动性创造的因果影响。表 7 - 4 第（3）列表明：信贷资产质押再贷款试点开始之后，城商行和农商行的单位资产流动性创造水平在 1% 的显著性水平下平均增加 3%。考虑到样本银行资产规模均值为 $2.34 \times 10^{11}/10^8$ 亿元（对数均值为 24.40），若将银行单位资产流动性换算为银行流动性绝对值，则农商行和城商行的流动性创造水平平均增加 70.2 亿元（3% $\times 2.34 \times 10^{11}/10^8$）。因此，中央银行抵押品框架扩容的流动性创造效应显著存在。

为验证中央银行抵押品框架扩容通过"资产配置"机制促进银行流动性创造，本章以银行贷款资产在总资产中的占比作为第一个中介变量进行回归。同样地，为验证中央银行抵押品框架扩容通过提高银行风险容忍度的"风险承担"机制促进银行流动性创造，本章以样本银行加权风险资产占比作为中介变量进行回归。考虑到三步法机制分析会导致中介变量存在一定程度的内生性问题（江艇，2022），本章借鉴李健等（2023）的研究，将解释变量和中介变量滞后一期处理以缓解潜在内生性问题。表7－4第（4）～（7）列的机制分析回归结果表明，信贷资产质押再贷款试点开始后，样本银行的信贷资产占比在1%的显著性水平下提高2.29%，风险加权资产占比在5%的显著性水平下提高2.3%，并进一步促进样本银行流动性创造水平分别提高65.1%和11.6%，经济意义和统计意义较为显著。因此，中央银行抵押品框架扩容的"资产配置"机制和"风险承担"机制显著存在。虽然此处的"风险承担"机制与邓向荣和张嘉明（2018）的研究类似，但本章创新性地聚焦中央银行抵押品框架，并不是常规的货币政策。此外，本章进一步分析了中央银行抵押品框架扩容对不同类型银行流动性创造行为的影响。表7－4第（8）（9）列显示，中央银行抵押品框架扩容显著促进了农村商业银行的流动性创造行为，而对城商行等银行的流动性创造影响不显著。可能的原因在于：相对于其他类型的商业银行，农村商业银行面临的抵押品约束更强（郭红玉和耿广杰，2022b）；信贷资产质押再贷款试点实施之后，农商行有更大动机使用合格信贷资产向中国人民银行抵押获取流动性，进而发放更多的银行贷款，提高自身流动性创造水平。

表7－4 中央银行抵押品框架与银行流动性创造：主回归、机制分析与异质性分析

变量	LC			Loanratio	LC	RWA	LC	LC	LC
	主回归			机制分析				异质性分析	
	(1)	(2)	(3)	(4)	(5)	(6)	(7)	(8)	(9)
$Treat \times Post$	**0.035 *****	**0.035 *****	**0.030 *****	**0.0229 *****		**0.023 ****		**0.042 *****	0.017
	(0.011)	**(0.011)**	**(0.008)**	**(0.008)**		**(0.009)**		**(0.010)**	(0.013)
$L. Treat \times Post$					0.000		0.011		
					(0.011)		(0.014)		
$L. Loanratio$					0.651 ***				
					(0.049)				
$L. RWA$							0.116 **		
							(0.046)		

续表

变量	LC			Loanratio	LC	RWA	LC	LC	LC
	主回归			机制分析				异质性分析	
	(1)	(2)	(3)	(4)	(5)	(6)	(7)	(8)	(9)
ASSET			−0.109***	−0.120***	−0.020**	0.006	−0.045***	−0.125***	−0.107***
			(0.020)	(0.019)	(0.003)	(0.025)	(0.003)	(0.028)	(0.030)
LEV			−0.005	−0.007***	−0.004*	−0.050***	−0.002	0.000	−0.009
			(0.004)	(0.003)	(0.003)	(0.005)	(0.004)	(0.004)	(0.006)
ROE			0.001	0.001	0.001*	−0.001	0.003***	0.001	0.001
			(0.001)	(0.001)	(0.001)	(0.001)	(0.001)	(0.001)	(0.002)
NPLR			0.006	0.005	0.004	0.016**	0.012***	0.007	−0.007
			(0.005)	(0.004)	(0.003)	(0.008)	(0.004)	(0.005)	(0.011)
CAR			−0.003*	−0.004***	−0.001	−0.034***	−0.001	−0.002	−0.005
			(0.002)	(0.001)	(0.001)	(0.003)	(0.002)	(0.002)	(0.003)
LTD			0.001***	0.006***	−0.001**	−0.000	0.003***	0.001*	0.002***
			(0.000)	(0.000)	(0.000)	(0.000)	(0.000)	(0.001)	(0.001)
M_2		0.181	−0.464***	−0.627***	—	0.052	—	−0.538***	−0.392
		(0.114)	(0.148)	(0.130)	—	(0.157)	—	(0.181)	(0.322)
GDP		9.778***	1.208	−1.517	—	6.331***	—	1.598	−0.707
		(1.864)	(1.933)	(1.717)	—	(2.227)	—	(2.137)	(4.496)
Constant	0.667***	−0.127	3.547***	3.900***	1.303***	5.021***	1.724***	3.441***	4.128***
	(0.016)	(0.134)	(0.689)	(0.579)	(0.262)	(1.005)	(0.409)	(0.841)	(1.238)
Bank FE	YES	YES	YES	YES	YES	YES	YES	YES	YES
Year FE	YES	YES	YES	YES	YES	YES	YES	YES	YES
Observations	737	737	737	718	291	737	296	473	264
R^2	0.414	0.414	0.586	0.746	0.88	0.706	0.782	0.571	0.638

注：①***、**、*分别表示在1%、5%和10%的水平下显著，括号中为聚类到银行层面的稳健标准误，以下各表同；②第（5）（7）两列的"—"表示多重共线性使得 M_2 和 GDP 的回归系数缺失。

7.2.2　稳健性检验

7.2.2.1　平行趋势检验

图 7-1 表明，在信贷资产质押再贷款试点实施之前，受政策影响商业银行的流动性创造水平基本保持平行趋势且不显著；而在 2015 年及其之后，

受政策影响商业银行的流动性创造水平显著提高，验证了主回归结果的稳健性。

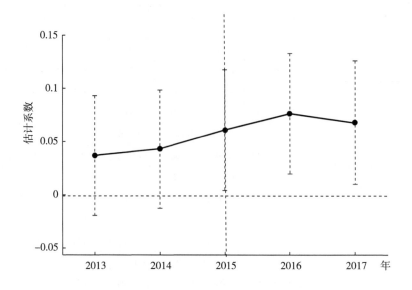

图 7-1 中央银行抵押品框架改革流动性创造效应的平行趋势

7.2.2.2 安慰剂检验

为进一步验证主回归结果的稳健性，本章通过构建虚拟处理组进行安慰剂检验。由于匹配后的样本处理组有 137 个，本章随机抽取 1000 次构建 137 个虚拟的处理组。图 7-2 显示了构建虚拟处理组的安慰剂检验结果，其中左边曲线为核密度分布，曲线下方的圆圈组成的图形是随机抽样的回归系数分布，最右边的直线为表 7-4 的主回归系数，数值为 0.03。图 7-2 表明：第一，随机抽样得到的回归系数与主回归系数 0.03 距离很远，证明表 7-4 的主回归系数受其他因素的影响较小，并不是随机抽样得来的；第二，随机抽样的大部分回归系数都集中在零附近，说明虚拟处理组对主回归系数的影响较小。

7.2.2.3 其他稳健性检验

除平行趋势检验和安慰剂检验以外，本章还进行其他检验，具体包含多期 DID 回归、删除跨省经营银行样本、增广样本、增加其他控制变量和控制

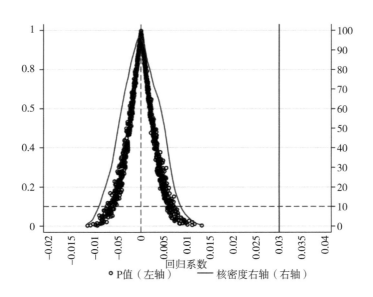

图 7 - 2　中央银行抵押品框架改革流动性创造效应的安慰剂检验

区域时变差异。第一，本章将 2014 年和 2015 年的信贷资产质押再贷款试点省份（市）一同纳入回归分析。考虑到政策试点是两期，需使用多期 DID 对样本进行回归，表 7 - 5 第（1）列展示了多期 DID 的回归结果。第二，本章实证回归部分以省内地方法人机构及其流动性创造行为作为研究对象。如果存在银行跨省经营的情况，则省内农商行和城商行的流动性创造行为可能受到其省外分支机构流动性创造动机增加（或减少）的影响，导致高估（或低估）中央银行抵押品框架的流动性创造效应。表 7 - 5 第（2）列的回归结果显示跨省经营导致中央银行抵押品框架流动性创造效应的低估现象。第三，为应对可能存在的小样本问题，本章使用 Bootstrap 方法有放回抽样 2000 次，然后根据抽样后自助样本统计特征对总体进行统计推断。第四，借鉴邓伟等（2022）和盛天翔等（2022）的研究，本章在回归分析中增加成本收入比（CI _ ratio）和净息差（NIM）两个控制变量。第五，考虑到地方法人金融机构所在地随时间变化的政策或其他因素可能干扰中央银行抵押品框架的流动性创造效应，导致严重的内生性问题，本章同时控制地方法人机构所在城市、省份与时间的交乘项。在进行上述稳健性检验之后，

表 7 - 5 第（3）~（5）列的回归系数依然显著，说明表 7 - 4 中的主回归结果依然稳健。

表 7 - 5 其他稳健性检验

变量	LC				
	多期 DID	删除跨省经营银行	增广样本	增加控制变量	控制区域时变差异
	(1)	(2)	(3)	(4)	(5)
Treat × Post	**0.031** ***	**0.034** ***	**0.030** ***	**0.027** ***	**0.431** *
	(0.010)	**(0.009)**	**(0.009)**	**(0.010)**	**(0.219)**
CI _ ratio				0.000	
				(0.001)	
NIM				0.004	
				(0.005)	
Constant	2.174 ***	3.412 ***	3.547 ***	3.595 ***	6.543 ***
	(0.197)	(0.703)	(0.833)	(0.804)	(1.779)
Bank FE	YES	YES	YES	YES	YES
Year FE	YES	YES	YES	YES	YES
City & Year	NO	NO	NO	NO	YES
Province & Year	NO	NO	NO	NO	YES
Observations	929	668	737	662	737
R^2	0.510	0.575	0.586	0.592	0.996

注：受篇幅限制，文中无法列出表 7 - 5 中控制变量的回归结果，感兴趣的读者可联系作者索取。

7.3 基于中期借贷便利担保品范围扩容的实证检验

7.3.1 变量选择

本章的数据集包含银行特征数据与宏观经济数据。银行层面的数据来源于 Wind 数据库，经济增长、货币供应量等宏观经济数据来源于中国人民银行和国家统计局。为更科学地匹配处理组与对照组银行，本章以中国人民银行抵押品框架扩容前一年的小微企业贷款与绿色贷款总量作为匹配基准。小微企业贷款与绿色贷款数据来源于中国商业银行社会责任报告和年度财务报告，并由作者收集和整理。鉴于中国人民银行于 2012 年初步设立抵押品框架，本章将样本期间设定为 2012—2023 年。

本章的被解释变量与前文的流动性创造（LC/TA）指标一致，核心解释变量（$Eligibility \times After$）是基于一项准自然实验——中国人民银行中期借贷便利（MLF）担保品范围扩容政策——构造的虚拟变量。2018 年 6 月 1 日，中国人民银行决定扩大 MLF 担保品范围，以进一步支持小微企业和绿色金融等领域发展并促进信用债券市场健康发展。新纳入 MLF 抵押品范围的金融资产包括评级不低于 AA 级的小微企业债券、绿色债券和 "三农" 金融债券，AA + 级、AA 级信用债（优先接受小微企业债与绿色债券），优质的小微企业贷款与绿色贷款。鉴于商业银行持有的企业债券规模相对有限，且并未披露所持债券资产的信用评级信息，作者无法获取商业银行持有的 AA 级及以上小微企业债券、绿色及 "三农" 金融债信息，以及 AA + 级和 AA 级信用债的具体信息。然而，我国商业银行在企业社会责任报告与年度财务报告中详细披露了小微企业贷款与绿色贷款的相关信息，为本章的实证研究提供了数据支撑。综上所述，本章根据我国商业银行持有的小微企业贷款与绿色贷款总量划分实验组与对照组，具体步骤如下：（1）以原始数据集中 522 个样本为基础，计算 2017 年小微企业贷款与绿色贷款之和占总资产比率的平均值；（2）将比率高于平均值的银行划入处理组，其余银行划入对照组。需要特别说明的是，本章选取 2017 年商业银行持有的小微企业贷款与绿色贷款总量作为分组基准，主要基于中国人民银行 MLF 的期限结构向商业银行贷款期限结构的传导。2018 年 6 月 1 日，中国人民银行将小微企业贷款与绿色贷款纳入 MLF 合格担保品范围，意味着商业银行可将符合条件的贷款资产向中国人民银行抵押以获取流动性支持。因此，MLF 的期限结构决定了小微企业贷款和绿色贷款的期限结构，从而实现了中央银行流动性与商业银行信贷投放的期限匹配。鉴于 MLF 操作期限以 1 年期为主，商业银行出于风险控制考量，更倾向于发放 1 年期的小微企业贷款与绿色贷款以实现期限匹配。

为缓解遗漏变量产生的内生性问题，本章借鉴已有研究（Berger 等，2016；Jiang 等，2019；Berger 等，2024），在回归模型中引入银行总资产

[$Ln(TA)$]、资产负债率（LEV）、存贷比（LTD）、不良贷款率（$NPLR$）、资本充足率（CAR）、净资产收益率（ROE）、经济增速（GDP）与货币供应量增速（M_2）等控制变量。表7-6详细列示了被解释变量、核心解释变量及控制变量的定义。表7-7与表7-8分别呈现了全样本与子样本的描述性统计特征。特别地，表7-7显示银行流动性创造均值为0.57，标准差为0.083。表7-8的Panel A显示，处理组银行流动性创造均值为0.595（标准差为0.086），而对照组银行均值为0.553（标准差为0.077）。表7-8的Panel B表明，在MLF担保品范围扩容之前，银行流动性创造均值为0.560（标准差为0.091），MLF担保品范围扩容后提升至0.578（标准差为0.074）。因此，表7-8的数据特征在一定程度上表明，MLF担保品范围扩容之后，受政策影响银行的流动性创造水平呈现上升趋势，后文将对此展开严谨的实证检验。

表7-6　　　　　　　　　　　　　　　变量定义

变量	变量释义	数据来源
被解释变量		
LC/TA	经总资产标准化并经过1%水平缩尾处理的银行流动性创造指标	Wind数据库和作者计算
解释变量		
$Eligibility \times After$	该指标为分组虚拟变量（$Eligibility$）与时间虚拟变量（$Post$）的交互项，其中，$Eligibility$为分组虚拟变量：以2017年合格抵押品占总资产比例是否高于平均值为标准，高于平均值的银行作为处理组取值为1，其他银行为对照组取值为0；$Post$为时间虚拟变量，2018年及之后年份取1，此前年份取0	Wind数据库和作者计算
控制变量		
$Ln(TA)$	银行总资产（单位亿元）的自然对数，经过1%水平的缩尾处理	Wind数据库和作者计算
LEV	资产负债率，经过1%水平的缩尾处理	Wind数据库和作者计算

续表

变量	变量释义	数据来源
LTD	存贷比，经过1%水平的缩尾处理	Wind 数据库和作者计算
NPLR	不良贷款率，经过1%水平的缩尾处理	Wind 数据库和作者计算
CAR	资本充足率，经过1%水平的缩尾处理	Wind 数据库和作者计算
ROE	净资产收益率，经过1%水平的缩尾处理	Wind 数据库和作者计算
M_2	货币供给年增速，经过1%水平的缩尾处理	中国人民银行
GDP	经济增速，经过1%水平的缩尾处理	国家统计局

表 7-7   描述性统计：全样本

变量	样本量	均值	标准差	最小值	中位数	最大值
	（1）	（2）	（3）	（4）	（5）	（6）
LC/TA	522	0.570	0.083	0.329	0.566	0.816
TA	522	2.82×10^{12}	6.16×10^{12}	24.113	3.99×10^{13}	3.60×10^{11}
Ln（TA）	522	24.89	7.165	3.223	26.61	31.32
LEV	522	0.883	0.192	0.009	0.924	0.959
LTD	522	0.742	0.143	0.306	0.728	1.189
NPLR	522	0.015	0.006	0.003	0.014	0.048
CAR	522	0.135	0.019	0.095	0.132	0.211
ROE	522	0.124	0.044	0.008	0.119	0.293
M_2	522	0.106	0.020	0.081	0.101	0.138
GDP	522	0.062	0.019	0.024	0.068	0.084

注：本表同时列示了银行总资产的描述性统计特征。所有连续变量均经过1%水平的缩尾处理，具体定义详见表7-6。样本期间覆盖2012—2023年。

表 7-8   描述性统计：子样本

变量	样本量	均值	标准差	最小值	最大值	样本量	均值	标准差	最小值	最大值
	（1）	（2）	（3）	（4）	（5）	（6）	（7）	（8）	（9）	（10）
Panel A：处理组银行和对照组银行的描述性统计结果										
变量	处理组					对照组				
LC/TA	209	0.595	0.086	0.386	0.816	313	0.553	0.077	0.329	0.753
Ln（TA）	209	23.98	6.713	3.223	30.12	313	25.50	7.400	3.224	31.32
LEV	209	0.884	0.186	0.009	0.957	313	0.883	0.197	0.009	0.959

	样本量	均值	标准差	最小值	最大值	样本量	均值	标准差	最小值	最大值
	(1)	(2)	(3)	(4)	(5)	(6)	(7)	(8)	(9)	(10)
LTD	209	0.711	0.112	0.390	1.052	313	0.762	0.157	0.306	1.189
NPLR	209	0.016	0.006	0.006	0.043	313	0.014	0.006	0.003	0.048
CAR	209	0.136	0.021	0.097	0.211	313	0.134	0.017	0.095	0.193
ROE	209	0.117	0.048	0.008	0.293	313	0.129	0.041	0.012	0.239
M_2	209	0.107	0.020	0.081	0.138	313	0.106	0.020	0.081	0.138
GDP	209	0.063	0.018	0.024	0.084	313	0.062	0.019	0.024	0.084

Panel B：MLF 担保品范围扩容前后变量的描述性统计结果

变量	MLF 担保品范围扩容前					MLF 担保品范围扩容后				
LC/TA	252	0.560	0.091	0.329	0.816	270	0.578	0.074	0.370	0.789
Ln（TA）	252	26.85	1.909	22.70	30.89	270	23.06	9.439	3.223	31.32
LEV	252	0.929	0.014	0.883	0.959	270	0.841	0.260	0.009	0.957
LTD	252	0.667	0.111	0.306	1.052	270	0.811	0.135	0.504	1.189
NPLR	252	0.015	0.007	0.003	0.048	270	0.015	0.005	0.004	0.043
CAR	252	0.129	0.016	0.095	0.203	270	0.140	0.019	0.107	0.211
ROE	252	0.150	0.042	0.008	0.293	270	0.100	0.030	0.012	0.182
M_2	252	0.118	0.020	0.082	0.138	270	0.095	0.012	0.081	0.118
GDP	252	0.072	0.004	0.068	0.079	270	0.053	0.022	0.024	0.084

注：所有连续变量均经过 1% 水平的缩尾处理，具体定义详见表 7-6。样本期间覆盖 2012—2023 年。

7.3.2 实证分析

表 7-9 体现了信贷权益抵押品资格（小微企业贷款和绿色贷款具备中国人民银行抵押品资格）对银行流动性创造的影响。具体而言，表 7-9 第（1）（2）（3）列显示，中国人民银行将合格的小微企业贷款和绿色贷款纳入其抵押品框架后，受影响银行的流动性创造平均提升 4.3%、4.2% 与 2.2%。表 7-9 第（4）列进一步表明，在控制银行层面控制变量与宏观经济因素后，信贷权益抵押品资格显著增强了银行的流动性创造能力。具体而言，中国人民银行将小微企业贷款和绿色贷款纳入其抵押品框架之后，在 1% 的显著性水平上，受政策影响银行的流动性创造水平显著提升 2%，具有显著的经济意义和统计意义。若将银行流动性创造水平 2% 的平均增幅转

化为绝对规模，银行体系流动性创造平均增加 564 亿元（$0.02 \times 2.82 \times 10^{12}$）。

表 7 – 9　　　中央银行抵押品框架改革与银行流动性创造：基准回归

变量	LC/TA			
	（1）	（2）	（3）	（4）
Eligibility × After	0.043 ***	0.042 ***	0.022 ***	**0.020 *****
	（0.009）	（0.010）	（0.007）	**（0.008）**
Ln（TA）				− 0.009 **
				（0.003）
LEV				− 0.603 **
				（0.302）
LTD				0.236 ***
				（0.031）
NPLR				− 0.294
				（0.552）
CAR				− 0.718 ***
				（0.211）
ROE				0.154
				（0.104）
M_2				10.780
				（13.837）
GDP				− 0.358
				（6.038）
常数项	0.561 ***	0.561 ***	0.565 ***	1.225 ***
	（0.004）	（0.004）	（0.003）	（0.304）
样本量	522	522	522	522
年度固定效应	NO	YES	NO	YES
银行固定效应	NO	NO	YES	YES
调整的 R^2	0.045	0.119	0.676	0.791

注：所有连续变量均经过 1% 水平的双侧缩尾处理，变量定义详见表 7 – 6。样本期间覆盖 2012—2023 年。所有回归均包含银行与年份固定效应，括号内报告了银行层面聚类标准误。

表 7 – 10 呈现了小微企业贷款和绿色贷款具备抵押品资格影响银行流动性创造的异质性分析与机制检验结果。表 7 – 10 第（1）～（4）列描述了信贷权益（小微企业贷款和绿色贷款）抵押品资格的流动性创造效应在不

同类型银行中的异质性表现，第（5）列为信贷权益抵押品资格影响银行流动性创造的机制检验结果。在表7-10的第（5）列中，我们重点关注交互项的回归系数。若交互项系数显著为正，表明信贷权益（小微企业贷款和绿色贷款）抵押品资格通过提高银行风险承担能力这一渠道促进流动性创造。具体而言，表7-10的第（5）列显示，小微企业贷款和绿色贷款被纳入中央银行抵押品框架后，银行流动性创造水平显著提升1.6%；随着银行风险承担水平每增加1个单位，流动性创造在5%的显著性水平上进一步上升3%。这一结果在经济学与统计学层面均具有显著意义。表7-10第（1）~（4）列的异质性分析表明，信贷权益抵押品资格对国有大型商业银行与农村商业银行的流动性创造行为具有显著促进作用，但对城市商业银行影响不显著。具体而言，中国人民银行将小微企业贷款和绿色贷款纳入其抵押品框架后，国有大型商业银行流动性创造提升9.1%，农村商业银行提升4%，分别对应2566.2亿元（$0.091 \times 2.82 \times 10^{12}$）与1128亿元（$0.04 \times 2.82 \times 10^{12}$）的绝对规模增长。尽管信贷权益抵押品资格整体上促进了银行体系流动性创造，但内在动因存在差异：国有大型商业银行本身流动性充裕且持有足量优质抵押品，因而缺乏通过信贷权益抵押品向中央银行获取流动性的强烈动机。因此，中央银行将小微企业贷款与绿色贷款纳入其抵押品框架后，国有大型商业银行更多的是基于政府窗口指导被动增加对小微企业与绿色领域的信贷投放，通过被动承担风险的方式提升流动性创造水平。相比之下，农村商业银行通常优质抵押品匮乏且以小微企业贷款为主业。中央银行将小微企业贷款纳入其抵押品框架后，农村商业银行具有更强的内在动机增加对小微企业与绿色领域的贷款投放，进而通过主动信贷投放提升银行流动性创造水平。同时，信贷权益抵押品资格对股份制商业银行流动性创造的促进作用仅在10%的显著性水平上显著，其内在动因可能源于盈利导向。实际上，股份制商业银行以市场化运营为主，较少受到政府行政约束，且持有足量抵押品。最后，信贷权益抵押品资格未对城市商业银行流动性创造产生显著影响。可能的原因是相较于农村商业银行，城市商业银行面临较小的抵押品约束。

表7-10 中央银行抵押品框架改革与银行流动性创造：异质性与机制分析

变量	LC/TA				
	（1）	（2）	（3）	（4）	（5）
	国有大型 商业银行	股份制 银行	城市 商业银行	农村 商业银行	机制检验
Eligibility × After	0.091 ***	0.036 *	-0.013	0.040 ***	0.016 *
	(0.031)	(0.019)	(0.011)	(0.011)	(0.010)
Eligibility × After *× Risktaking*					0.030 **
					(0.014)
Ln (TA)	-0.169 ***	0.017	-0.017 *	-0.006	-0.010 ***
	(0.054)	(0.023)	(0.010)	(0.007)	(0.003)
LEV	-3.534	-1.444 *	-0.583	-0.252	-1.291 ***
	(3.366)	(0.631)	(0.423)	(0.392)	(0.318)
LTD	0.247	-0.040	0.194 ***	0.247 ***	0.126 ***
	(0.221)	(0.143)	(0.046)	(0.056)	(0.028)
NPLR/Risk-taking	0.659	5.041	-0.040	-1.280 *	0.004
	(3.978)	(4.690)	(0.762)	(0.716)	(0.008)
CAR	0.582	-0.061	-0.346	-0.661 **	-0.058
	(1.845)	(0.925)	(0.333)	(0.271)	(0.216)
ROE	3.101 **	0.464	0.135	-0.006	0.177 *
	(1.298)	(0.562)	(0.131)	(0.165)	(0.101)
M₂	20.142	53.612 *	8.987	6.271	19.405
	(198.554)	(25.610)	(24.667)	(15.242)	(13.065)
GDP	84.338	-29.882	3.224	1.235	-3.697
	(60.323)	(19.084)	(15.640)	(7.341)	(6.312)
常数项	7.812 *	-3.654	1.370 ***	0.934 **	1.846 ***
	(3.823)	(1.986)	(0.426)	(0.420)	(0.308)
样本量	50	96	240	135	522
年度固定效应	YES	YES	YES	YES	YES
银行固定效应	YES	YES	YES	YES	YES
调整的 R^2	0.903	0.543	0.757	0.885	0.680

注：本表对银行流动性创造与抵押品资格虚拟变量、抵押品资格虚拟变量与风险承担交互项、风险承担、银行特征变量及宏观经济变量进行回归分析。所有连续变量均经过1%水平的双侧缩尾处理，变量定义详见表7-6。样本期间覆盖2012—2023年。所有回归均包含银行与年份固定效应，括号内报告了银行层面聚类标准误。

为验证信贷权益抵押品资格影响银行流动性创造基准回归结果的可靠性，本章通过平行趋势检验、安慰剂检验及处理组与对照组重新划分等方法进行验证。在计量经济学中，双重差分估计量一致性成立的前提是满足平行趋势假设，即政策未实施时，处理组与对照组的被解释变量变动趋势基本一致。图7-3描绘了2012—2023年处理组与对照组银行流动性创造差异的估计结果。首先，2018年之前，信贷权益抵押品资格对银行流动性创造的回归系数趋近于零且统计不显著。其次，2018年之后，回归系数显著大于零，且2019年后该效应更为明显。最后，信贷权益抵押品资格对银行流动性创造的影响存在滞后效应。因此，信贷权益抵押品资格对银行流动性创造的影响满足平行趋势假设。

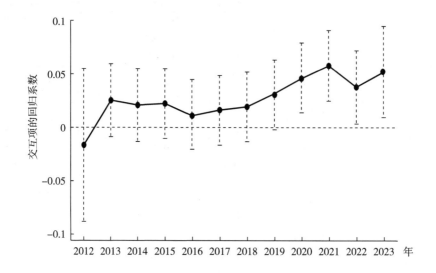

图7-3 中央银行抵押品框架改革影响银行流动性创造的平行趋势

尽管前文已通过平行趋势检验，但需进一步验证政策干预时点后处理组与对照组趋势变化是否受其他政策或随机因素干扰。为此，本章采用改变政策发生时间与随机选择处理组两种方法，对信贷权益抵押品资格影响银行流动性创造的因果效应进行安慰剂检验。

首先，采用随机选择银行的方法构建虚拟处理组。具体步骤为：（1）依据原始样本中处理组银行数量随机选择相同数量的处理组；（2）将随机选择的处理组样本与原始对照组样本合并；（3）使用合并后的新样本进行回归分析；（4）重复上述步骤1000次；（5）提取1000次回归结果中的系数与标准误，绘制回归系数的核密度估计图、P值和回归系数的散点图。图7-4展示了通过随机选择银行进行的安慰剂检验结果。具体而言，基于虚拟处理组的回归系数结果与表 7 – 9 第（4）列中真实回归系数 0.02 相距甚远，表明表 7 – 9 第（4）列的主回归系数受其他因素干扰较小且并非随机抽样所得。同时，新样本的回归系数均趋近于 0，表明虚拟处理组对表 7 – 9 第（4）列主回归系数的影响微弱。大部分 P 值高于 10%，表明虚拟构建的样本数据多数统计不显著。

其次，通过改变政策发生时间构建虚假政策变量。该方法将 2012—2017 年每一年份视为抵押品政策冲击时点，从而构建六个虚假政策变量，然后基于虚拟政策变量进行回归检验，结果如表 7 – 11 所示。表 7 – 11 的回归结果显示，各虚拟政策时点下银行流动性创造的双重差分估计系数均未通过统计显著性检验。这一结果进一步支持了"小微企业贷款和绿色贷款的抵押品资格显著促进银行流动性创造"的结论。因此，安慰剂检验结果再次验证了前文基准回归结果的稳健性。

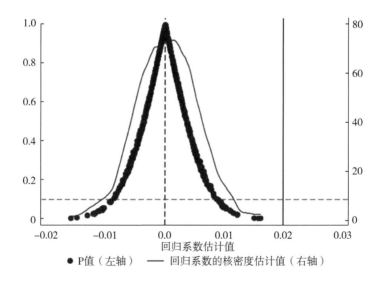

图 7 – 4　中央银行抵押品框架改革影响银行流动性创造的安慰剂检验：构建虚拟实验组

（注：垂直虚线标示系数值为 0 的位置，垂直实线对应基准回归中真实估计系数值 0.02，

水平虚线代表 10% 的 P 值阈值）

表 7 – 11 中央银行抵押品框架改革与银行流动性创造：

安慰剂检验——构建虚拟时间变量

变量	LC/TA					
	(1)	(2)	(3)	(4)	(5)	(6)
	2012 年	2013 年	2014 年	2015 年	2016 年	2017 年
Eligibility × After	—	0.010	− 0.001	0.002	0.005	0.014
	—	(0.010)	(0.017)	(0.017)	(0.016)	(0.016)
Ln（TA）	− 0.008 *	− 0.008 *	− 0.008 *	− 0.008 *	− 0.008 *	− 0.008 **
	(0.004)	(0.004)	(0.004)	(0.004)	(0.004)	(0.004)
LEV	− 0.517	− 0.522	− 0.514	− 0.523	− 0.539	− 0.574
	(0.435)	(0.437)	(0.439)	(0.439)	(0.444)	(0.446)
LTD	0.226 ***	0.226 ***	0.226 ***	0.227 ***	0.229 ***	0.234 ***
	(0.053)	(0.053)	(0.053)	(0.054)	(0.054)	(0.053)
NPLR	− 0.264	− 0.282	− 0.263	− 0.265	− 0.272	− 0.293
	(0.647)	(0.647)	(0.648)	(0.648)	(0.646)	(0.635)
CAR	− 0.682 **	− 0.684 **	− 0.682 **	− 0.680 **	− 0.680 **	− 0.689 **
	(0.317)	(0.318)	(0.317)	(0.316)	(0.315)	(0.315)
ROE	0.157	0.157	0.156	0.158	0.158	0.154
	(0.151)	(0.151)	(0.149)	(0.149)	(0.151)	(0.152)
M_2	12.617	12.882	12.538	12.807	13.300	14.257
	(14.040)	(14.090)	(14.156)	(14.173)	(14.302)	(14.362)
GDP	− 1.326	− 1.259	− 1.311	− 1.364	− 1.435	− 1.421
	(6.278)	(6.289)	(6.288)	(6.301)	(6.321)	(6.326)
常数项	− 0.447	− 0.479	− 0.440	− 0.464	− 0.508	− 0.593
	(1.045)	(1.050)	(1.057)	(1.060)	(1.070)	(1.076)
样本量	522	522	522	522	522	522
年度固定效应	YES	YES	YES	YES	YES	YES
银行固定效应	YES	YES	YES	YES	YES	YES
调整的 R^2	0.360	0.360	0.360	0.360	0.360	0.365

注：本表对银行流动性创造与抵押品资格虚拟变量、银行特征变量及宏观经济变量进行回归分析。所有连续变量均经过 1% 水平的双侧缩尾处理，变量定义详见表 7 – 6。样本期间覆盖 2012—2023 年。表 7 – 11 第 (1) 列中 "—" 符号表示因多重共线性导致的缺失值。所有回归均包含银行与年度固定效应，括号内报告了银行层面聚类标准误。

前文的基准回归主要依据 2017 年小微企业贷款与绿色贷款占总资产比率的平均值进行分组。为进一步验证基准回归结果的稳健性：第一，以 2017 年小微企业贷款与绿色贷款占总资产比率的中位数进行分组，高于中位数的银行划为处理组，其余为对照组。如表 7－12 第（1）列所示，小微企业贷款与绿色贷款抵押品资格的回归系数在 1% 的显著性水平下仍显著为正（交互项系数为 0.012），验证了基准回归结果的稳健性。第二，将被解释变量更换为未经总资产调整的流动性创造。为保证统一性，解释变量需要根据 2017 年小微企业贷款与绿色贷款总额的中位数（或平均值）进行分组，高于中位数（或平均值）的银行划为处理组，其余为对照组。表 7－12 第（2）（3）列显示，交互项系数分别为 1.403（P＜5%）与 0.996（P＜1%），进一步支持基准回归结果的稳健性。第三，排除试点政策干扰。考虑到中国人民银行曾于 2014 年与 2015 年在试点地区将中小银行企业贷款纳入其抵押品框架，本章进一步剔除农村商业银行与城市商业银行样本进行回归。表 7－12 第（4）列显示，交互项系数在 5% 的显著性水平下仍显著为正。通过分组标准调整、更换被解释变量和排除其他抵押品政策干扰等，小微企业贷款与绿色贷款抵押品资格对银行流动性创造的促进作用始终保持显著，又一次验证了基准回归结果的稳健性。

表 7－12　中央银行抵押品框架改革与银行流动性创造：其他稳健性检验方法

变量	LC/TA	LC	LC	LC/TA
	（1）	（2）	（3）	（4）
	2017 年小微企业贷款和绿色贷款的中位数	2017 年小微企业贷款和绿色贷款的平均值	2017 年小微企业贷款和绿色贷款的中位数	排除其他抵押品政策实践
Eligibility × After	0.012 *	1.403 ***	0.966 ***	0.036 **
	（0.007）	（0.212）	（0.196）	（0.015）
Ln（TA）	− 0.008 **	1.549 ***	1.496 ***	− 0.022
	（0.003）	（0.085）	（0.085）	（0.019）
LEV	− 0.544 *	− 16.918 **	− 7.962	− 2.666 **
	（0.302）	（7.095）	（7.548）	（1.166）

续表

变量	LC/TA	LC	LC	LC/TA
	(1)	(2)	(3)	(4)
	2017 年小微企业贷款和绿色贷款的中位数	2017 年小微企业贷款和绿色贷款的平均值	2017 年小微企业贷款和绿色贷款的中位数	排除其他抵押品政策实践
LTD	0.232 ***	1.189 *	0.896	0.243 ***
	(0.031)	(0.721)	(0.736)	(0.085)
NPLR	−0.220	6.046	−0.868	2.795
	(0.555)	(13.041)	(13.442)	(2.986)
CAR	−0.691 ***	−5.823	0.099	−0.625
	(0.212)	(5.021)	(5.094)	(0.812)
ROE	0.165	0.849	−0.109	0.346
	(0.104)	(2.452)	(2.506)	(0.339)
M_2	0.525 ***	1.515	1.522	—
	(0.174)	(1.146)	(1.102)	—
GDP	−0.048	−2.339 **	−2.259 **	—
	(0.067)	(0.988)	(1.000)	—
常数项	1.158 ***	−22.531 ***	−29.580 ***	3.543 ***
	(0.304)	(7.166)	(7.672)	(1.276)
样本量	522	522	522	147
年度固定效应	YES	YES	YES	YES
银行固定效应	YES	YES	YES	YES
调整的 R^2	0.789	0.929	0.926	0.593

注：本表对银行流动性创造与抵押品资格虚拟变量、银行特征变量及宏观经济变量进行回归分析。所有连续变量均经过 1% 水平的双侧缩尾处理，变量定义详见表 7−6。样本期间覆盖 2012—2023 年。表 7−12 列（4）中"—"符号表示因多重共线性导致的缺失值。所有回归均包含银行与年度固定效应，括号内报告了银行层面聚类标准误。

7.4　小结

本章基于主要发达经济体中央银行在金融危机、欧债危机和新冠疫情危机期间运用中央银行抵押品框架疏通货币政策传导机制和稳定金融市场的视角，在第 4 章理论模型推导的基础上，从实证角度出发，以中国人民银行信贷资产质押再贷款试点作为准自然实验验证中央银行抵押品框架的流动性创造效应。结果表明，中央银行抵押品框架扩容显著促进了受政策影响银行的流动性创造，其中银行"资产配置"机制和"风险承担"机制发挥了重要的中介作用。

8

结论与建议

8.1 主要结论

本书基于 2008 年国际金融危机后主要发达经济体中央银行货币政策操作框架转型和货币政策操作成本上升的现实背景，从美联储、欧洲中央银行和中国人民银行抵押品框架改革的事实特征出发，通过机制分析、构建理论模型和实证分析研究中央银行抵押品框架改革在有效疏通货币政策传导机制方面发挥的重要作用。研究结果表明：第一，美联储和欧洲中央银行通过扩大合格抵押品范围、降低合格抵押品信用评级、调整合格抵押品折扣率和丰富合格抵押品计价币种等将低质量、低流动性的金融资产纳入其抵押品框架，凸显了美联储和欧洲中央银行的最后做市商角色，并有效疏通了货币政策传导机制。第二，中央银行抵押品框架改革表面上通过抵押品"资格溢价"渠道和"结构性"渠道发挥疏通货币政策传导机制的重要作用，但本质上体现的是货币政策传导机制中的利率渠道和银行信贷渠道。第三，相比美联储和欧洲中央银行的抵押品框架改革实践，中国人民银行抵押品框架改革重在缓解流动性结构性短缺和有效疏通货币政策传导机制，在抵押品框架改革背景、改革目标、改革举措和最后做市商角色等方面存在显著区别，并且改革力度和强度都远低于美联储和欧洲中央银行。第四，中央银行抵押品框架改革（降低合格抵押品折扣率、扩容合格抵押品范围和降低合格抵押品信用评级等）会显著降低证券资产收益率（或信用利差）和贷款利率，并显著增加银行信贷供给（或信贷可获得性），促进银行流动性创造，有效疏通货币政策传导机制。第五，中央银行抵押品折扣率政策疏通货币政策传导机制的效果在零利率下限约束下更优。第六，在中央银行政策利率处于正常、向上的收益率曲线情形下，利率政策和抵押品折扣率政策都显著有效，但利率政策的效果优于抵押品折扣率政策；而在零利率下限约束下，抵押品折扣率政策依然有效。第七，通过使用双重差分模型、事件研究法对理论模型的推导结果进行验证，结果发现实证结论与模型推导基本一致。具体而言，欧洲中央银行抵押品框架改革（放松合格抵押品信用评级）显著降低了主权债收益率；中国人民银行中期借贷便利担保品扩容和信贷资产质押再贷款试点等抵押品框架改革显著降低了债券资产收益率和商业银行贷款利率，并激励银行有效增加贷款供给；基于国内政策背景，本书发现中国人民银行将小微企业信贷资产纳入其抵押品框架显著提高了小微企业的信贷可获得性，并降低了小微企业信贷融资成本，表明我国货币当局抵押品框架改革发挥了结构性调控功能，一定程度上缓解了流动性结构性短缺的局面。

8.2　政策建议

美联储和欧洲中央银行抵押品框架改革实践为我国货币当局加快完善现代中央银行制度、完善中央银行抵押品框架提供了有益的经验，尤其在融资结构方面与我国类似的欧元区，欧洲中央银行的抵押品框架改革经验对我国的借鉴意义更大。因此，我国货币当局在借鉴欧洲中央银行和美联储抵押品框架改革的基础上要充分考虑国内的金融市场结构和经济发展现状。鉴于此，本书根据美联储和欧洲中央银行抵押品框架改革经验、理论模型和实证结果提出以下建议：

第一，发挥中央银行抵押品框架改革的总量和结构双重功能，适时适度拓宽抵押品框架广度。本书发现中央银行抵押品框架改革的银行信贷传导渠道的存在发挥了类似传统货币政策的总量型调控作用。我国货币当局可以将小微、"三农"、扶贫、绿色金融、碳减排、煤炭清洁、普惠养老、科技创新、交通物流等国家重点支持领域的相关基础资产或证券化资产纳入中央银行抵押品框架，增加流动性结构性缺口领域的信贷供给，实现抵押品框架改革的定向调控作用。

第二，择机择时强化抵押品框架深度。美联储和欧洲中央银行对于抵押品折扣率的管理和应用经验较为丰富，抵押品折扣率的形成机制较为完善。然而，中国人民银行多层次货币政策抵押品框架自确立以来发生过两次大的变化，共同点是扩大合格抵押品范围，拓宽合格抵押品框架的广度，而对合格抵押品框架的深度（折扣率）并未进行调整。实证研究也表明，将小微企业信贷资产纳入中央银行抵押品框架显著降低了小微企业信贷融资成本，但影响系数偏低。中国人民银行可适当调整小微企业信贷资产折扣率和评级，强化抵押品框架深度，通过降低抵押品资格溢价增强抵押品框架的"降成本"作用。因此，货币当局可以适时适度调低合格债券资产和信贷资产尤其是小微信贷资产及绿色信贷资产的折扣率，并结合结构性货币政策，发挥中央银行抵押品折扣率政策的定向调控作用。此外，货币当局在适时适度调增或调低合格抵押品折扣率时还需要重视灵活性。具体而言，针对具有政策导向的合格抵押品，货币当局在调整该类抵押品折扣率时需要考虑多个方面因素：首先，中央银行需要降低该类资产的折扣率以鼓励银行增加对政策导向领域的低成本信贷供给，达到缓解流动性结构性短缺部门高融资约束和融资贵问题的目标；其次，鉴于降低该类抵押品折扣率会带来银行风险的上升，货币当局需要灵活调整抵押品折扣率，以找到一个既能增加结构性短缺部门低成本信贷供给又不显著提高银行风险承担水平的"恰当"折扣率。

第三，灵活使用抵押品折扣率政策，并有效协调利率政策和抵押品折扣率政策的配合。在中央银行政策利率处于正常、向上的收益率曲线情形下，可充分发挥利率政策的主导作用，并以抵押品折扣率政策为辅；在面临货币政策传导机制不畅的情形下，可充分发挥抵押品折扣率在疏通货币政策传导机制方面的重要作用。

第四，鉴于抵押品折扣率政策是中央银行抵押品框架风险防范的核心，中央银行在发挥抵押品折扣率疏通货币政策传导机制作用的同时，需要充分考虑抵押品折扣率政策可能带来的道德风险和中央银行资产负债表受损的可能性，以寻求抵押品折扣率政策作用与抵押品风险之间的平衡点。

第五，有效协调中央银行抵押品框架和结构性货币政策的综合使用，以更好地缓解小微企业等信贷缺口实体的融资难、融资贵问题。优化提升中央银行抵押品框架改革的区域对称性。实证结果表明，抵押品框架并未有效缓解中部地区小微企业的融资难、融资贵问题。中央银行抵押品框架后续可以适当向中部地区小微企业倾斜，避免传统货币政策的"一刀切"。

第六，恰当运用中央银行内部评级法，重视防范小微企业信贷资产信用风险和交易对手方道德风险。一是中央银行内部评级法需要关注银行信贷质量。鉴于将合格信贷资产纳入中央银行抵押品框架会导致银行风险承担水平上升，货币当局在使用中央银行内部评级法时可将中央银行内部评级等级较高的、优质的信贷资产纳入中央银行抵押品框架，从而激励银行发放高质量的信贷资产以降低自身的风险承担水平。二是灵活使用合格信贷资产的中央银行内部评级方法。具体而言，中央银行抵押品框架针对信贷资产的内部评级采用定量与定性相结合的方法，将贷款企业信用等级分为十级，其中"可接受"及以上等级企业的信贷资产被纳入中央银行发放再贷款的合格抵押品范围。因此，针对小微和"三农"等国家重点支持领域的信贷资产可以适当放低中央银行内部评级标准，并采取定性评级为主、定量评级为辅的方法。同时，中国人民银行可以对单个合格交易对手方使用小微企业信贷资产的数量或比例进行限制，防范甚至避免中央银行交易对手方过度依赖小微企业贷款等低质量抵押品导致的道德风险。三是鉴于小微企业信贷资产质量低，流动性差，信用风险较大，中央银行在防范信用风险时可以灵活使用抵押品折扣率、估值与追加保证金、抵押品评级等风险缓释措施。中国人民银行抵押品框架对小微企业信贷资产的价值评估主要采取中央银行内部评级，缺乏成熟评级机构的信用评级。中国人民银行可以借鉴美联储和欧洲中央银行经验，引入第三方信用评级机构，准确识别小微企业信贷资产的信用风险并进行精准定价，降低甚至避免小微企业信贷资产违约带来的中央银行资产负债表受损。

第七，从理论上探索中央银行抵押品框架作为货币政策工具的可行性。实践表明，中央银行抵押品框架是重要的货币政策工具，但缺乏理论上的探讨。需要从货币政策工具的传统理论出发，研究中央银行抵押品框架纳入货币政策工具箱的理论性和可行性，从而保持货币政策工具箱的动态调整，发挥促进银行流动性创造、缓解流动性结构性短缺进而促进经济高质量发展的重要作用。

第八，将中央银行抵押品框架纳入金融稳定工具箱，平衡好中央银行抵押品框架流动性创造效应和防风险之间的关系。首先，在国际金融危机和欧债危机期间，发达经济体中央银行普遍将低质量的金融资产纳入其抵押品框架，一方面体现了中央银行的最后做市商角色，另一方面体现了中央银行抵押品框架的金融稳定作用。其次，中央银行抵押品框架扩容会通过提高银行风险承担促进银行流动性创造。因此，如何平衡好抵押品框架的流动性创造效应和防风险作用也将是中央银行抵押品框架作为金融稳定工具的核心讨论点。

8.3 研究展望

为应对2008年国际金融危机、2011年欧债危机和2020年新冠疫情对金融市场和实体经济的冲击，美联储和欧洲中央银行根据经济状况和金融市场结构对其抵押品框架进行了较为复杂的改革，而我国货币当局对于其抵押品框架改革的力度较小，主要原因是：一方面，我国并未经历严重的金融危机，安全资产稀缺问题并不突出，将更多低质量、低流动性的金融资产纳入抵押品框架或者直接买断抵押品可能并不十分适合国内现状；另一方面，美联储和欧洲中央银行抵押品框架改革的另外一个背景是零利率下限导致常规货币政策空间为零，而目前我国货币当局的货币政策空间依然为正，并尽可能长时间实施正常货币政策，保持正常的、向上倾斜的收益率曲线。因此，这可能也成为我国货币当局抵押品框架改革力度较小的原因之一。

尽管目前我国货币当局的抵押品框架改革力度较小，但央行抵押品框架会影响货币政策操作成本，且完善货币政策体系是建设现代中央银行制度的重要工作之一。因此，健全的央行抵押品框架是建设我国现代中央银行制度，发挥增贷款促投资作用，不断巩固和增强经济回升向好态势的重要基础工程。结合美联储和欧洲中央银行抵押品框架改革实践、本书的理论模型和实证研究，笔者认为关于中央银行抵押品框架改革还有以下几个方面值得后续研究：

第一，中央银行抵押品折扣率的设定原理、设定流程。美联储、欧洲中央银行和中国人民银行并未过多披露关于抵押品折扣率设定原理和流程的信息，后续可以通过联系中央银行内部专家对抵押品折扣率的设定原理和流程进行深入的研究，并对美联储、欧洲中央银行和中国人民银行抵押品折扣率设定原理和流程进行比较。

第二，中央银行传统利率政策与抵押品折扣率政策的实证研究。本书主要是从理论模型的角度探讨了中央银行传统利率政策和抵押品折扣率政策在疏通货币政策传导机制方面的效果差异，并未从实证环节进行比较分析，后续的研究也可以关注这一点。

第三，抵押品折扣率政策是否可以作为中央银行货币政策工具箱的一个货币政策工具。中央银行抵押品框架改革并未脱离货币政策框架的理论范畴，因此，抵押品折扣率政策可能为中央银行货币政策工具箱提供一个新的思路。但是，对于抵押品折扣率政策作为一项货币政策工具的理论依据还需要运用货币经济学的相关经典理论进行深入研究。

附录 A　欧洲中央银行抵押品框架改革实践

1. 抵押品框架双层体系与"单一清单"抵押品框架改革

根据《欧洲中央银行体系和欧洲中央银行章程》（*Statute of European System of Central Banks and of European Central Bank*）第 18.1 条的规定，欧元体系成员国[①]国家中央银行（National Central Bank。为了简洁，下文统称欧元区国家中央银行）和欧洲中央银行执行货币政策信贷操作必须以充足的抵押品作为基础。因此，欧洲中央银行抵押品框架一直是欧元体系货币政策操作和实现宏观经济目标的重要基础。1998 年，为实现向单一欧元和欧元体系实行统一货币政策的平稳过渡以及考虑到欧洲经济与货币联盟（EMU）[②]建立初期不同成员国之间的金融结构差异，欧元体系实施了双层抵押品框架体系（Two – tier Collateral System），即将欧元体系（欧洲中央银行）抵押品框架当中的合格抵押资产分为两个层级：第一层级资产和第二层级资产。

第一层级资产是指由欧洲中央银行指定且符合整个欧元区抵押品资格标

---

① 欧元体系成员国来自欧洲联盟 19 个会员国，包括德国、法国、意大利、荷兰、比利时、卢森堡、爱尔兰、西班牙、葡萄牙、奥地利、芬兰、立陶宛、拉脱维亚、爱沙尼亚、斯洛伐克、斯洛文尼亚、希腊、马耳他、塞浦路斯。欧洲中央银行抵押品框架适用于欧元区所有成员国。欧洲联盟简称欧盟（EU），是由欧洲共同体发展而来的，创始成员国包括德国、法国、意大利、荷兰、比利时和卢森堡。自 2020 年 1 月 31 日英国正式"脱欧"之后，欧盟现拥有 27 个会员国，其中丹麦、保加利亚、克罗地亚、捷克共和国、匈牙利、波兰、罗马尼亚和瑞典 8 个欧盟会员国未使用欧元。

② 欧洲经济与货币联盟根据《马斯特里赫特条约》分三个阶段建设。1999 年 1 月 1 日起正式成立欧洲经济货币同盟，其主要目标是要建立名为欧元的单一欧洲货币，促进了欧洲中央银行的成立和欧元体系的货币一体化。欧元于 2002 年正式取代欧洲联盟成员国的国家货币。欧洲经济与货币联盟的成员国包括德国、法国、比利时、卢森堡、奥地利、芬兰、爱尔兰、荷兰、意大利、西班牙及葡萄牙，这 11 个国家也是最早加入欧元区的国家。

准的高流动性市场化债务工具（Marketable Debt Instruments），主要包含固定利率债务工具、零息债务工具、浮动利率债务工具和逆浮动利率债务工具（Inverse Floating Rate Debt Instruments）；第二层级资产包括不需要满足整个欧元区抵押品资格标准的股权，固定利率债务工具、零息债务工具、浮动利率债务工具和逆浮动利率债务工具等市场化债务工具，贸易票据（Trade Bills）、抵押贷款本票以及银行贷款（2007 年 1 月 1 日之后银行贷款改为固定利率和浮动利率银行贷款）等非市场化资产，这些资产对欧元区各个国家金融市场和银行系统特别重要，其合格抵押品资格标准由欧元区成员国的国家中央银行制定，但受限于欧洲中央银行制定的合格抵押品最低资格标准。

就资产类别而言，欧洲中央银行发行的债券和 1999 年 1 月 1 日以前由欧元区国家中央银行发行的债券属于第一层级资产清单，其他资产需满足以下条件：（1）必须是债务工具（如金融债、企业债和资产支持商业票据）；（2）必须满足较高信用评级。一般抵押品框架中欧洲中央银行合格抵押品资产信用评级分为三个等级，前两个等级的信用评级要求为 A - ～AAA，第三个等级的信用评级要求为 BBB～BBB +；在 2008 年 10 月 25 日之前，高等级的信用标准为 A - 以上，之后为 BBB - 以上；（3）债务工具必须在欧元区发行；（4）必须以欧元计价；（5）必须由在欧洲经济区（EEA）[①] 成立的实体发行（或担保）；（6）至少在由《投资服务指令》定义的受监管市场（Regulated Market）上市或报价，或在欧洲中央银行指定的某些非监管市场（Non - Regulated Market）上市、报价或交易[②]；（7）欧元区国家中央银行不

[①] 1994 年 1 月 1 日，由欧洲共同体（后改名为欧盟）12 国和欧洲自由贸易联盟 7 国中的奥地利、芬兰、冰岛、挪威和瑞典 5 国组成的当今世界最大的自由贸易区——欧洲经济区（EEA）正式成立。

[②] 从监管层面来讲，欧元区的金融市场包含两类，第一类是接受监管部门监管的市场，另一类是非监管市场。欧元体系抵押品框架接受在被监管市场上市或交易的合格金融资产，对在非监管市场上市或交易的金融资产有严格的限制。截至 2004 年 5 月 10 日，欧元体系主要包含 15 个非监管市场。详见 https：//www. ecb. europa. eu/press/pr/date/2004/html/pr040510. en. html。

得接受由交易对手方（如银行等金融机构）或由与交易对手有密切联系①的任何其他实体发行/担保的债务工具作为抵押资产。但第（7）个条件在国际金融危机期间进行了放松，具体见下文的自用抵押品内容。总而言之，第一层级资产全部可用于欧元体系公开市场操作、逆回购交易和边际借贷便利等货币政策操作的合格抵押品。

第二层级资产的合格抵押品资格标准由欧元区国家中央银行自己确定，欧元区国家中央银行负责建立并维护符合条件的第二层级资产清单，并向公众开放。第二层级资产必须符合以下标准：（1）必须是市场化债务工具、非市场化债务工具和股权；（2）商业银行等信用机构发行的债务工具如不严格符合欧盟可转让证券集合投资计划（UCITS）② 指令第22（4）条所列标准，通常不被列入第二层级资产名单；（3）必须是欧元区国家中央银行认定的财务健全实体的债务义务或权益（或由其担保）；（4）欧元区国家中央银行能够较容易地获得该类资产；（5）必须位于欧元区（以便受制于欧元区国家中央银行的法律约束）；（6）必须以欧元计价；（7）必须由在欧元区建立的实体发行（或担保）；（8）欧元区国家中央银行不得接受由交易对手或与交易对手有密切联系的任何其他实体发行或担保的债务工具作为抵押资产。关于欧元体系抵押品框架的双层合格抵押品内容见表1。

---

① 密切联系（会计术语）是指两个或两个以上的自然人或法人通过下列情况联系在一起：①重大影响，指直接或间接控制公司20%以上的投票权或资本，或②控制，指母子公司之间的关系，也包含附属企业。两个或两个以上的自然人或法人通过控制关系与同一自然人或法人联系在一起的，也应被视为存在密切联系。

② UCITS 是欧盟可转让证券集合投资计划的简称。1985 年，欧洲议会与欧盟委员会颁布了一系列法律指引，为欧盟各成员国的开放式基金建立了一套跨境监管标准。欧盟成员国各自以立法形式认可该指引后，符合本国 UCITS 要求的基金即可在其他成员国面向个人投资者发售，无须再申请认可。同时，指引也为各国监管机构信息共享与协作架设了初步框架。至此，欧洲分散在各成员国法律与监管制度下的证券投资基金，首次被纳入统一的信息披露与监管体系，基金得以更便利地跨越国境，在整个欧洲市场范围内进行推广销售。

表1 欧元体系抵押品框架双层体系

合格抵押品资格标准	第一层级	第二层级
资产种类	市场化债务工具、欧洲中央银行债务工具、其他市场化债务工具（不包含混合工具）	市场化债务工具、非市场化债务工具（主要是银行贷款）、在监管市场上市交易的股权
结算程序	以簿记形式存放在国家中央银行或符合欧洲中央银行最低标准的中央证券存管机构	国家中央银行很容易获得该类资产
发行人类型	欧洲中央银行体系、公共部门、私人部门、国际机构和超国家机构	公共部门 私人部门
信用标准	发行人或担保人必须被欧洲中央银行认定为财务稳健	发行人/债务人或担保人被已将资产纳入第二层级资产清单的国家中央银行认定为财务稳健
发行人或担保人注册地	欧洲经济区（EEA）	欧元区
资产所在地	欧元区	欧元区
计价货币	欧元	欧元
跨境使用	是	是

注：市场化债务工具在监管市场和非监管市场中都存在；欧洲经济区包含17国，欧元区包含19国。
资料来源：欧洲中央银行官网工作论文。

在欧洲中央银行实行"单一清单"抵押品框架改革之前，抵押品框架双层体系有效促进了欧元体系货币政策的有效执行，成为欧洲中央银行实现价格稳定和维护金融系统稳定的重要基石①。然而，双层体系抵押品框架也存在缺点。首先，第二层级资产在不同国家分布不平衡可能会损害市场公平。有些资产在某些国家具备该国国家中央银行的抵押品资格，在其他部分国家不具备抵押品资格，这可能会破坏欧元区的公平竞争环境。由于银行贷

---

① 但也需要注意到欧元体系抵押品框架双层体系在运营期间出现了明显的道德风险问题，交易对手倾向于按比例向欧元体系提供更多二级市场流动性较差的抵押品，例如有担保和无担保银行债券及资产支持证券，而政府债券在欧元体系的货币政策操作中使用的比例较低。这种趋势随着时间的推移变得更加强烈：政府债券的份额从1999年的50%下降到2005年的33%，而资产支持证券和无担保银行债券的份额在2005年分别达到10%和27%。2005年，这些资产在整个债务市场份额中的占比分别为52%、5%和15%。

款主要由国内中央银行交易对手方（银行等）持有，较难实现抵押品跨境交易①，只有将此类贷款列入第二层级清单的国家中央银行交易对手方才享受将其用作抵押品的低机会成本。贷款具备较低机会成本的主要原因在于银行贷款流动性较低，很难在其他市场进行抵押或变现。因此，欧洲中央银行抵押品框架双层体系允许部分成员国银行使用其他国家商业银行无法获得的抵押品，从而享有进入欧元体系货币政策和信贷操作的特权，可能导致市场不公平及其带来的相关风险。其次，欧洲中央银行抵押品框架双层体系必然导致不同国家中央银行的合格抵押品资格标准不同，并不能提高整个欧元区合格抵押品的透明度。

　　"单一清单"抵押品框架改革的第一阶段工作于 2005 年 5 月实施，重点针对市场化债务工具，具体内容包含：（1）将权益工具股权资产从欧元体系抵押品框架中剔除。由于股票仅在西班牙、荷兰和葡萄牙三个欧元区国家被用作第二层级抵押品，欧洲中央银行管理委员会②决定将合格抵押品范围限制在债务工具上，股票不纳入欧元体系抵押品框架。具体而言，股票资产不再具备欧元体系合格抵押品资格的第一个原因是合格股票的数量非常少。第二，股票本质上比债务工具风险更大，而欧元体系抵押品的合格标准必须是严格控制风险的。第三，股票作为公司所有权的法律性质，使其作为欧元体系合格抵押品的情况比债务工具更为复杂。第四，如果股票在"单一清单"抵押品框架中具备合格抵押品资格，则将介于债务工具和股票之间的其他金融工具（可转换债券和次级债券）排除在欧元体系抵押品框架之外是困难的。在此背景下，欧洲理事会指出没有明确的商业理由将股票包括在"单一清单"抵押品框架中。另外，股票已于 2005 年 4 月 30 日退出欧元体

---

　　① 合格抵押品的跨境使用是指位于欧元区部分国家的金融资产可以作为抵押品向另一个国家的中央银行抵押，获取流动性。

　　② 类似于美联储的组织结构，欧洲中央银行管理委员会是欧洲中央银行的最高决策机构，由执行理事会 6 位成员及 19 位欧元区国家中央银行行长组成。执行理事会拥有永久投票权，成员国中央银行行长按其经济规模排名分为两组，按月实行投票权的轮换。执行理事会是管理委员会的核心，其成员包括欧洲中央银行行长、副行长以及由欧盟理事会直接任命的 4 名成员。所有执行理事会成员的任期均为 8年，不得连任。欧元区国家中央银行行长作为管理委员会成员的任期最少不低于 5 年。

系抵押品框架的第二层级名单。实际上，那些将股票列入抵押品框架第二层级名单的国家中央银行在其货币政策操作中几乎不使用股票作为供给流动性的抵押品。（2）从抵押品管理的角度来看，明确了欧元体系可接受的非监管市场。为将第二层级市场化债务工具整合到抵押品框架的"单一清单"中，欧元体系更详细地规定了市场必须满足的标准，以便在该市场上交易的资产具备欧元体系货币政策操作的抵押品资格。制定这种资格标准的理由不是评估各种市场的内在质量，而是选择那些容易达到欧元体系标准的市场以确保抵押品交易的可执行性和价格形成的透明性。为此，欧元体系定义了安全、透明和可访问性三个"高质量"原则。受监管的市场被认为是自动符合条件的，而不受监管的市场则根据上述三个原则进行评估（该评估将至少每年重复一次）。欧元体系于2005年5月30日公布了欧元体系货币政策信贷操作可接受的不受监管市场名单[1]，这些非监管市场中的市场化债务工具被纳入欧元体系抵押品框架，并且在这些市场上上市、报价或交易的资产在2007年5月前仍具备欧洲中央银行抵押品资格。一些目前可接受的第二层级市场化资产的场外交易市场不包括在单一清单中。（3）引入由非欧洲经济区4个G10[2]实体发行的以欧元计价的债务工具。为满足日益增长的抵押品需求，欧元体系考虑接受外国市场化债务工具的可能性。特别是将发行人设立地点扩大至在非欧洲经济区G10设立的实体，允许增加由非欧洲经济区G10发行人发行的大量欧元计价资产。（4）完善银行等信用机构发行的债务工具标准。实际上，银行等信用机构发行的债务工具（与担保债券不同，这些债务工具没有担保品）受到的限制被简化了。

作为第二阶段的改革，欧洲中央银行管理委员会将所有欧元区国家的非市场化资产（主要是银行贷款）纳入欧洲中央银行"单一清单"抵押品框架。第二阶段的改革主要适用于银行贷款及非市场化的零售抵押贷款支持债

---

① 截至2021年7月21日，欧洲中央银行抵押品框架可接受的非监管市场清单包含15个国家29个。详见 https：//www.ecb.europa.eu/paym/coll/standards/marketable/html/index.en.html#UKwithdrawal。

② "十国集团"（Group－10）成立于1961年11月，成员国有比利时、加拿大、法国、德国、意大利、日本、荷兰、瑞典、英国和美国，而不属于EEA的十国集团包含加拿大、美国、日本等4个国家。

务工具。欧元体系为非市场化资产定义了特定的抵押品资格标准和信用等级评估框架，这些标准和信用等级评估框架在整个欧元区都是统一的，以确保这些资产符合与市场化资产类似的抵押品标准。下文将描述该框架的主要特性。

首先，银行贷款抵押品资格标准。根据 2005 年 2 月 18 日公布的决定，欧洲中央银行管理委员会将银行贷款纳入"单一清单"抵押品框架的时间范围如下：（1）自 2007 年 1 月 1 日起，所有欧元区国家的银行贷款将具备欧洲中央银行抵押品资格，届时欧元体系合格抵押品框架的通用资格标准和欧元体系信用评估框架（ECAF）同时被执行；（2）在 2007 年 1 月 1 日至 2011 年 12 月 31 日，欧元体系将建立一个中间过渡机制，允许每个欧元区国家的中央银行选择符合抵押品资格的银行贷款最低门槛，即国家中央银行交易对手方向国家中央银行申请流动性时用于抵押的银行贷款最小规模；（3）从 2012 年 1 月 1 日起，银行向欧元区国家中央银行申请流动性以银行贷款作为抵押品的最低门槛统一为 50 万欧元。

纳入"单一清单"抵押品框架的合格银行贷款还需要满足以下条件：（1）具备合格抵押品资格的银行贷款债务人是非金融公司和政府，而银行发放给金融公司的贷款不具备抵押品资格，无法用于向欧元区国家中央银行抵押，申请流动性；（2）从 2012 年起，银行向中央银行申请流动性时，抵押品的价值至少为 50 万欧元，即银行贷款的统一最低门槛；（3）合格银行贷款的债务人信用等级强调债务人必须财务健全，合格银行贷款的债务人是否健全将通过欧洲中央银行的信用评估框架（ECAF）进行评估；（4）合格银行贷款的计价货币必须是欧元。

其他关于银行贷款抵押品资格的内容如下：（1）银行贷款的合格抵押品资格标准同样适用于银团贷款（Syndicated Loans），但未提现的信贷额度（例如未提现的循环信用贷款）、经常账户透支和信用证均不具备欧元体系抵押品资格。（2）将银行贷款纳入欧洲中央银行抵押品框架"单一清单"的原因在于：在欧元区，基于银行的间接融资规模仍大于直接融资，银行贷款往往是银行资产负债表上最重要的资产。通过接受银行贷款作为抵押品，欧元体系强化了通过货币政策和日内信贷操作向广泛的交易对手方提供流动性的原则。由于交易对手具有的银行贷款替代资产相对有限，并且很少进行交易，银行贷款作为抵押品的机会成本相对较低。此外，通过增加银行资产负债表中整个资产类别（如银行贷款）的流动性，单一的抵押品清单促进了欧元区金融体系的平稳运行，也可能间接促进私人交易的发展。（3）银行贷款在几个重要方面与市场化债务工具不同，欧元体系将银行贷款纳入其抵押品框架，给欧元体系带来了法律和操作上的挑战。特别是银行贷款包括一系列各类工具以满足借款人的需要，它们往往缺乏标准化和统一性；银行贷款和债务人通常不接受市场评级，可能必须利用其他信用风险来源来评估债务人的信用等级；银行贷款可能禁止出售给其他方，因此必须确保贷款文件允许转让或其他参与者参与；到目前为止，欧洲贷款二级市场的重要性一直很有限，很难获得贷款的价格信息；虽然登记、存款或账簿登记制度确保了市场化资产的存在，但并没有既定的保障措施确保某一特定银行贷款的存在。

其次，非市场化零售抵押贷款支持债务工具（RMBDs）。非市场化零售抵押贷款支持债务工具是尚未完全成熟的证券化资产，这一资产类别最初只包括爱尔兰抵押贷款支持本票（Irish Mortgage – backed Promissory Notes），原因在于爱尔兰针对此类资产具有特定的法律制度，这在其他欧元区国家是无法轻易复制的。目前，欧元体系认为没有必要将爱尔兰使用的这类资产扩展到所有欧元区国家，因为住房抵押贷款在许多国家已经以一种证券化的形式作为欧元体系的合格抵押品。该种证券化形式要么是住房抵押贷款证券，要么是类似于德国潘布雷夫债券工具（Pfandbrief – style Instruments）。

总之，欧洲中央银行抵押品框架引入"单一清单"制度的目的是强化欧元区的公平竞争环境，进一步促进交易对手和发行方的平等地位，并提高欧元体系抵押品框架的整体透明度。

2. 欧洲中央银行抵押品框架的风险控制措施

风险控制措施的主要目的是保护欧洲中央银行免受交易对手违约导致的资产负债表受损。欧洲中央银行每两年对欧元体系信贷操作的风险控制措施进行一次审查。这些风险控制措施适用于欧元体系所有交易对手方存放在欧元区各个国家中央银行的抵押品，这些抵押品是欧元体系交易对手方通过公开市场操作和边际贷款便利获得欧洲中央银行流动性以及用于支付系统日间信贷操作的基础资产。欧洲中央银行在 2021 年 1 月 21 日披露了最新的风险控制措施，主要包含估值折扣率（Valuation Haircuts）、抵押品估值盯市调整［Variation Margins（marking to market）］、限制无担保银行债券使用、初始保证金（Initial Margins）、发行人/债务人/担保人限制（Limits in Relation to Issuers / Debtors or Guarantors）、额外担保（Additional Guarantees）和解除合格抵押品资格（Exclusion）。欧元体系对抵押品框架中的合格抵押品设定"估值折扣"，这意味着欧洲中央银行及欧元区国家中央银行的交易对手方获得的流动性为抵押品市场价值扣除一定百分比（折扣率）。估值折扣率在第 3 章进行了较为细致的描述，此处主要介绍欧元体系的其他风险控制措施。

第一，抵押品估值盯市调整。欧元体系要求在提供流动性的反向交易中使用的抵押品在经过"折扣率"调整后，其市场价值应保持长期不变。如果抵押品市场价值低于某个临界水平，欧元区国家中央银行将向交易对手方发出追加保证金的通知，要求交易对手提供额外的资产或现金补足差额。同样，如果抵押品市场价值超过某个临界水平，国家中央银行的交易对手可以收回多余的资产或现金。第二，初始保证金。欧元体系可能在提供流动性的反向交易中使用初始保证金，这将意味着交易对手方提供抵押资产的价值至少要等于欧元体系提供的流动性加上初始保证金的价值。实际上，初始保证金和估值折扣率的本质是一样的。欧洲中央银行于 2010 年 10 月 10 日恢复使用该风险控制措施。第三，发行人/债务人或担保人限制。除了应用到无担保银行债券的限制条件外，欧元体系还可以对发行人/债务人/担保人的风险敞口施加限制。这种限制也适用于特定的中央银行交易对手方，特别是如果交易对手方的信用质量与其抵押品信用质量有高度的相关性。欧洲中央银行于 2010 年 10 月 10 日恢复使用该风险控制措施。第四，额外担保。欧元体系在接受某些资产作为合格抵押品时可能需要财务健全的实体提供额外担保。欧洲中央银行于 2010 年 10 月 10 日恢复使用该风险控制措施。第五，解除合格抵押品资格。欧元体系可能会将某些资产排除在其货币政策操作之外。这种排除也适用于欧洲中央银行特定的交易对手方，特别是如果交易对手方的信用质量似乎与其抵押品信用质量表现出高度的相关性。欧洲中央银行于 2010 年 10 月 10 日恢复使用该风险控制措施。在现行的欧洲中央银行抵押品框架中，折扣率是最为重要的风险缓释工具，其他风险缓释工具的作用主要体现在国际金融危机、欧债危机和新冠疫情等重大危机发生期间。

3. 欧洲中央银行抵押品框架信用评级机构

欧洲中央银行需要对其抵押品框架中的合格抵押品进行不定期评估，对新纳入欧洲中央银行抵押品框架的金融资产进行评级，而对合格抵押品进行评级的欧元体系信用评级框架是欧洲中央银行抵押品框架的重要内容。欧洲中央银行官网披露资料显示，欧元体系信用评估框架定义了程序、规则和技术，以确保所有符合货币政策操作条件的资产都符合欧元体系的信用质量要求。自 2007 年 1 月以来，欧洲中央银行建立了明确的信用评级等级排序：发行评级、发行人评级和担保人评级。考虑某类金融资产信用评级是否达到欧洲中央银行抵押品框架的最低评级要求时，金融资产的发行评级是最重要的。如果没有发行评级，金融资产的发行人评级和担保人评级分别居第二和第三顺位，即只有在前序评级无法获得的情况下，才会分别使用下一个信用评级。和信用评级相关的是欧洲中央银行抵押品信用评级框架。欧洲中央银行抵押品框架的信用评级框架主要由四类评级机构构成，分别是外部信用评级机构（ECAIs）、成员国国家中央银行内部信用评级机构（ICASs）、商业银行内部评级机构（IRB）和经批准的第三方信用评级机构（RTs）。四类评级机构对抵押品的评级不进行排名，但四类评级机构的评级至少有一个评级需要满足欧洲中央银行抵押品框架的最低信用评级标准。按照标准普尔的信用评级划分，欧洲中央银行抵押品框架要求的最低信用评级门槛在 2008 年 10 月 25 日之前为 A－，之后为 BBB－。由于外部信用评级机构覆盖了来自欧洲经济区或非欧洲经济区 G10 的所有符合欧洲中央银行抵押品资格的发行人/债务人/担保人，外部信用评级发挥了最重要的作用。另外，成员国国家中央银行内部评级机构和商业银行内部评级机构只覆盖特定国家的非金融企业，而商业银行内部评级机构的使用必须得到国家中央银行的批准，并接受监督。因此，欧洲中央银行抵押品框架的信用评级一般根据外部信用评级机构的信用评级要求来定义。外部信用评级机构起初只有惠誉、标准普尔和穆迪三家。2009 年 2 月，欧洲中央银行抵押品框架的评级机构清单中引入了第四家评级机构 DBRS。该机构是来自加拿大的一家权威信用评级机构，在欧洲主权债务危机期间的主权债信用评级方面发挥了重要作用，成为欧洲中央银行救助希腊、爱尔兰、塞浦路斯等国家的重要措施之一。

从 2009 年 2 月至今，欧洲中央银行抵押品框架的外部信用评级机构总共有四家，分别是惠誉、标准普尔、穆迪和 DBRS。为使不同外部信用评级机构的评级具有可比性，欧洲中央银行于 2011 年 1 月推出了"统一评级量表"（Harmonized Rating Scale）。由于外部信用评级机构按照不同的评级量表进行信用风险评估，统一评级量表能够对不同信用评级机构给出的信用评级进行标准化。表 2 列示了欧洲中央银行抵押品框架外部信用评级机构针对抵押品的长期信用评级"统一量化表"，该量化表主要针对市场化资产的长期信用评级。可以看出：第一，"统一量化表"将四个外部信用评级机构针对合格抵押品的不同信用评级进行了标准化，并进行了三种分类，该种分类被称为流动性分类（Liquidity Categories）或折扣率分类（Haircut Categories）。流动性分类于 2004 年引入，2013 年 10 月 1 日关于欧洲中央银行抵押品框架中合格抵押品的分类由原来的"流动性分类"标签变为"折扣率分类"标签。从这一标签的变化可以看出折扣率分类不仅反映了流动性，还反映了风险水平。信用等级最高的为 Step1 或 COS1，信用等级居中的为 Step2 或 COS2，信用等级排第三的为 Step3 或 COS3。第二，Step1 中惠誉和标准普尔的 AA - 与穆迪的 Aa3、DBRS 的 AAL 表示同一个等级。与之类似，Step2 中惠誉和标准普尔的 A - 与穆迪的 A3、DBRS 的 AL 表示同一个等级，Step3 中惠誉和标准普尔的 BBB - 与穆迪的 Baa3、DBRS 的 BBBL 表示同一个等级。第三，欧洲中央银行抵押品框架要求的最低信用评级在 2008 年 10 月 25 日之前为 A - （或 A3 或 AL），2008 年 10 月 25 日之后为 BBB - （Baa3 或 BBBL）。在两个时间段低于上述各自评级的金融资产不具备欧洲中央银行抵押品资格。

表 2　　　　　　　外部信用评级机构长期信用评级"统一量化表"

信用等级 信用评级机构	信用等级分类（Credit Quality Step）/流动性分类或折扣率分类		
	Step1	Step2	Step3
	COS1	COS2	COS3
惠誉	AAA、AA +、AA、AA -	A +、A、A -	BBB +、BBB、BBB -
标准普尔	AAA、AA +、AA、AA -	A +、A、A -	BBB +、BBB、BBB -
穆迪	Aaa、Aa1、Aa2、Aa3	A1、A2、A3	Baa1、Baa2、Baa3
DBRS	AAA、AAH、AA、AAL	AH、A、AL	BBBH、BBB、BBBL

注：时间范围为 2014 年 4 月 1 日之后。

鉴于信贷权益（主要是银行贷款）是非市场化债务工具，外部信用评级机构难以从金融市场上获取价格、信用评级等信息，无法对信贷权益进行有效评级。因此，为了对银行贷款的债务人（借款人）或担保人确立较高的信用评级，银行必须从另外三种信用评级机构中选择一个。国家中央银行内部评级系统的重要性与合格抵押品银行贷款的信用评级密切相关。截至目前，欧元区主要有意大利中央银行（Banca d'italia）、西班牙中央银行（Banco de Espana）、斯洛文尼亚中央银行（Banka Slovenije）、法兰西银行（Banque de France）、葡萄牙中央银行（Banco de Portugal）、德意志联邦银行（Deutsche Bundesbank）和奥地利国民银行（Oesterreichische Nationalbank）七个国家中央银行内部评级系统。现实中，ICASs 主要用于中小银行，原因在于中小银行自身没有内部评级系统，也没有能力通过发行资产支持证券或担保债券来为自己融资。此外，ECAIs 评级仅适用于一小部分国家中央银行。非中小银行可以使用所在国国家中央银行内部评级系统以及商业银行内部评级系统对合格银行贷款进行评级。

4. 欧元体系抵押品管理系统

根据相关法规，欧洲中央银行及欧元区国家中央银行通过货币政策操作提供信贷必须基于充足的抵押品。为有效管理欧元体系货币政策操作和合格抵押品，复杂和稳健的金融基础设施（支付系统）十分必要。这些金融基础设施被欧元区统一冠名为"TARGET"服务（TARGET Services）。目前欧元区的"TARGET"服务主要包括 TARGET2（用于支付结算）、T2S（用于证券结算）、TIPS（即时支付服务）和 ECMS（用于抵押品管理）四个系统，所有在"TARGET"支付系统上的交易都以欧元区中央银行的货币进行结算。和欧洲中央银行抵押品框架最为相关的金融基础设施之一是欧元体系抵押品管理系统，主要包含国家中央银行单独的抵押品管理系统（Collateral Management System，CMS）和欧元体系抵押品管理系统（Eurosystem Collateral Management System，ECMS），如图 1 所示。

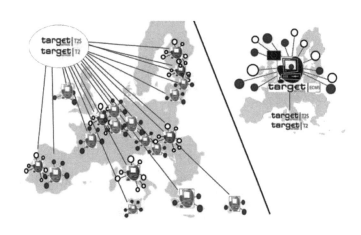

图 1　欧元体系抵押品管理系统及所属政治区域

（资料来源：欧洲中央银行官网）

图 1 斜线左边显示的是目前正在运行的是 19 个国家中央银行独立运营的抵押品管理系统（CMS），负责对欧元体系的抵押品进行管理。尽管 19 个国家中央银行单独的抵押品管理系统都遵守同一套抵押品使用规则，但每个国家中央银行的抵押品管理系统都是单独运营和维护的。这意味着每个欧元体系国家中央银行需要对法律框架进行修改，进而会产生重复的工作，并且相同的抵押品使用规则在不同国家会得到不同应用，进而可能影响货币政策合格交易对手方应享有的公平竞争环境。基于上述原因，2017 年 12 月，欧洲中央银行管理委员会批准启动欧元体系抵押品管理系统（ECMS）项目，该项目于 2025 年 6 月投入使用，如图 1 斜线右边图形所示。ECMS 的目的是确保一个具有共同功能的单一抵押品管理系统，能够管理欧元区所有管辖区的欧元体系的抵押品。ECMS 上线后，国家中央银行现存的、分割的抵押品管理系统（CMS）将会被 ECMS 替代。更为重要的是，ECMS 的正式推行会给欧元体系、交易对手方和更广泛的市场带来以下好处：（1）欧元区各个国家中央银行均可同步实施抵押品框架和抵押品框架变更；（2）中央银行交易对手方不再需要与不同区域的抵押品管理系统进行交互衔接；（3）提供统一的抵押品管理系统有利于统一管理欧元体系的抵押品池；（4）单一的抵押品管理系统会提高操作和成本效率；（5）促进了欧元区金融一体化和资本市场整合。在具体的运行过程中，ECMS 通过使用来自中央证券存管机构、第三方代理机构和欧洲中央银行/欧洲系统数据库和/或应用程序的数据跟踪欧元区各个国家中央银行交易对手方的单个抵押品和信贷头寸。同时，ECMS 会计算每个交易对手可获得的信贷额度，并将该信息发送给各个国家中央银行。但是，向新的抵押品管理系统迁移将采取"大爆炸"的方式，这意味着欧元区各国中央银行与其交易方（交易对手方、中央证券存管机构和三方代理机构）之间所有与抵押品管理相关的操作将迁移至 ECMS。相关抵押品和信贷头寸也将从各国中央银行抵押品管理系统转移至 ECMS。欧元区各国中央银行交易对手也可能需要调整其系统，为使用 ECMS 做好准备。欧元区各个国家的中央银行将在 ECMS 正式启动前与交易对手方进行测试活动，以确保它们为迁移到新系统做好准备。

5. 新增外部评级机构 DBRS

从 DBRS 的实际运作可以看出，DBRS 对受欧债危机影响最为严重的国家给予了更高的信用评级，即使希腊、爱尔兰、塞浦路斯等国家的外部信用评级达不到欧洲中央银行抵押品框架的最低信用评级，DBRS 都给予了 BBB－级以上的较高评级。根据 Nyborg（2016b）的研究（见表 3），在 2011 年、2012 年、2013 年、2014 年 6 月和 2014 年 12 月五个时间节点，标准普尔、惠誉和穆迪对爱尔兰、意大利、西班牙和葡萄牙主权债信用评级都在 A－级（或 B－级）以下，而 DBRS 在大部分时间点都给予了 A－级或 BBB－级的较高评级。因此，欧洲中央银行抵押品框架通过引入 DBRS，在某种程度上夸大了欧债危机重灾国家的信用评级，实质上是放松了欧洲中央银行抵押品框架的评级要求，在救助欧债危机重灾国家方面发挥了重要作用。

表 3　　　　　　　　**DBRS 评级年度均值、DBRS 评级与**

其他外部信用评级差年度均值

	2011 年	2012 年	2013 年	2014 年 6 月	2014 年 12 月	备注
国家数量	9	9	9	11	11	
Panel A：DBRS 评级年度均值						
DBRS	3.56	4	1.27	1.45	1.64	A－取值为 0，信用
Panel B：DBRS 评级与其他外部信用评级差年度均值						评级数值大于 0 表明
标准普尔	0.44**	1.00**	0.73	0.64*	0.73	各个评级机构的信
	(0.18)	0.33	(0.43)	(0.34)	(0.43)	用评级在 A－级以上
惠誉	0.33	0.56*	0.45*	0.27	0.45*	
	(0.24)	(0.24)	(0.25)	(0.27)	(0.21)	
穆迪	1.22*	1.44**	1.36***	1.18***	0.91**	
	(0.49)	(0.53)	(0.41)	(0.33)	(0.28)	

注：*、**、***分别表示在 10%、5% 和 1% 的显著性水平下显著。

附录 B 结构性货币政策的产生背景、政策工具、传导机制与效果①

2008 年国际金融危机以前，各国中央银行货币政策是以公开市场操作、存款准备金制度和常备融资便利为主要内容的总量型货币政策，在货币政策的具体实施中，更加注重短期利率调控的总量型调节。国际金融危机之后，面对私人部门资产负债表受损、金融市场紊乱和随后的实体经济衰退，英美欧等发达经济体的货币政策空间不断收窄，注重总量型调节的传统货币政策效力受到零利率下限约束，货币政策传导机制出现阻塞。基于此，英美欧等发达经济体推出量化宽松政策和前瞻性指引（Bernanke，2020），并创新各种结构性货币政策工具或定向融资便利，以促进金融市场和实体经济稳定，如英国的融资换贷款计划（FLS）、美联储的扭转操作（MEPRP）和商业票据融资便利（CPFF）以及欧洲中央银行的定向再融资操作（TLTRO）。2020 年疫情期间，英美欧等发达经济体更加注重货币政策对实体经济的结构性调控，在重启国际金融危机期间采用的结构性货币政策基础上，又创设了支持家庭和中小企业发展的结构性货币政策工具。比较有代表性的是英国的中小企业定期融资计划（TFSME）、美联储的薪酬保护计划融资便利（PPPLF）和主街贷款计划（MSLP）。

与国际金融危机期间美联储实施的扭转操作和欧洲中央银行定向再融资操作的功能类似，2014 年 4 月和 6 月，中国人民银行实施了两次定向降准，以发挥定向降准的信号和结构引导作用，通过定向降准的信号传导机制和正向激励机制引导金融机构提高对"三农"和小微企业等需要资金支持领域的贷款比例，从而疏通货币政策传导机制，缓解流动性在实体经济部门的结

---

① 该部分内容在导师的指导下完成。

构性短缺问题。截至 2021 年第一季度，中国人民银行已实行约 13 次定向降准。2014 年之后，中国人民银行又先后创设了抵押补充贷款、中期借贷便利、定向再贷款、定向中期借贷便利等结构性货币政策工具，并在 2018 年 6 月对中期借贷便利抵押品进行了扩容，疫情期间又创设两个"直达工具"。因此，我国结构性货币政策出台的背景是什么？政策工具的主要内容和目标是什么？结构性货币政策背后运用的机理是什么？传导效果如何？这些问题有待于进一步分析和完善。

　　纵观结构性货币政策的相关文献，可以发现以下几个特点：首先，现有研究多集中于国际金融危机之后至疫情危机之前结构性货币政策的国际比较（卢岚和邓雄，2015）、传导机制（楚尔鸣等，2019）和传导效果（Balfoussia 和 Gibson，2016；Dijk 和 Dubovik，2018；Churm 等，2021；Havrylchyk，2016；刘澜飚等，2017；郭晔等，2019；钱水土和吴卫华，2020），较少关注疫情期间的结构性货币政策工具及其效果。其次，在结构性货币政策的传导效果方面，现有研究并未取得一致意见。部分学者认为，结构性货币政策可以作为总量型货币政策的补充，能够提高货币政策的精准性和直达性，疏通货币政策传导机制（余振等，2016；彭俞超和方意，2016；Dijk 和 Dubovik，2018）。其他一些学者发现结构性货币政策的效力有待商榷（封北麟和孙家希，2016；万冲和朱红，2017；周晶和陶士贵，2019）。最后，目前对于我国的结构性货币政策研究多为定性分析，而定量分析多基于企业层面数据，较少使用银行层面的微观数据对结构性货币政策效果进行理论分析和事实描述。因此，本书可能的贡献在于：第一，结合主要发达经济体和我国货币政策操作实践，在梳理结构性货币政策背景和政策工具的基础上，重点分析我国结构性货币政策的传导机制。第二，基于银行业金融机构涉农贷款和小微企业贷款数据以及某农商行在疫情期间执行结构性货币政策的贷款数据，详细分析疫情期间我国结构性货币政策的传导效果。第三，研究中小银行在结构性货币政策实施中发挥的重要作用。

1. 结构性货币政策工具和背景

结构性货币政策是指货币当局在传统货币政策失效或实体部门出现流动性结构性短缺的背景下，采取的针对特定实体部门定向提供流动性支持并追求结构性调节效果的货币政策，其特点是具有特定的资金流向和用途，目的是疏通货币政策传导机制，缓解甚至解决实体部门的流动性结构性短缺问题（彭俞超和方意，2016；许道文，2016）。我国的结构性货币政策最早可以追溯到 20 世纪 90 年代。1996 年全国农村信用社从中国农业银行独立出来，为提高农村信用社资金实力，支持扩大涉农领域信贷投放，中国人民银行于 1999 年开始办理支农再贷款业务（王玮等，2005）。国际金融危机之后，我国更加注重货币政策的"结构性"，创新了各类结构性货币政策工具。为了应对疫情冲击，中国人民银行更加注重货币政策的精准性和直达性，新设立普惠小微企业延期支付工具和普惠小微企业信用贷款支持计划两个直达工具，有关结构性货币政策工具的具体内容见表 1。

表 1　　　　　　　　　我国结构性货币政策工具分类

政策工具 （创设日期）	实施动态	操作对象	操作方式	目标
支农再贷款 （1999 年）	2021 年第一季度末，操作余额 4422 亿元	各类农村金融机构①	原则上以质押方式发放；优惠利率；引入激励相容机制，实行比例考核制	引导地方法人金融机构扩大涉农信贷投放，降低"三农"融资成本

---

① 主要包括农村信用社、农村合作银行、农村商业银行和村镇银行，以及中国人民银行批准的其他地方法人金融机构。

续表

政策工具 （创设日期）	实施动态	操作对象	操作方式	目标
差别准备金动态调整 （2011 年）	对有关参数进行调整优化；2016 年升级为宏观审慎评估（MPA）	资本充足率低、资产质量差的金融机构	低资本充足率、资产质量较差的银行适用高存款准备金率，反之适用低存款准备金率以支持"三农"和小微型信贷投放	加大对符合产业政策的小微型企业、"三农"等薄弱环节和国家重点在建续建项目信贷支持
定向降准 （2014 年 4 月）	2021 年第一季度末，已实施 13 次；2017 年开始普惠金融定向降准	多为农村商业银行和农村合作银行等农村金融机构	"三档两优"准备金框架；普惠金融领域贷款（如"三农"或小微企业贷款）达标的各类商业银行享受定向降准	支持"三农"、小微企业、重大水利工程和基础设施建设
支小再贷款 （2014 年 4 月）	常规操作；2021 年第一季度末，操作余额 9295 亿元	四类地方性法人金融机构①	"两个不低于"；期限为 3 个月、6 个月、12 个月，可展期两次，上限 3 年；优惠利率	支持金融机构扩大小微企业信贷投放，降低小微企业融资成本
抵押补充贷款 （2014 年 4 月）	月度定期发行，2021 年第一季度末，操作余额为 31940 亿元	国家开发银行、中国进出口银行、中国农业发展银行	质押方式发放，合格抵押品包括高等级债券资产和优质信贷资产	支持棚改、重大水利工程和人民币"走出去"项目贷款

① 主要包含小型城市商业银行、农村商业银行、农村合作银行和村镇银行等。

续表

政策工具 （创设日期）	实施动态	操作对象	操作方式	目标
扶贫再贷款 （2016 年 8 月）	2021 年第一季度末，操作余额 2095 亿元	四类地方法人机构①	执行比支农再贷款更优惠利率；累计展期次数最多达到 4 次，扶贫再贷款实际使用期限最长 5 年	支持贫困地区地方法人金融机构扩大涉农信贷投放，有效降低贫困地区融资成本
中期借贷便利 （2014 年 9 月）	月度定期发行，2021 年第一季度末，操作余额为 53500 亿元	符合宏观审慎管理要求的商业银行、政策性银行	可招标方式开展，质押方式发放，质押品包括国债、中央银行票据、政策性金融债、高等级信用债等优质债券	引导金融机构加大对小微企业和"三农"等国民经济重点领域和薄弱环节的支持力度，降低社会融资成本
中期借贷便利担保品扩容 （2018 年 6 月）	包括不低于 AA 级的小微企业、绿色和"三农"金融债券，AA＋级、AA 级公司信用类债券，优质的小微企业贷款和绿色贷款	银行金融机构		进一步加大对小微企业、绿色经济等领域的支持力度，缓解小微企业融资难、融资贵问题，并促进信用债市场健康发展
定向中期借贷便利 （2018 年 12 月）	2019 年第一、第二季度开展两次，2021 年第一季度末操作余额 561 亿元	符合宏观审慎要求的大型商业银行、股份制商业银行和大型城商行	商业银行主动申请，根据需要可叙做两次，利率比中期借贷便利利率优惠 15 个百分点	为金融机构提供长期稳定资金来源，定向支持其扩大对小微企业、民营企业信贷投放

---

① 主要包含连片特困地区、国家扶贫开发工作重点县，以及未纳入上述范围的省级扶贫开发工作重点县的农村商业银行、农村合作银行、农村信用社和村镇银行等。

续表

政策工具 （创设日期）	实施动态	操作对象	操作方式	目标
普惠小微企业贷款延期支持工具 （2020 年 6 月）	2021 年第一季度末，贷款本息延期共计9.2 万亿元	地方法人银行	中国人民银行对贷款银行的普惠小微贷款本息给予一定期限的延期付款，并免收罚息	鼓励地方法人银行缓解中小微企业贷款的还本付息压力
普惠小微企业信用贷款支持计划 （2020 年 6 月）	2021 年第一季度末，普惠小微信用贷款累计发放5.3 万亿元	地方法人银行	中国人民银行创新货币政策工具使用4000 亿元再贷款，购买符合条件的地方法人银行新发放普惠小微信用贷款的40%	缓解小微企业缺乏抵押担保的痛点，提高小微企业信用贷款比重

国外结构性货币政策的出台和实施源于国际金融危机背景下传统货币政策效力的零利率下限约束，而我国结构性货币政策产生背景主要是流动性结构性短缺。具体背景有以下几点：第一，经济新常态下，结构性问题制约了我国经济结构转型和产业结构升级（彭俞超和方意，2016），实体经济出现流动性总量盈余与结构性短缺并存的局面。2013 年，国务院 67 号文①指出当前金融运行总体稳健，但资金分布不合理问题仍然存在，结构性矛盾突出，需要持续加强对重点领域和薄弱环节的金融支持。因此，2014 年以来，中国人民银行加大差别准备金动态调整机制有关参数的调整频率、实施定向降准、支农再贷款、设立支小再贷款和抵押补充贷款（PSL）等，发挥促进信贷结构调整的作用，支持金融机构扩大对"三农"、小微企业和棚改等国民经济重点领域和薄弱环节的信贷投放。同时，中国人民银行在 2016 年创

① 国办发〔2013〕67 号：《国务院办公厅关于金融支持经济结构调整和转型升级的指导意见》。

立了扶贫再贷款，专项支持贫困地区的涉农信贷投放。第二，我国基础货币投放渠道发生变化，由外汇占款被动投放到创新流动性工具多渠道主动投放。中国人民银行2014年设立的中期借贷便利（MLF）[①] 在补充流动性缺口的同时，MLF利率发挥中期政策利率的作用，引导其向符合国家政策导向的实体经济部门提供低成本资金，促进降低社会融资成本。2018年6月，中国人民银行对中期借贷便利的抵押品进行扩容，引导金融机构加大对小微企业和绿色经济等领域的支持力度，切实缓解小微企业融资难、融资贵问题。2018年12月，中国人民银行创设定向中期借贷便利（TMLF），为金融机构提供长期稳定资金来源，定向支持其扩大对小微和民营企业信贷投放。第三，国际金融危机期间，英美欧等发达经济体中央银行实施的借贷便利类等各种结构性货币政策，为我国创新结构性货币政策和疏通货币政策传导机制提供了一定的借鉴意义，例如美国的各种借贷便利融资工具、欧洲中央银行的定向长期再融资计划（TLTRO）和英国的定期融资计划（TFS）。第四，新冠疫情冲击下，稳增长、保就业成为货币当局的重要政策目标。为支持抗疫保供和复工复产，中国人民银行在综合运用多种货币政策工具的同时，创设了两个直达工具，有效发挥结构性货币政策工具的精准滴灌作用，提高货币政策的精准性和直达性，支持实体经济特别是小微企业渡过难关、平稳发展。

2. 结构性货币政策传导机制

传统货币政策理论认为货币政策主要通过利率传导机制、银行信贷传导机制、资产价格传导机制和汇率传导机制影响实体经济，然而这些传导机制更多地是从总量型货币政策的角度出发。国际金融危机和疫情之后，金融市

[①] 2013年创立的短期流动性调节工具（SLO）和常设借贷便利（SLF）的主要作用是有效调节市场短期资金供给，熨平突发性、临时性因素导致的市场资金供求大幅波动，促进金融市场平稳运行。和现有文献（封北麟和孙家希，2016；胡育蓉和范从来，2017；卢岚和邓雄，2015；余振等，2016）不同，本书将这两个工具归类为流动性管理工具，并不是严格意义上的结构性货币政策工具。

场结构遭到一定程度破坏，传统货币政策传导机制面临约束，货币政策效力下降，因此我国和主要发达经济体采取了针对具体实体部门的结构性货币政策。下文将结合货币政策相关理论和我国结构性货币政策操作实践，归纳总结出我国结构性货币政策的传导机制，主要包含信号传导机制、定向信贷机制、抵押品"资格"机制、激励相容机制和"先贷后借"机制。

（1）信号传导机制

传统货币政策的信号传导机制是指中央银行通过货币政策行动向公众传达有关政策利率和经济的信息，影响公众预期，降低市场不确定性和流动性溢价，从而影响资产价格和信贷投放（Romer，2000；刘澜飚等，2017）。与传统货币政策有所差异，结构性货币政策的信号传导机制更加注重货币政策信号的定向传导，具体如图 1 所示。结合我国货币政策操作实践，结构性货币政策的主要目标是通过信贷市场缓解"三农"和小微企业等重点领域和薄弱环节的结构性流动性短缺与高融资成本问题。其中，定向降准等结构性货币政策数量型工具的政策宣告可以引导银行金融结构加大对资金短缺部门的信贷投放，缓解融资难问题。同时，结构性货币政策价格型工具的信号引导（如支农支小再贷款利率的下调和定向中期借贷便利的定向降息）能够有效降低社会融资成本，缓解融资贵问题。

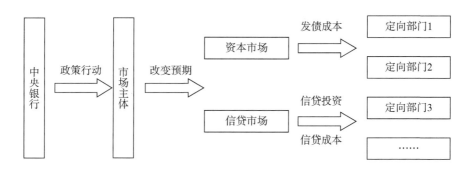

图 1　信号传导机制

（2）定向信贷机制

定向信贷机制是指中央银行向银行业金融机构提供流动性的同时选择特定金融机构或者设定流动性的用途，以达到疏通货币政策传导机制和支持实体经济特定部门发展的目的。定向信贷机制是总量型货币政策银行信贷传导机制的重要内容，也是结构性货币政策的重要传导机制，具体包含定向流动性和定向降息两个层面。下文通过图 2 以及我国中央银行的定向降准和再贷款政策等阐述结构性货币政策的定向信贷机制。

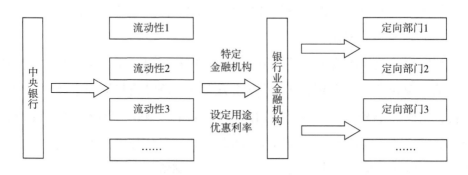

图 2　定向信贷机制

2014 年以来，为支持"三农"和小微企业发展以及贫困地区脱贫，中国人民银行多次实施定向降准、支农支小再贷款、扶贫再贷款和抵押补充再贷款。截至 2020 年底，在约 13 次定向降准中，中国人民银行选择农村商业银行和城市商业银行或对符合审慎经营要求且"三农"或小微企业贷款达到一定比例的商业银行等特定金融机构进行定向降准，发挥结构性货币政策数量型工具的定向流动性供给作用。符合定向降准条件的金融机构多为中小银行，在服务地方、支持"三农"和小微企业方面发挥其他类型商业银行难以替代的作用。抵押补充贷款的主要目的是向国家开发银行、进出口银行和农业发展银行等特定金融机构提供定向流动性，为支持棚改提供长期稳定、成本适当的资金来源。支农、支小再贷款和扶贫再贷款的用途与指向性更加明确。

定向信贷机制的另一个层面是定向降息，主要体现结构性货币政策的价格型调控。其中，抵押补充再贷款利率在部分实施阶段能有效降低中期利率水平，减少社会融资成本（余振等，2016），而中央银行下调支农、支小再贷款利率是定向降息的一种体现，最终目的是促进降低"三农"和小微企业融资成本。

（3）抵押品"资格"机制

结构性货币政策的抵押品"资格"机制是指中央银行决定将某类金融资产作为公开市场操作或常备融资便利工具的抵押品（BIS，2015），并基于特定抵押品向交易对手方提供信贷流动性，以实现支持实体经济的货币政策目标。如国际金融危机和欧债危机期间，美联储和欧洲中央银行将信贷权益和资产支持商业票据等金融资产纳入公开市场操作或常备融资便利的抵押品范围。有关抵押品"资格"的理论机制为：当中央银行决定扩大抵押品范围，将某类金融资产作为抵押品时，交易对手方可以使用该金融资产向中央银行进行抵押以获取流动性。由于中央银行抵押品相当于货币，银行等金融机构有动机调整资产负债表的资产结构，增加对该类金融资产的需求（结构性渠道），造成该类金融资产的稀缺性，金融资产价格上升，收益率下降（稀缺性渠道），因此企业的融资约束缓解，融资成本降低。具体运行机制如图 3 所示。

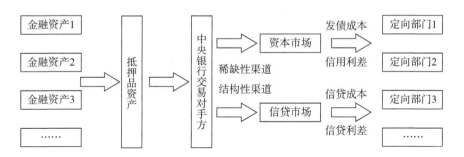

图 3　抵押品"资格"机制

金融资产类型与实体部门类型一一对应，体现了抵押品"资格"政策的结构性效应。2018 年我国对结构性货币政策工具中期借贷便利的抵押品进行了扩容，中国人民银行决定将不低于 AA 级的小微企业、绿色和"三农"金融债券，AA + 级、AA 级公司信用类债券，优质的小微企业贷款和绿色贷款作为中期借贷便利的抵押品或担保品。基于稀缺性渠道和结构性渠道，银行等金融机构一方面会增加小微企业、绿色、"三农"金融债券和 AA + 级、AA 级公司信用类债券的投资需求，使债券的信用利差和发行成本降低，从而降低了小微企业、农业企业和绿色企业的融资成本；另一方面，银行等金融机构会增加小微企业和绿色企业的信贷投放，从而缓解企业融资难问题。

（4）激励相容机制

结构性货币政策的激励相容机制是指中央银行通过某种制度安排或者机制设计，使银行等金融机构在追求自身利益最大化的同时，实现结构性货币政策的目标。具体运行机制如图 4 所示。激励相容机制的核心思想来自哈维茨的机制设计理论（Hurwicz，1972）。国际金融危机期间，激励相容机制已得到了应用，如英格兰银行的融资换贷款计划（FLS）将提供国债的数量和价格（管理费用）与银行等金融机构支持家庭和非金融企业的贷款表现相挂钩，如果英国的银行和房屋贷款协会对家庭和非金融企业的贷款增量超过其贷款存量的 5%，可以对该贷款进行抵押并支付 0.25% 的费用换取更多的国债，而如果净贷款增量下降至贷款存量的 5% 以下，每减少 1% 的贷款都将多支付 0.25% 的费用才能换取国债。

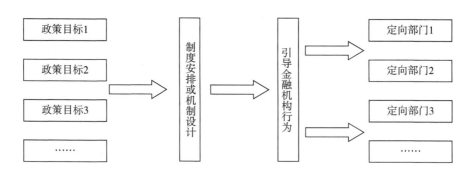

图 4　激励相容机制

在我国货币政策操作实践中，结构性货币政策的激励相容机制主要体现在定向降准和新冠疫情期间的直达工具。类似于英格兰银行融资换贷款计划，2017 年 9 月，中国人民银行宣布对普惠金融领域贷款达到一定标准的金融机构实施定向降准，将定向降准与银行金融机构的普惠金融贷款挂钩。新冠疫情期间普惠小微企业贷款延期支持工具向地方法人银行提供延期贷款本金 1% 的激励资金以及普惠小微企业信用贷款支持计划提供优惠资金贷款，都体现了结构性货币政策的激励相容机制。通过设计激励相容这一正向激励机制，我国中央银行能够有效引导金融机构行为，促进信贷资源流向"三农"和小微企业等重点领域和薄弱环节，实现结构性货币政策的定向调节。

（5）"先贷后借"机制

"先贷后借"机制是指银行先向实体经济特定部门发放贷款，然后以该贷款作为抵押向中央银行申请流动性。具体运行机制如图 5 所示。该机制实际上是传统货币政策传导机制的"逆向"操作，能够更有效地提高结构性货币政策的精准性和直达性。结构性货币政策的"先贷后借"传导机制主要体现在普惠小微企业信用贷款支持计划，其运作机制主要涉及三类主体，分别是中国人民银行、特定目的工具和合格地方法人银行。运作机制简单而言包括两个步骤：首先，符合一定资格标准的地方法人银行先向小微企业发放信用贷款，并根据已经实际发放的信用贷款向中国人民银行申请流动性；然后，中国人民银行通过特殊目的工具与合格地方法人银行签订普惠小微企业信用贷款支持计划合同，并向合格地方法人提供短期资金。在具体的细节层面，中国人民银行通过银行以市场化方式投放资金，贷款利息和坏账损失由放贷银行自行管理，资金使用效率高。

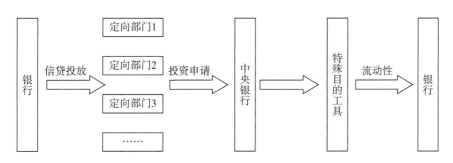

图 5　"先贷后借"机制

3. 结构性货币政策传导效果

我国结构性货币政策的主要目标是缓解"三农"和小微企业等实体部门的流动性结构短缺和融资成本高问题，2018 年以来，货币政策的结构性调整更加明显。下文将基于银行业金融机构的"三农"和小微企业贷款数据，分析 2014 年以来我国结构性货币政策的传导效果。

图 6 反映了 2014—2020 年我国银行业金融机构①涉农贷款②的走势。银行业金融机构涉农贷款余额持续上升，2020 年达到 38.95 万亿元；涉农贷款环比增速从 2018 年开始持续上升，2020 年达到 10.7%。自 2014 年以来，涉农贷款余额和增速整体保持了上升的趋势，表明结构性货币政策在一定程度上增加了对"三农"领域的信贷投放。

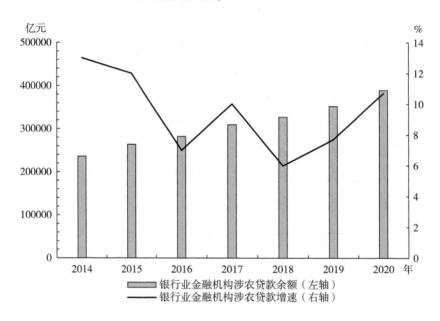

图 6 我国银行业金融机构涉农贷款情况

(资料来源：Wind 数据库、中国人民银行官网)

图 7 反映了我国银行业金融机构 2015 年第一季度至 2021 年第一季度的小微企业贷款情况。图中左边纵轴表示银行业金融机构小微企业贷款余额，右边纵轴表示银行业金融机构小微企业贷款季度同比增速和环比增速。从图 7 中可以看出，自我国实行结构性货币政策以来，银行业金融机构向小微企

---

① 此处的银行业金融机构尽管包含了中资财务公司，但中资财务公司发放的涉农贷款数据在整个银行业金融机构中占比较低，不影响分析结果。

② 涉农贷款按照《涉农贷款专项统计制度》包括农户贷款、农村企业及各类组织贷款以及城市企业及各类组织涉农贷款。

业发放的信贷余额持续上升，于 2021 年第一季度达到 42.7 万亿元。同时，银行业金融机构小微企业信贷同比增速和环比增速自 2018 年之后上升趋势更为明显，背后的原因是我国结构性货币政策支持实体经济的力度进一步增强。2018 年 3 月，中国银监会下发推动银行业小微企业金融服务高质量发展的通知，以单户授信总额 1000 万元以下（含）的小微企业贷款为考核重点，提出"两增两控"新目标，进一步引导银行业聚焦薄弱环节，下沉服务重心。同时，中国人民银行加大了结构性货币政策的支持力度，扩大对"三农"和小微企业的信贷投放。从图 8 中也可以看出，2018 年之后，银行业金融机构普惠型小微企业贷款余额和环比增速整体呈上升趋势，进一步表明结构性货币政策支持实体经济的力度在加大。另外，从图 7 和图 8 中可以观察到，2019 年底至 2020 年第二季度，小微企业贷款环比增幅明显高于其他时间段，原因是中国人民银行为缓解新冠疫情对实体经济的冲击，推行了3000 亿元、5000 亿元和 1 万亿元再贷款、再贴现政策。

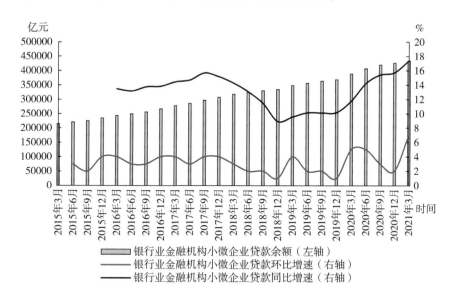

图 7　我国银行业金融机构小微企业贷款情况

（资料来源：Wind 数据库）

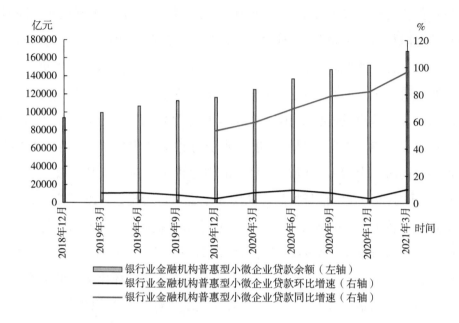

图8 我国银行业金融机构普惠型小微企业贷款情况

(资料来源：原中国银行保险监督管理委员会官网)

图9显示，从2018年底至2021年4月底，商业银行新发放的普惠小微企业贷款平均利率从7.39%持续下降到5.65%，背后的原因是中国人民银行结构性货币政策价格型工具的定向调节。具体而言，2018年LPR改革至2020年6月，中国人民银行中期借贷便利率（中期政策利率）整体下行，之后保持低利率平稳态势，带动贷款市场报价基础利率和定向中期借贷便利利率的定向调整，引导商业银行低利率支持民营和小微企业。2020年7月1日起，中国人民银行下调支农再贷款、支小再贷款利率25个基点①，通过支农支小再贷款利率等价格型工具定向引导商业银行降低"三农"和小微企业融资成本。

---

① 调整后，3个月、6个月和1年期的支农支小再贷款利率分别为1.95%、2.15%和2.25%。

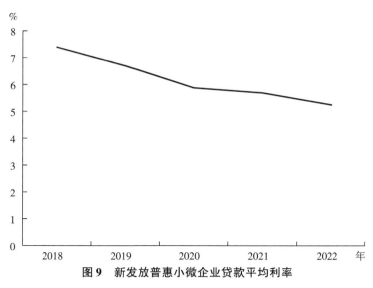

图 9　新发放普惠小微企业贷款平均利率

（资料来源：中国人民银行官网、原中国银行保险监督管理委员会官网）

4. 结构性货币政策有效传导的中小银行角色

以城市商业银行、农村商业银行、农村合作银行和村镇银行为代表的中小银行在服务我国实体经济特别是支持"三农"和小微企业发展方面发挥着重要作用（李广子，2014）。下文将结合结构性货币政策的主要目标和中小银行在我国银行体系中的重要定位，依托银行业金融机构数据，分析中小银行在我国结构性货币政策传导效果当中承担的重要角色。

（1）中小银行角色分析——基于银行业涉农贷款和小微企业贷款结构数据

图 10 显示的为 2019 年第一季度至 2021 年第一季度我国银行业金融机构普惠型小微企业贷款结构情况，柱状图为银行业各类金融机构的普惠型小微企业贷款余额，具体数值体现在图形左纵轴上；折线图为银行业各类金融机构的普惠型小微企业贷款占比，具体数值体现在图形右纵轴。不难看出，样本期间内，城市商业银行和农村金融机构发放的普惠型小微企业贷款余额最大，远高于大型国有银行和股份制银行，贷款余额占比始终保持在 45% 以上。图 11 显示的是 2014—2018 年我国银行业金融机构涉农贷款结构情况，与普惠型小微

企业贷款结构类似，城市商业银行和农村金融机构涉农贷款余额在 2016 年超过大型商业银行之后一直保持领先，2018 年该比例达到 40%。

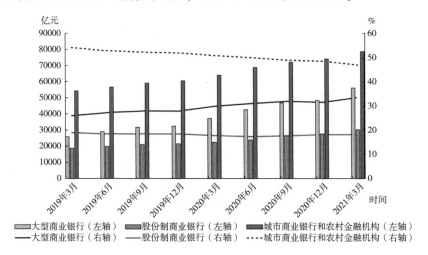

图 10　银行业金融机构普惠型小微企业贷款结构

（资料来源：原中国银行保险监督管理委员会官网）

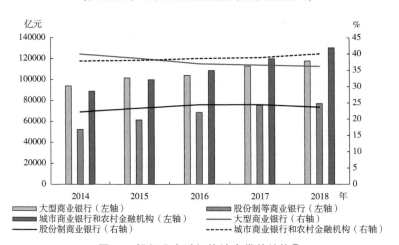

图 11　银行业金融机构涉农贷款结构①

（资料来源：Wind 数据库）

---

① 图中的股份制商业银行包括政策性银行、股份制银行和北京银行、上海银行和江苏银行三家城市商业银行，城市商业银行未包含北京银行、上海银行和江苏银行三家城市商业银行，原因是 Wind 数据库披露的涉农贷款数据将这三家城市商业银行的涉农贷款数据和政策性银行与股份制银行合并披露。此种分类不影响本书的分析结果。

（2）中小银行角色分析——基于某农村商业银行微观数据

和大型国有银行相比，某农村商业银行在提高结构性货币政策精准性与直达性方面具备自身的优势，主要体现为市场定位专一、贷款产品种类丰富和数字化转型提速。

市场定位方面，某农村商业银行始终坚守"姓农、姓小、姓土"的市场定位，深耕本土，细作小微，因而成为扶贫再贷款、支农再贷款和支小再贷款等结构性货币政策目标实现的重要传导路径。2016—2020 年，某农村商业银行对乡村振兴、"三农"和小微企业贷款支持的力度不断加大，其中，新增乡村振兴领域贷款 40561 户，贷款余额 53.94 亿元；新增小微企业（含个体工商户）贷款 14024 户，贷款余额 67.02 亿元，共为农户和企业减费让利 3 亿多元。

贷款产品方面，贷款产品的多样性迎合了中小微企业的贷款有效需求，为实现中国人民银行结构性货币政策目标提供了更多的产品路径。2016—2020 年，某农村商业银行根据中小微企业诉求，创新推出针对中小微企业（含个体工商户）的"金税 e 贷""小微成长贷""税银通""花木贷""码商贷"等贷款产品。2020 年，为缓解疫情对中小微企业的冲击和落实中国人民银行结构性货币政策，某农村商业银行创新推出"工资贷""信保贷"等拳头产品，共发放贷款 162 笔，贷款余额 1.25 亿元；通过"小微成长贷"，向 41 个园区 339 家入园企业授信 13.52 亿元，贷款余额 12.38 亿元；把"信义金 e 贷"作为小额普惠贷款的敲门砖，开展农户"无感授信"，已签约普惠客户 13.53 万户，比 2020 年初增加 5.6 万户。

数字化转型方面，银行加快数字化转型提高信贷投放的效率和风险识别能力，降低小微企业违约率，进而提高贷款银行的风险偏好和贷款动机，助力结构性货币政策定向流动性和定向降息目标的实现。2016—2020 年，某农村商业银行依托当地农信社数字化平台，大力推进数字化转型，避免了单独进行数字化转型的高投入和慢进程，加快了自身数字化转型的步伐，实现了多数贷款产品的线上化、流程化和高效化。比如，某农村商业银行与市发展改革委合作，创新推出"信义金 e 贷"纯数据驱动信贷产品，为 33834 户客户发放贷款余额 20.10 亿元，发放全省农信首笔"金税 e 贷"，贷款余额 5632 万元。

综上所述，自 2014 年我国结构性货币政策实施以来，与大型国有银行以及股份制银行相比，中小银行在支持"三农"和小微企业发展方面具备自身的优势，成为中国人民银行提高结构性货币政策传导质效的重要路径。

5. 小结

上文基于主要发达经济体结构性货币政策和我国经济转轨背景下的结构性货币政策操作实践，在梳理结构性货币政策的产生背景和政策工具的同时，认为我国的结构性货币政策发挥了数量型和价格型政策工具的定向调节作用，通过信号传导机制、定向信贷机制、抵押品"资格"机制、激励相容机制和"先贷后借"机制，有效引导资金流向"三农"、民营和小微企业等流动性结构短缺部门，优化了资金流向，提高了结构性货币政策传导的质效。与大型国有银行和股份制银行相比，中小银行无论是在涉农贷款和小微企业贷款市场份额，还是在结构性货币政策传导效率方面，都具备自身的优势，成为我国结构性货币政策有效传导的重要路径。基于此，本书提出以下建议：

第一，强化结构性货币政策的价格型调控。从我国结构性货币政策的操作实践来看，中国人民银行更多使用定向降准等结构性货币政策数量型工具进行定向调控，但抵押补充贷款利率和定向中期借贷便利利率等价格型工具同样有效降低了"三农"和小微企业等实体部门的融资成本。从实体经济部门的有效需求来看，"降成本"比"增信贷"更能刺激市场主体的有效信贷需求，并且近年来，货币需求函数更不稳定，货币政策的数量型目标与经济增长之间的关系走弱，实体经济发展需要更加依赖价格型货币政策工具的调节作用。因此，货币当局在推进利率市场化的进程中需加强结构性货币政策的价格型调控。

第二，突出结构性货币政策有效传导的中小银行角色。从银行业金融机构涉农和小微企业贷款情况可以看出，中小银行在整个银行业的涉农和小微企业贷款占比最高，在缓解"三农"和小微企业融资难、融资贵问题方面发挥了重要作用。实际上，和大型国有银行相比，中小银行的市场定位和经营范围集中于扎根本土、深耕"三农"、细作小微。由于长期服务"三农"和小微企业等实体经济部门，中小银行在客户积累和风险识别方面具备自身优势。因此，为缓解流动性结构性短缺部门的融资难、融资贵问题，提高结构性货币政策质效，货币当局需要重视中小银行在疏通结构性货币政策传导机制和支持实体经济发展中的作用。

第三，加快商业银行金融科技渗透和数字化转型。由于"三农"领域和小微企业的财务不健全，优质抵押品缺乏，违约率较高，商业银行的"惜贷"现象普遍存在。商业银行在落实货币当局结构性货币政策的同时，信用风险可能上升，这对商业银行的风险识别能力、风险定价能力和抗风险能力提出了更高要求。因此，商业银行需要加快金融科技渗透和数字化转型，降低"三农"和小微企业的贷款违约成本和管理成本。一方面，由于单个农户和小微企业贷款需求少，总体贷款笔数多，数字化转型可以实现商业银行"三农"和小微企业的贷款审批和贷后管理的线上化、流程化，提高"三农"、小微企业小额贷款审批、发放和贷后管理的效率，降低管理成本。另一方面，商业银行通过与地方政府合作，利用大数据、人脸识别、智能风控等金融科技手段获取并分析农户和小微企业的税务、缴费等软信息，能够缓解"三农"和小微企业信息不对称，提高风险识别和风险定价能力，降低信用风险和不良贷款率。

参考文献

[1] 白晶洁. 结构性货币政策的国际比较 [J]. 中国金融, 2017 (15): 86 - 88.

[2] 陈国进, 丁赛杰, 赵向琴, 等. 中国绿色金融政策、融资成本与企业绿色转型——基于央行担保品政策视角 [J]. 金融研究, 2021 (12): 75.

[3] 陈书涵, 黄志刚, 林朝颖, 等. 定向降准政策对商业银行信贷行为的影响研究 [J]. 中国经济问题, 2019 (1): 14 - 26.

[4] 楚尔鸣, 曹策, 许先普. 定向降准对农业经济调控是否达到政策预期 [J]. 现代财经 (天津财经大学学报), 2016 (11): 3 - 10.

[5] 戴赜, 冯时. 货币政策利率对债券市场信用利差的传导研究 [J]. 上海金融, 2018 (12): 39 - 45.

[6] 邓伟, 宋敏, 刘敏. 借贷便利创新工具有效影响了商业银行贷款利率吗？ [J]. 金融研究, 2021 (1): 60 - 78.

[7] 邓雄. 结构性货币政策工具的运用: 发达国家的实践及启示 [J]. 南方金融, 2015 (1): 26 - 34.

[8] 方莉. 中央银行抵押品管理框架的国际经验与借鉴 [J]. 金融理论与实践, 2018 (11): 111 - 118.

[9] 封北麟. 结构性货币政策的国际实践与启示 [J]. 中国财政, 2016 (8): 62 - 63.

[10] 冯明, 伍戈. 定向降准政策的结构性效果研究——基于两部门异质性商业银行模型的理论分析 [J]. 财贸经济, 2018 (12): 62 - 79.

[11] 郭红玉, 皓星, 杨景陆. 银行在危机中的作用研究 [J]. 上海金融, 2022 (1): 55 - 65.

[12] 郭红玉, 许争, 佟捷然. 日本量化宽松政策的特征及对股票市场短期影响研究——基于事件分析法 [J]. 国际金融研究, 2016 (5): 38 - 47.

[13] 郭晔, 徐菲, 舒中桥. 银行竞争背景下定向降准政策的"普惠"效应——基于 A 股和新三板三农、小微企业数据的分析 [J]. 金融研究, 2019 (1) 1 - 18.

[14] 郭晔, 房芳. 新型货币政策担保品框架的绿色效应 [J]. 金融研究, 2021 (1):

91 – 110.

[15] 何曾. 中央银行抵押品政策的设计思路研究 [J]. 武汉金融, 2014（8）：66 – 68.

[16] 何韧, 刘兵勇, 王婧婧. 银企关系、制度环境与中小微企业信贷可获得性 [J]. 金融研究, 2012（11）：103 – 115.

[17] 洪昊, 王立平. 欧洲中央银行抵押品调整特点及对我国的启示 [J]. 武汉金融, 2016（11）：44 – 48.

[18] 胡东. 中央银行抵押品政策：主要内容、影响因素及政策建议 [J]. 南方金融, 2014（1）：33 – 37.

[19] 胡彦宇, 张帆. 央行货币政策操作中合格抵押品制度框架介绍与启示 [J]. 金融发展评论, 2013（5）：70 – 79.

[20] 黄振, 郭晔. 央行担保品框架、债券信用利差与企业融资成本 [J]. 经济研究, 2021（1）：105 – 121.

[21] 纪敏, 牛慕鸿, 张黎娜. 央行抵押品制度的国际借鉴 [J]. 中国金融, 2015（16）：36 – 38.

[22] 孔丹凤, 陈志成. 结构性货币政策缓解民营、小微企业融资约束分析——以定向中期借贷便利为例 [J]. 中央财经大学学报, 2021（2）：89 – 101.

[23] 孔丹凤, 秦大忠. 中国货币政策省际效果的实证分析：1980—2004 [J]. 金融研究, 2007（12）：17 – 26.

[24] 孔东民, 李海洋, 杨薇. 定向降准、贷款可得性与小微企业商业信——基于断点回归的经验证据 [J]. 金融研究, 2021（3）：77 – 94.

[25] 蓝虹, 穆争社. 论主要经济体中央银行抵押品管理制度的创新与发展 [J]. 中央财经大学学报, 2014（12）：29 – 37.

[26] 李广子, 刘力. 债务融资成本与民营信贷歧视 [J]. 金融研究, 2009（12）：137 – 150.

[27] 李建强, 高宏. 结构性货币政策能降低中小企业融资约束吗？——基于异质性动态随机一般均衡模型的分析 [J]. 经济科学, 2019（6）：17 – 29.

[28] 李文森, 戴俊, 唐成伟. 央行抵押品管理框架分析 [J]. 中国金融, 2015（16）：39 – 41.

[29] 李欣越, 徐涛. MLF 担保品扩容政策的有效性研究——来自债券市场的证据 [J]. 上海金融, 2021（9）：12 – 23.

[30] 廉永辉, 张琳. 流动性冲击、银行结构流动性和信贷供给 [J]. 国际金融研究,

2015 (4): 64 – 76.

[31] 林朝颖，林楠，黄志刚，等. 基于企业微观视角的定向降准惠农精准性研究 [J]. 中国农村观察，2020 (6): 83 – 101.

[32] 林梦瑶. 新世纪中国货币政策传导机制有效性研究 [J]. 上海金融，2018 (5): 40 – 51.

[33] 刘琦，董斌. 定向降准政策的调控效果——基于 PSM – DID 方法的实证分析 [J]. 金融论坛，2020 (9): 10 – 18.

[34] 刘琦，董斌. 定向降准政策有效吗——来自股票市场的经验证据 [J]. 金融经济学研究，2019 (6): 42 – 55.

[35] 卢岚，邓雄. 结构性货币政策工具的国际比较和启示 [J]. 世界经济研究，2015 (6): 3 – 11.

[36] 马贱阳. 结构性货币政策：一般理论和国际经验 [J]. 金融理论与实践，2011 (4): 111 – 115.

[37] 马理，潘莹，张方舟. 定向降准货币政策的调控效果 [J]. 金融论坛，2017 (2): 46 – 55.

[38] 马天禄. 结构性货币政策的国际实践 [J]. 中国金融，2016 (1): 69 – 71.

[39] 潘慧峰，石智超. 重大需求冲击对石油市场的短期影响分析——基于事件分析法的研究 [J]. 上海经济研究，2012 (12): 32 – 43.

[40] 潘敏，张依茹. 股权结构会影响商业银行信贷行为的周期性特征吗——来自中国银行业的经验证据 [J]. 金融研究，2013 (4): 29 – 42.

[41] 彭兴韵. 再贷款抵押品扩容的影响 [J]. 中国金融，2015 (16): 45 – 47.

[42] 彭俞超，方意. 结构性货币政策、产业结构升级与经济稳定 [J]. 经济研究，2016 (7): 29 – 42.

[43] 钱水土，吴卫华. 定向降准能否有效缓解小微企业融资难？——来自银行微观数据准自然实验设计的证据 [J]. 浙江社会科学，2020 (11): 14 – 22.

[44] 钱水土，吴卫华. 信用环境、定向降准与小微企业信贷融资——基于合成控制法的经验研究 [J]. 财贸经济，2020 (2): 99 – 114.

[45] 盛天翔，范从来. 金融科技、最优银行业市场结构与小微企业信贷供给 [J]. 金融研究，2020 (6): 114 – 132.

[46] 宋军. 央行合格抵押品制度的作用 [J]. 中国金融，2013 (24): 66 – 68.

[47] 段志明. 中期政策利率传导机制研究——基于商业银行两部门决策模型的分析

[J]．经济学（季刊），2017（1）：349－370.

[48] 孙天琦，苗萌萌，阮鹏飞．从最后贷款人到最后做市商——次贷危机以来国际上的实践和讨论 [J]．中国金融，2021（11）：15－20.

[49] 王曦，李丽玲，王茜．定向降准政策的有效性：基于消费与投资刺激效应的评估 [J]．中国工业经济，2017（11）：137－154.

[50] 王永钦，吴娴．中国创新型货币政策如何发挥作用：抵押品渠道 [J]．经济研究，2019（12）：86－101.

[51] 吴豪声．中央银行抵押品政策研究 [J]．金融会计，2014（2）：11－17.

[52] Wolff Guntram B..欧元体系的抵押品政策：调整是否适当？ [J]．世界经济研究，2015（7）：116－126.

[53] 肖曼君，代雨杭．中国央行流动性便利操作的抵押品"折损率"研究 [J]．财经理论与实践，2017（5）：2－6.

[54] 于则．我国货币政策的区域效应分析 [J]．管理世界，2006（2）：18－22.

[55] 余振，顾浩，吴莹．结构性货币政策工具的作用机理与实施效果——以中国央行PSL操作为例 [J]．世界经济研究，2016（3）：36－44.

[56] 喻微锋，康琦，周永锋．商业银行设立普惠金融事业部能提高小微企业信贷可获得性吗？——基于 PSM－DID 模型的实证检验 [J]．国际金融研究，2020（11）：77－86.

[57] 张晓慧等．多重约束下的货币政策传导机制 [J]．中国金融出版社，2020（11）.

[58] 中国人民银行，2013，货币政策执行报告。

[59] 中国人民银行，2014，货币政策执行报告。

[60] 祝继高，韩非池，陆正飞．产业政策、银行关联与企业债务融资——基于 A 股上市公司的实证研究 [J]．金融研究，2015（3）：176－191.

[61] 邓伟，姜娜，宋敏．借贷便利创新工具改善了商业银行流动性创造吗？[J]．国际金融研究，2022（7）：58－67.

[62] 邓向荣，张嘉明．货币政策、银行风险承担与银行流动性创造 [J]．世界经济，2018（4）：28－52.

[63] 郭红玉，耿广杰．利率并轨与中小银行风险承担——基于 LPR 改革的视角 [J]．金融论坛，2022（5）：8－18.

[64] 郭红玉，耿广杰．央行抵押品框架的普惠效应——基于新三板小微企业的经验证据 [J]．中央财经大学学报，2022（5）：46－58.

[65] 郭红玉，耿广杰．央行抵押品框架扩容对银行信贷供给的影响——理论模型与实

证检验 [J]. 上海金融, 2022 (10)：50 - 64.

[66] 郭晔, 程玉伟, 黄振. 货币政策、同业业务与银行流动性创造 [J]. 金融研究, 2018 (5)：65 - 81.

[67] 季朗磊, 张婧屹. 央行担保品框架下银行贷款的违约风险外移效应——兼论担保品扩容对宏观经济波动与货币政策有效性的影响 [J]. 财经研究, 2023 (5)：33 - 48.

[68] 江艇. 因果推断经验研究中的中介效应与调节效应 [J]. 中国工业经济, 2022 (5)：100 - 120.

[69] 李建军, 王丽梅, 彭俞超. 银行金融科技与流动性创造功能 [J]. 南开经济研究, 2023 (5)：3 - 18.

[70] 李健, 李俊豪, 李晏墅. 数字化转型能破解企业融资约束吗？——商业信用融资视角 [J]. 现代财经 (天津财经大学学报), 2023 (7)：21 - 37.

[71] 盛天翔, 邵小芳, 周耿, 等. 金融科技与商业银行流动性创造：抑制还是促进 [J]. 国际金融研究, 2022 (2)：65 - 74.

[72] 宋科, 李振, 杨家文. 金融科技与银行行为——基于流动性创造视角 [J]. 金融研究, 2023 (2)：60 - 77.

[73] 宋科, 李振, 尹李峰. 市场竞争与银行流动性创造——基于分支机构的银行竞争指标构建 [J]. 统计研究, 2021 (11)：87 - 100.

[74] 宋科, 徐蕾, 李振, 等. ESG 投资能够促进银行创造流动性吗？——兼论经济政策不确定性的调节效应 [J]. 金融研究, 2022 (2)：61 - 79.

[75] 田国强, 李双建. 经济政策不确定性与银行流动性创造：来自中国的经验证据 [J]. 经济研究, 2020 (11)：19 - 35.

[76] 王永钦, 吴娴. 中国创新型货币政策如何发挥作用：抵押品渠道 [J]. 经济研究, 2019 (12)：86 - 101.

[77] 易纲. 建设现代中央银行制度 [J]. 中国金融, 2022 (24)：9 - 11.

[78] 张勇, 阮培恒, 梁燚焱, 等. 宏观经济不确定性与银行流动性创造分化 [J]. 数量经济技术经济研究, 2022 (12)：132 - 152.

[79] 楚尔鸣, 曹策, 李逸飞. 结构性货币政策：理论框架、传导机制与疏通路径 [J]. 改革, 2019 (10)：66 - 74.

[80] 封北麟, 孙家希. 结构性货币政策的中外比较研究——兼论结构性货币政策与财政政策协调 [J]. 财政研究, 2016 (2)：34 - 40.

[81] 胡育蓉, 范从来. 结构性货币政策的运用机理研究 [J]. 中国经济问题, 2017

（5）：25 – 33.

[82] 李广子. 跨区经营与中小银行绩效 [J]. 世界经济，2014（11）：119 – 145.

[83] 刘澜飚，尹海晨，张靖佳. 中国结构性货币政策信号渠道的有效性研究 [J]. 现代财经（天津财经大学学报），2017（3）：12 – 22.

[84] 卢岚，邓雄. 结构性货币政策工具的国际比较和启示 [J]. 世界经济研究，2015（6）：3 – 11.

[85] 彭俞超，方意. 结构性货币政策、产业结构升级与经济稳定 [J]. 经济研究，2016（7）：29 – 42.

[86] 钱水土，吴卫华. 定向降准能否有效缓解小微企业融资难？——来自银行微观数据准自然实验设计的证据 [J]. 浙江社会科学，2020（11）：14 – 22.

[87] 万冲，朱红. 中国结构性货币政策的效果评估及优化思路 [J]. 学术论坛，2017（4）：83 – 91.

[88] 王玮，唐文飞，甄东成. 中央银行支农再贷款政策的动态发展研究 [J]. 金融研究，2005（6）：164 – 168.

[89] 许道文. 结构性货币政策内涵与传导 [J]. 中国金融，2016（20）：53 – 55.

[90] 周晶，陶士贵. 结构性货币政策对中国商业银行效率的影响——基于银行风险承担渠道的研究 [J]. 中国经济问题，2019（3）：25 – 39.

[91] Abuk Duygulu A. , K. Afşar and M. Ozyigit. *The New Function of Central Bank's as the Market Maker of Last Resort：An Evoluation on its Effects and its Results* [J]. Turkish Public Administration Annual，2017，43，pp. 239 – 269.

[92] Aggarwal R. , J. Bai and L. Laeven. *The Securities Lending Market and the Collateral Channel of Monetary Policy Transmission* [J]. Social Science ElectronicPublishing，2015.

[93] Anbil S. . *Managing stigma during a financial crisis* [J]. Journal of Financial Economics，2018：130（1），pp. 166 – 18.

[94] Anbil S. , M. A. Carlson and M. F. Styczynski. *The Effect of the PPPLF on PPP Lending by Commercial Banks* [J]. Social Science Electronic Publishing，2021.

[95] Anbil S. , M. Carlson and M. Styczynski. *The Effect of the PPPLF on PPP Lending by Commercial Banks* [J]. Finance and Economics Discussion Working Paper，2021，pp. 2021 – 2030.

[96] Armantier O. , E. Ghysels, A. Sarkar and J. Shrader. *Discount window stigma during the 2007 – 2008 financial crisis* [J]. Journal of Financial Economics，2015，118（2），pp. 317 – 335.

［97］Arrata W. , B. Nguyen, I. Rahmouni – Rousseau and M. Vari. *The scarcity effect of QE on repo rates: Evidence from the euro area* ［J］. Journal of Financial Economics, 2020, 137 （3）, pp. 837 – 856.

［98］Ashcraft A. , N. Gârleanu and L. H. Pedersen. *Two Monetary Tools: Interest Rates and Haircuts* ［J］. NBER Working Papers, 2010.

［99］Autor D. , D. Cho, L. D. Crane, M. Goldar, B. Lutz, J. K. Montes, W. B. Peterman, D. D. Ratner, D. V. Vallenas and A. Yildirmaz. *An Evaluation of the Paycheck Protection Program Using Administrative Payroll Microdata* ［J］. NBER Working Papers, 2022, pp. 29972.

［100］Bagehot W. . *Lombard Street: A Description of the Money Market* ［J］. Armstrong and Company, 1873.

［101］Baker M. , J. Wurgler and Y. Yuan. *Global, local, and contagious investor sentiment* ［J］. Journal of Financial Economics, 2012, 104 （2）, pp. 272 – 287.

［102］Balfoussia H. and H. D. Gibson. *Financial conditions and economic activity: the potential impact of the targeted long – term refinancing operations （TLTROs）* ［J］. Applied Economics Letters, 2016, 23 （4 – 6）, pp. 449 – 456.

［103］Bartel J. M. . *Backdoor Bailouts: The Federal Reserve's New Role as Market – Maker – of – All – Resorts And The Need For Section* 13 （3） *Reform* ［J］. Stetson Law Review, 2021, 51, pp. 95 – 121.

［104］Barthélemy J. , V. Bignon and B. Nguyen. *Monetary Policy and Collateral Constraints since the European Debt Crisis* ［J］. Working papers, 2018.

［105］Barthélemy J. , V. Bignon and B. Nguyen. *Monetary policy, illiquid collateral and bank lending during the European sovereign debt crisis* ［J］. Economie et statistique, 2017 （494 – 495 – 496）, pp. 111 – 130.

［106］Bartik A. W. , Z. B. Cullen, E. L. Glaeser, M. Luca, C. T. Stanton and A. Sunderam. *The Targeting and Impact of Paycheck Protection Program Loans to Small Businesses* ［J］. NBER Working Paper Series, 2020, No. 27623.

［107］Bauer M. and G. D. Rudebusch. *The Signaling Channel for Federal Reserve Bond Purchases* ［J］. International Journal of Central Banking, 2014.

［108］Belke and Ansgar. *Eurosystem Collateral Policy and Framework – Post – Lehman Time as a New Collateral Space* ［J］. Intereconomics Review of European Economic Policy, 2015, 50 （2）, pp. 82 – 90.

［109］Benetton M. and D. Fantino. *Targeted monetary policy and bank lending behavior* ［J］. Journal of Financial Economics, 2021, 142 (1), pp. 404 – 429.

［110］Bernanke B. S.. *The Courage to Act: A Memoir of a Crisis and Its Aftermath* ［J］. W. W. Norton&Company Ltd, 2015.

［111］Bernanke B. S.. *The Federal Reserve's balance sheet: an update. In: Speech at the Federal Reserve Board Conference on Key Developments in Monetary Policy, Washington, DC* ［J］. http://www. federalreserve. gov/newsevents/speech/bernan ke20091008a. htm, 2009.

［112］Bernanke B. S.. *The New Tools of Monetary Policy* ［J］. American Economic Review, 2020, 110 (4), pp. 943 – 983.

［113］Bignon V. and C. Jobst. *Economic Crises and the Eligibility for the Lender of Last Resort: Evidence from 19th century France* ［J］. Banque de France Working Paper, 2017, No. 618.

［114］Bindseil U.. *Monetary Policy Operations and the Financial System* ［J］. 1. Great Clarendon Street, Oxford, OX2 6DP, United Kingdom: Oxford University Press, 2014.

［115］Bindseil U. and F. Papadia. *Credit Risk Mitigation in Central Bank Operations and its Effects on Financial Markets: The Case of the Eurosystem* ［J］. Social Science Electronic Publishing, 2006.

［116］Bindseil U., G. Dragu, A. DDring and J. Landesberger. *Asset Liquidity, Central Bank Collateral, and Bankss Liability Structure* ［J］. SSRN Electronic Journal, 2017.

［117］BIS. *Central bank collateral frameworks and practices* ［J］. Bank for International Settlements Markets Committee Working Papers, 2013, No. 6, p. 40.

［118］BIS. *Central bank operating frameworks and collateral markets* ［J］. BIS CGFS Working Papers, 2015.

［119］Blot C., J. Creel and P. Hubert. *The effect and risks of ECB collateral framework changes* ［J］. Sciences Po publications, 2018.

［120］Borio C. D. P.. *Unconventional Monetary Policies: An Appraisal* ［J］. Bank for International Settlements Working Paper, 2009.

［121］Brunnermeier M. K. and L. H. Pedersen. *Market Liquidity and Funding Liquidity* ［J］. The Review of Financial Studies, 2009, 22 (6), pp. 2201 – 2238.

［122］Buiter W. H. and A. Sibert. *How the Eurosystem's Treatment of Collateral in its Open Market Operations Weakens Fiscal Discipline in the Eurozone (and what to do about it)* ［J］. CEPR Discussion Papers, 2005.

[123] Buiter W. . *Central Banks*: *Powerful*, *Political and Unaccountable*? [J]. Journal of the British Academy, 2014, 2, pp. 269 – 303.

[124] Buiter W. and A. Sibert. *The central bank as the market – maker of last resort*: *from lender of last resort to market – maker of last resort* [J]. The First Global Financial Crisis of the 21st Century, 2008.

[125] Caballero R. , E. Farhi and P. Gourinchas. *The safe assets shortage conundrum* [J]. Department of Economics, Working Paper Series, 2017.

[126] Cahn C. , A. Duquerroy and W. Mullins. *Unconventional Monetary Policy and Bank Lending Relationships* [J]. Banque de France Working Papers, 2017.

[127] Camille M. and N. Alain. *Greening Monetary Policy*: *Evidence from the People's Bank of China* [J]. Banque de France Working Paper, 2021, No. 812.

[128] Campbell J. R. , J. Fisher, A. Justiniano and L. Melosi. *Forward Guidance And Macroeconomic Outcomes Since the Financial Crisis* [J]. NBER Macroeconomics Annual, 2016, 31 (1), pp. 283 – 357.

[129] Campbell S. , D. Covitz, W. Nelson and K. Pence. *Securitization markets and central banking*: *An evaluation of the term asset – backed securities loan facility* [J]. Journal of Monetary Economics, 2011, 58 (5), pp. 518 – 531.

[130] Cassola N. and F. Koulischer. *The collateral channel of open market operations* [J]. Journal of Financial Stability, 2019, 41, pp. 73 – 90.

[131] Chailloux A. , S. Gray and R. McCaughrin. *Central Bank Collateral Frameworks*: *Principles and Policies* [J]. Imf Working Papers, 2008, 08 (222), pp. 1 – 67.

[132] Chapman J. , J. Chiu and M. Molico. *Central bank haircut policy* [J]. Annals of Finance, 2011, 7 (3), pp. 319 – 348.

[133] Chen H. , Z. Chen, Z. He, J. Liu and R. Xie. *Pledgeability and Asset Prices*: *Evidence from the Chinese Corporate Bond Markets* [J]. NBER Working Papers, 2019.

[134] Cheun S. , I. von K O Ppen – Mertes and B. Weller. *The collateral frameworks of the Eurosystem*, *the Federal Reserve System and the Bank of England and the financial market turmoil* [J]. ECB Occasional Paper, 2009, No. 107.

[135] Choi D. B. and T. Yorulmazer. *Whatever It Takes*: *Market Maker of Last Resort and its Fragility* [J]. Social Science Electronic Publishing, 2021.

[136] Choi D. B. , S. Jac and K. Ackermann. *A Theory of Collateral for the Lender of Last Re-

sort [J]. Review of Finance, 2017.

[137] Churm R. , A. Radia, J. Leake, S. Srinivasan and R. Whisker. *The Funding for Lending Scheme* [J]. Bank of England Quarterly Bulletin, 2012, 52 (4), pp. 306 – 320.

[138] Corradin S. and M. Rodriguez – Moreno. *Violating the law of one price: the role of non – conventional monetary policy* [J]. Working Paper Series, 2016.

[139] Corradin S. , F. Heider and M. Hoerova. *On collateral: implications for financial stability and monetary policy* [J]. Working Paper Series, 2017.

[140] Dalton J. , C. Dziobek, P. J. Dalton and C. Dziobek. *Central Bank Losses and Experiences in Selected Countries* [J]. IMF Working Paper, 2005.

[141] Damico S. and T. B. King. *Flow and stock effects of large – scale treasury purchases: Evidence on the importance of local supply* [J]. Journal of Financial Economics, 2012, 108 (2) .

[142] D'Amico S. , R. Fan and Y. Kitsul. *The Scarcity Value of Treasury Collateral: Repo – Market Effects of Security – Specific Supply and Demand Factors* [J]. Journal of Financial and Quantitative Analysis, 2018, 53 (5), pp. 2103 – 2129.

[143] D'Amico S. , Y. Kitzul and R. Fan. *The scarcity value of Treasury collateral: Repo market effects of security – specific supply and demand factors* [J]. Working Paper Series, 2013.

[144] Davis E. P. . *The Lender of Last Resort and Liquidity Provision: How Much of a Departure is the Sub – prime Crisis?* [J]. Economics and Finance Working Paper Series, 2009, No. 9.

[145] De Roure C. . *Fire Buys of Central Bank Collateral Assets* [J]. SSRN Electronic Journal, 2016.

[146] Delatte A. , P. Garg and J. Imbs. *The transmission channels of unconventional monetary policy: Evidence from a change in collateral requirements in France* [J]. CEPII research center, 2019.

[147] Dell'Ariccia G. , R. Marquez and L. Laeven. *Monetary Policy, Leverage, and Bank Risk Taking* [J]. IMF Working Papers, 2010, No. 276.

[148] Du C. . *Collateral requirements in central bank lending* [J]. Bank of England Staff Working Paper, 2022, No. 987.

[149] Eberl J. K. . *The Collateral Framework of the Eurosystem and Its Fiscal Implications* [J]. Ifo Working Paper, 2016.

[150] Eberl J. and C. Weber. . *ECB Collateral Criteria: A Narrative Database* [J]. 2001 – 2013. Ifo Working Paper, 2014, No. 174.

［151］ ECB. *The Eurosystem collateral framework throughout the crisis* ［J］. July 2013. ECB Working paper, 2013.

［152］ ECB. *The implementation of monetary policy in the Euro area* ［J］. ECB Working Papers, 2006.

［153］ Fegatelli P.. *The role of collateral requirements in the crisis: one tool for two objectives?* ［J］. BCL Working Papers, 2010.

［154］ Filardo A. and B. Hofmann. *Forward Guidance at the Zero Lower Bound* ［J］. BIS Working paper, 2014.

［155］ Fry M. J.. *The Fiscal Abuse of Central Banks* ［J］. IMF Working Paper, 1993: 58 – 93.

［156］ Furfine C. , *The reluctance to borrow from the Fed* ［J］. Economics Letters, 2001, 72 (2), pp. 209 – 213.

［157］ Gabilondo J.. *Financial Hospitals: Defending the Fed's Role as a Market Maker of Last Resort* ［J］. Seattle University Law Review, 2012, 36, pp. 12 – 15.

［158］ Galema R. and S. Lugo. *When central banks buy corporate bonds: Target selection and impact of the European Corporate Sector Purchase Program* ［J］. Journal of Financial Stability, 2021, 54 (1), p. 100881.

［159］ Gârleanu N. and L. H. Pedersen. *Margin – based Asset Pricing and Deviations from the Law of One Price* ［J］. The Review of Financial Studies, 2011, 24 (6), pp. 1980 – 2022.

［160］ Geanakoplos J.. *The Leverage Cycle* ［J］. NBER Macroeconomics Annual, 2010, 1 (24), pp. 1 – 66.

［161］ Gilchrist S. , B. Wei, V. Z. Yue and E. Zakrajek. *The Fed Takes on Corporate Credit Risk: An Analysis of the Efficacy of the SMCCF* ［J］. NBER Working Papers, 2020.

［162］ Glick R. and S. Leduc. *Central bank announcements of asset purchases and the impact on global financial and commodity markets* ［J］. Journal of International Money & Finance, 2012, 31 (8), pp. 2078 – 2101.

［163］ Glu O. A. , S. F. Lu, B. Kanık and Y. Mimir, *When markets sneeze, the Fed gets bold: The Collateral Framework as an Unconventional Policy Tool* ［J］. Central Bank of the Republic of Turkey Working Paper, 2016.

［164］ Gorton G.. *The History and Economics of Safe Assets* ［J］. Annual Review of Economics, 2017, 9 (1), pp. 547 – 586.

［165］Gorton G. and A. Metrick, *The Federal Reserve and Panic Prevention：The Roles of Financial Regulation and Lender of Last Resort* ［J］. Journal of Economic Perspectives，2013，27（4），pp. 45 – 64.

［166］Gorton G. and G. Ordoñez *Collateral Crises* ［J］. American Economic Review，2014，104（2），pp. 343 – 378.

［167］Gorton G. , S. Lewellen and A. Metrick. *The Safe – Asset Share* ［J］. American Economic Review，2012，102（3），pp. 101 – 106.

［168］Gorton G. , T. Laarits and T. Muir. *Mobile Collateral versus Immobile Collateral* ［J］. Journal of Money，Credit and Banking，2022.

［169］Han F. and D. Seneviratne. *Scarcity Effects of Quantitative Easing on Market Liquidity：Evidence from the Japanese Government Bond Market* ［J］. IMF Working Papers，2018，18：1.

［170］Haughwout A. F. , B. Hyman and O. Shachar. *Response：The Municipal Liquidity Facility* ［J］. Federal Reserve Bank of New York Staff ReportsCOVID，2021：985.

［171］Hauser A. . *From lender of Last Resort to Market Maker of Last Resort via the dash for cash：why central banks need new tools for dealing with market dysfunction* ［J］. 2021.

［172］Hawkins J. . *Central bank balance sheets and fiscal operations* ［J］. BIS Papers Chapters，in：Bank for International Settlements（ed. ），Fiscal Issues and Central Banking in Emerging Economies，2003，20，pp. 71 – 83.

［173］Heider F. and M. Hoerova. *Interbank Lending，Credit – Risk Premia，and Collateral* ［J］. International Journal of Central Banking，2009，5.

［174］Hempel S. , D. Kim and R. Wermers. *Financial Intermediary Funding Constraints and Segmented Markets：Evidence from SMCCF ETF Purchases* ［J］. Social Science Electronic Publishing，2020.

［175］Higgins M. and T. Klitgaard. *Reserve Accumulation：Implications for Global Capital Flows and Financial Markets* ［J］. Social Science Electronic Publishing，2004，10.

［176］Holub T. . *Seignorage and Central Bank Finance* ［J］. Czech Journal of Economics and Finance（Finance a uver），2001，51（1），pp. 9 – 32.

［177］Imbens G. and K. Kalyanaraman. *Optimal Bandwidth Choice for the Regression Discontinuity Estimator* ［J］. National Bureau of Economic Research，Inc，NBER Working Papers，2009，No. 79.

［178］IMF. *GLOBAL FINANCIAL STABILITY REPORT：The Quest for Lasting Stability* ［J］.

IMF Working Papers, 2012.

[179] Ishiga K. , Y. Okada and T. Kato. *The Bank of Japan's Eligible Collateral Framework and Recently Accepted Collateral* [J]. General Information, 2003.

[180] Jacobson L. , R. Lalonde and D. Sullivan. *Earnings Losses of Displaced Workers* [J]. American Economic Review, 1993, 83, pp. 685 – 709.

[181] Johnson C. L. , T. T. Moldogaziev, M. J. Luby and R. Winecoff. *The Federal Reserve Municipal Liquidity Facility (MLF): Where the municipal securities market and fed finally meet* [J]. Public Budgeting & Finance, 2021, 41 (3), pp. 42 – 73.

[182] Jones C. , M. Kulish and D. M. Rees. *International Spillovers of Forward Guidance Shocks* [J]. IMF Working Papers, 2018.

[183] Koeppl T. and J. Chiu. *Market Freeze and Recovery: Trading Dynamics under Optimal Intervention by a Market – Maker – of – Last – Resort* [J]. Society for Economic Dynamics, 2010.

[184] Koulischer F. and D. Struyven. *Central bank liquidity provision and collateral quality* [J]. Journal of Banking & Finance, 2014, 49, pp. 113 – 130.

[185] Krishnamurthy A. and A. Vissing – Jorgensen. *The Effects of Quantitative Easing on Interest Rates: Channels and Implications for Policy* [J]. NBER Working Papers, 2011.

[186] Leone M. . *Institutional and Operational Aspects of Central Bank Losses* [J]. IMF Policy Discussion Papers, 1993.

[187] Levels A. and J. Capel. *Is Collateral Becoming Scarce? Evidence for the euro area* [J]. DNB Occasional Studies, 2012, pp. 1 – 5.

[188] Li J. S. and R. Momin. *The Causal Effect of the Fed's Corporate Credit Facilities on Eligible Issuer Bonds* [J]. SSRN Electronic Journal, 2020.

[189] Li P. , Y. Lu and J. Wang. *Does flattening government improve economic performance? Evidence from China* [J]. Journal of Development Economics, 2016, 123, pp. 18 – 37.

[190] Lönnberg Å. and P. Stella. *Issues in Central Bank Finance and Independence* [J]. IMF Working Papers, 2008, 08 (37), pp. 1 – 41.

[191] Mackenzie G. and P. Stella. *Quasi – Fiscal Operations of Public Financial Institutions* [J]. International Monetary Fund, 1996.

[192] Markiewicz M. . *Quasi – fiscal operations of central banks in transition economies* [J]. Bank of Finland, Institute for Economies in Transition Discussion Papers, 2001.

[193] Mercier P. and F. Papadia. *The story of the Eurosystem framework* [J]. Oxford Scholar-

ship Online, 2011.

[194] Mésonnier J. , C. O'Donnell and O. Toutain. *The Interest of Being Eligible* [J]. Working papers, 2017.

[195] Minoiu C. , R. Zarutskie and A. Zlate. *Motivating Banks to Lend? Credit Spillover Effects of the Main Street Lending Program* [J]. Finance and Economics Discussion Series (FEDS), 2021.

[196] Mishkin F. S. . *The Economics of Money, Banking, and Financial Markets* [J]. 2019, 11.

[197] Mkinen T. , F. Li, A. Mercatanti and A. Silvestrini. *Effects of eligibility for central bank purchases on corporate bond spreads* [J]. BIS Working paper, 2020.

[198] Muñoz S. . *Central Bank Quasi – Fiscal Losses and High Inflation in Zimbabwe: A Note* [J]. Imf Working Papers, 2007, 07, pp. 7 – 98.

[199] Myers S. C. and N. S. Majluf. *Corporate financing and investment decisions when firms have information that investors do not have* [J]. Journal of Financial Economics, 1984, 13 (2), pp. 187 – 221.

[200] Nguyen M. . *Collateral haircuts and bond yields in the European government bond markets* [J]. International Review of Financial Analysis, 2020, 69, p. 101467.

[201] Nyborg K. G. . *Central Bank Collateral Frameworks* [J]. Journal of Banking & Finance, 2017, 76, pp. 198 – 214.

[202] Nyborg K. G. . *Central Bank Collateral Policy and Financial Fragility* [J]. Swiss Finance Institute and CEPR Working Paper, 2016.

[203] Nyborg K. G. . *Collateral frameworks: The open secret of central banks* [J]. Cambridge University Press, 2016.

[204] Oganesyan G. . *The changed role of the lender of last resort: Crisis responses of the Federal Reserve, European Central Bank and Bank of England* [J]. Berlin, 2013.

[205] O'Hara M. and X. A. Zhou. *Anatomy of a liquidity crisis: Corporate bonds in the COVID – 19 crisis* [J]. Journal of Financial Economics, 2021, 142 (1), pp. 46 – 68.

[206] Olivier A. and C. A. Holt. *Overcoming Discount Window Stigma: An Experimental Investigation* [J]. The Review of Financial Studies, 2020, (12), p. 12.

[207] Pelizzon L. , M. G. Subrahmanyam, R. Tobe and J. Uno. *Scarcity and Spotlight Effects on Liquidity and Yield: Quantitative Easing in Japan* [J]. IMES Discussion Paper Series, 2018.

[208] Pelizzon L. , M. Riedel, Z. Simon and M. G. Subrahmanyam. *Collateral eligibility of*

corporate debt in the Eurosystem [J]. SAFE Working Paper Series, 2020.

[209] Rosenbaum P. and D. Rubin. *The Central Role of the Propensity Score in Observational Studies For Causal Effects* [J]. Biometrika, 1983, 70, pp. 41 – 55.

[210] Rule G.. *Collateral management in central bank policy operations* [J]. CCBS Bank of England Handbooks, 2012, p. 31.

[211] Simon C.. *The United Kingdom's Corporate Bond Secondary Market Scheme* [J]. Journal of Financial Crises, 2020, 2 (3), pp. 488 – 502.

[212] Singh M.. *Collateral flows and balance sheet (s) space* [J]. 2016.

[213] Singh M.. *Collateral Reuse and Balance Sheet Space* [J]. IMF Working Papers, 2017, 17 (113), p. 1.

[214] Singh M.. *The Changing Collateral Space* [J]. IMF Working Papers, 2013.

[215] Singh M.. *Velocity of Pledged Collateral: Analysis and Implications* [J]. IMF Working Papers, 2011.

[216] Singh M. and P. Stella. *Money and Collateral. IMF Working Papers* [J]. 2012, No. 12.

[217] Singh M. and R. Goel. *Pledged Collateral Market's Role in Transmission to Short – Term Market Rates* [J]. IMF Working Paper, 2019, No. 19.

[218] Stella P.. *Central Bank Financial Strength, Policy Constraints and Inflation* [J]. IMF Working Papers, 2008, 08 (49), pp. 1 – 25.

[219] Stella P.. *Central Bank Financial Strength, Transparency, and Policy Credibility* [J]. IMF Staff Papers, 2005, 52 (2), pp. 335 – 365.

[220] Sweidan O. D.. *Central bank losses: causes and consequences* [J]. Asian – Pacific Economic Literature, 2011, 25 (1), pp. 29 – 42.

[221] Tabakis E. and K. Tamura. *The use of credit claims as collateral for Eurosystem credit operations* [J]. Occasional Paper Series, 2013.

[222] Teijeiro M. O.. *Central bank losses : origins, conceptual issues, and measurement problems* [J]. Policy Research Working Paper Series, 1989.

[223] Tischer J.. *Quantitative easing, safe asset scarcity and bank lending* [J]. Discussion Papers, 2021.

[224] Vaez – Zadeh R.. *Implications And Remedies Of Central Bank Losses, In The Evolving Role of Central Bank* [J]. International Monetary Fund Book, 1991, pp. 69 – 92.

［225］Van Bekkum S. , M. Gabarro and R. M. Irani. *Does a Larger Menu Increase Appetite? Collateral Eligibility and Credit Supply* ［J］. The Review of Financial Studies, 2017, 31 (3), pp. 943 - 979.

［226］Vardoulakis A. P. . *Designing a main street lending facility* ［J］. Finance and Economics Discussion Series (FEDS), 2020.

［227］Weber C. . *The Collateral Policy of Central Banks - An Analysis Focusing on the Eurosystem* ［J］. Ifo Btrge Zur Wirtschaftsforschung, 2017, No. 72.

［228］Williamson S. D. . *Scarce collateral, the term premium, and quantitative easing* ［J］. JournaL of Economic Theroy, 2016.

［229］Wu T. . *The U. S. Money Market and the Term Auction Facility in the Financial Crisis of 2007 - 2009* ［J］. Review of Economics and Statistics, 2011, 93 (2), pp. 617 - 631.

［230］Xu H. . *Is Fed an Elephant or a Bellwether? The Impacts of SMCCF on US Corporate Bond Market* ［J］. Social Science Electronic Publishing, 2020.

［231］Zorn L. and A. García. *Central Bank Collateral Policy: Insights from Recent Experience* ［J］. Bank of Canada Review, 2011, (Spring), pp. 37 - 45.

［232］Angelo C. , B. Claudio and B. Ulrich. *Stress testing with multi - faceted liquidity: the central bank collateral framework as a financial stability too* ［J］. ECB Working Paper, 2023: 2814.

［233］Berger A. N. and C. H. S. Bouwman. ｛*Bank Liquidity Creation*｝ ［J］. The Review of Financial Studies, 2009, 22 (9): 3779 - 3837.

［234］Berger A. N. and C. H. S. Bouwman. *Bank Liquidity Creation* ［J］. The Review of Financial Studies, 2009, 22 (9): 3779 - 3837.

［235］Bindseil U. and E. Lanari. *Fire Sales, the LOLR and Bank Runs with Continuous Asset Liquidity* ［J］. Papers, 2020.

［236］Bindseil U. , M. Corsi, B. Sahel and A. Visser. *The Eurosystem collateral framework explained* ［J］. ECB Occasional Paper Series, 2017: 189.

［237］Borio C. and H. Zhu. *Capital regulation, risk - taking and monetary policy: a missing link in the transmission mechanism* ［J］. BIS Working Papers, 2008.

［238］Dang V. D. and V. C. Dang. *How do bank characteristics affect the bank liquidity creation channel of monetary policy?* ［J］. Finance Research Letters, 2021: 101984.

［239］Diamond D. W. and P. H. Dybvig. *Bank Runs, Deposit Insurance, and Liquidity* ［J］. Journal of Political Economy, 1983, 91 (3): 401 - 419.

[240] Díaz V. and Y. Huang. *The role of governance on bank liquidity creation* [J]. Journal of Banking & Finance, 2017, 77: 137 – 156.

[241] Geng G. , Z. Han, H. Wu, M. Cheng, R. WANG and H. Liu. *Collateral policy of the central bank and corporate financing costs: Evidence from China* [J]. The North American Journal of Economics and Finance, 2023, 70: 102042.

[242] Horvath R. , J. Seidler and L. Weill. *How bank competition influences liquidity creation* [J]. Economic Modelling, 2016, 52: 155 – 161.

[243] Jiang L. , R. Levine and C. Lin. *Competition and Bank Liquidity Creation* [J]. Journal of Financial and Quantitative Analysis, 2019, 54 (2): 513 – 538.

[244] Kladakis G. , L. Chen and S. K. Bellos. *Bank regulation, supervision and liquidity creation* [J]. Journal of International Money and Finance, 2022, 124: 102629.

[245] Lengwiler Y. A. O. A. . *Collateral Framework: Liquidity Premia and Multiple Equilibria* [J]. Journal of Money, Credit and Banking, 2023, 0: 0.

[246] Balfoussia H. and H. D. Gibson. *Financial Conditions and Economic Activity: The Potential Impact of the Targeted Long – Term Refinancing Operations (TLTROs)* [J]. Applied Economics Letters, 2016, 23 (4 – 6): 449 – 456.

[247] Churm R. , M. Joyce, G. Kapetanios and K. Theodoridis. *Unconventional Monetary Policies and the Macroeconomy: The Impact of the UK's QE2 and Funding for Lending Scheme* [J]. The Quarterly Review of Economics and Finance, 2021, 80: 721 – 736.

[248] Dijk M. V. and A. Dubovik. *Effects of Unconventional Monetary Policy On European Corporate Credit* [J]. CPB Discussion Paper, 2018.

[249] Havrylchyk O. . *Incentivising Lending to Smes with the Funding for Lending Scheme: Some Evidence from Bank – Level Data in the United Kingdom* [J]. OECD Economics Department Working Papers 1365, OECD Publishing, 2016.

[250] Hurwicz L. . *On Informationally Decentralized Systems* [J]. Decision and Organization: A volume in Honor of Jacob Marschak, 1972.

[251] Romer R. . *Federal Reserve Information and the Behavior of Interest Rates* [J]. American Economic Review, 2000, 90 (3): 429 – 457.

后 记

2025 年 6 月 16 日，距离 2023 年 6 月 16 日参加博士毕业典礼正好满 2 年。回顾 4 年的博士生涯和毕业后 2 年的高校工作经历，总觉得需要对过去 6 年留下些记忆。综合考虑之下，最终决定将思考付诸笔端，形成这部专著。

本书的构思与写作，源于我在读博期间、工作期间的研究和进一步思考，源于对中央银行抵押品框架和货币政策传导机制长期以来的兴趣和困惑。本书写到最后我发现，读博经历总是一个绕不开、必须要谈且值得一谈的重要阶段。

读博第一年，我面临的较大挑战是调整研究方向，因为硕士阶段我比较感兴趣的是微观层面的家庭金融，博士阶段面临的是宏观层面的货币理论与政策。这个转变过程是比较难的，一直到博一下学期自己才从思想上开始想要接触新的研究方向。抱着试一试的心态，在博一下学期我把和货币政策相关的论文全部研读了一遍，但一直困惑的是新研究方向的突破口到底在哪里？直到跟着导师在学校学院楼参加了一场学术会议讲座，讲座内容和中央银行抵押品框架相关。学术会议结束后，导师对我说："多听听，找找灵感"，我印象十分深刻。后来，导师给我推荐了一本英文书，书的名字是"*Monetary Policy Operations and the Financial System*"（《货币政策操作与金融系统》），作者是中央银行和货币政策领域的专家 Ulrich Bindseil（乌尔里希·宾德赛尔），任职于欧洲中央银行。导师带领我们重点阅读和研究了这本英文著作，并成立了课题组，开展对这本书的翻译工作。回想起来，这本英文著作陪伴、充实了我整个博士生涯，而与这本著作的结缘让自己在读博期间有了"柳暗花明又一村"的感觉。从博一充满困惑的"柳暗"到博二之后的"花明"，除了家人、领导同事的支持外，导师的鼓励、专业引导和与导师的有效沟通起到了关键作用。在博士期间，我共发表了 3 篇高质量论文，其中 2 篇和中央银行抵押品框架高度相关，最终，博士顺利毕业。

出于兴趣，在工作当中我对于中央银行抵押品框架的研究一直在持续，并取得了显著成果。尽管工作比较繁忙，在两年时间里我又发表了 3 篇高质量论文；立项主持了国家社科基金青年项目 1 项，省社科基金青年项目 1 项。随着国家级、省部级课题的立项，我对中央银行抵押品框架的研究逐步延伸至地方债务风险。中央银行抵押品框架以供给流动性的方式维护金融稳定，有助于化解地方债务风险。

本书的完成，绝非我一人之功。值此付梓之际，我怀着最诚挚的敬意与感激之情，向所有在本书研究与写作过程中给予我无私帮助、宝贵支持与深刻启迪的人们致谢！第一，感谢恩师教诲。我要深深感谢我的恩师郭红玉教授。从博一开始，她不仅在学术上给予我专业的指导，更以其严谨的治学态度、渊博的学识，为我树立了为学为人的典范。书稿从选题立意、框架设计到观点提炼无不凝聚着她的智慧。她的谆谆教诲与殷切期望，是我学术道路上最宝贵的财富和不竭的动力源泉。第二，感谢前辈提携。书稿的部分章节汇聚了已发表论文的核心观点，衷心感谢《中央财经大学学报》《上海金融》等期刊审稿专家和编辑老师，他们为本书内容的完善提供了至关重要的帮助，令我受益匪浅。第三，感谢机构支持。本书的研究与出版得到了江苏高校哲学社会科学研究一般项目资助（项目名称：地方融资平台债务风险的传染效应与化解机制研究；项目编号：2024SJYB0824），在此表示由衷的感谢。同时，感谢徐州工程学院金融学院提供的良好研究环境与资源支持。特别感谢中国金融出版社对本书出版的高度重视和大力支持。感谢责任编辑杨敏老师为本书的编辑、出版所付出的细致、专业且高效的努力，她的敬业精神和对学术著作的深刻理解，保证了本书能以最佳面貌呈现。第四，感谢亲友后盾。最深的感谢献给我的家人。在漫长的研究与写作期间，是他们无条件的理解、包容、鼓励和默默付出，使我得以全身心投入。这份亲情与支持，是我完成此书最坚强的后盾。最后，我要感谢所有关心本书出版的师友和未来的读者。学术研究永无止境，书中难免存在疏漏与不足，恳请各位专家、读者不吝批评指正。你们的宝贵意见将是我未来继续深入研究的重要指引。

搁笔之际，虽感释然，却无轻松。本书虽试图对中央银行抵押品框架改革的国际经验和效果进行较为系统的探讨，提出了中央银行抵押品框架有效疏通货币政策传导机制、结构性调控效果较好等观点，但学海无涯，研究也存在不足之处。这些不足，指明了未来努力的方向。

写作是一场孤独而充实的旅程，也是思想不断锤炼与升华的过程。本书是我在中央银行抵押品框架领域耕耘多年的一份阶段性答卷，承载着我对学术的敬畏、对真理的追求以及对所有助我前行之人的感激。愿它能抛砖引玉，引发更多有识之士对中央银行抵押品框架的关注与思考。

耿广杰

2025 年 6 月 16 日